中国历史文化名人传

草泽英雄梦

施耐庵传

浦玉生 著

作家出版社

出版说明

中华民族五千年文明史中，涌现了一大批杰出的文化巨匠，他们如璀璨的群星，闪耀着思想和智慧的光芒。系统和本正地记录他们的人生轨迹与文化成就，无疑是一件十分有必要的事。为此，中国作家协会于2012年初作出决定，用五年左右时间，集中文学界和文化界的精兵强将，创作出版《中国历史文化名人传》大型丛书。这是一项重大的国家文化出版工程，它对形象化地诠释和反映中华民族文化的基本精神，继承发扬传统文化的精髓，对公民的历史文化普及和建设社会主义文化强国都具有重要而深远的意义。

这项原创的纪实体文学工程，预计出版120部左右。编委会与各方专家反复会商，遴选出在中国文化发展史上产生过重大影响的120余位历史文化名人。在作者选择上，我们采取专家推荐、主动约请及社会选拔的方式，选择有文史功底、有创作实绩并有较大社会影响，能胜任繁重的实地采访、文献查阅及长篇创作任务，擅长传记文学创作的作家。创作的总体要求是：必须在尊重史实基础上进行文学艺术创作，力求生动传神，追求本质的真实，塑造出饱满的人物形象，具有引人入胜的故事性和可读性；反对戏说、颠覆和凭空捏造，严禁抄袭；作家对传主要有客观的价值判断和对人物精神概括与提升的独到心得，要有新颖的艺术表现形式；新传水平应当高于已有同一人物的传记作品。

为了保证丛书的高品质，我们聘请了学有专长、卓有成就的史学和文学专家，对书稿的文史真伪、价值取向、人物刻画和文学表现等方面总体把关，并建立了严格的论证机制，从传主的选择、作者的认定、写作大纲论证、书稿专项审定直至编辑、出版等，层层论证把关，力图使丛书经得起时间的检验，从而达到传承中华文明和弘扬杰出文化人物精神之目的。丛书的封面设计，以中国历史长河为概念，取层层历史文化积淀与源远流长的宏大意象，采用各个历史时期最具代表性的文化符号与雅致温润的色条进行表达，意蕴深厚，庄重大气。内文的版式设计也尽可能做到精致、别具美感。

中华民族文化博大精深，这百位文化名人就是杰出代表。他们的灿烂人生就是中华文明历史的缩影；他们的思想智慧、精神气脉深深融入我们民族的血液中，成为代代相袭的中华魂魄。在实现“中国梦”的历史进程中，必定成为我们再出发的精神动力。

感谢关心、支持我们工作的中央有关部门和各级领导及专家们，更要感谢作者们呕心沥血的创作。由于该丛书工程浩大，人数众多，时间绵延较长，疏漏在所难免，期待各界有识之士提出宝贵的建设性意见，我们会努力做得更好。

《中国历史文化名人传》丛书编委会

2013 年 11 月

施耐庵

目录

引言

一

施耐庵其人不见于正史，稗史野闻众说纷纭，因此被称为“千古之谜”。然而，一部旷世巨著《水浒传》的问世，家喻户晓，振聋发聩，影响深广。它是我国第一部用白话文体写就的现实主义长篇小说，产生于十四世纪末期，与另一部长篇历史小说《三国演义》共同开辟了中国小说史的全新面貌，而《三国演义》的作者罗贯中，又恰恰是《水浒传》作者施耐庵的门人——学生。《水浒传》已进入世界文学之林，成为世界名著之一，那么，这位伟大作家的身世如何？“谜底”应该揭开。

但是，《水浒传》的作者究竟是谁？是施耐庵，是罗贯中，还是施、罗合著？施耐庵的身世又是怎样的？在明代的文人笔记中，有许多矛盾的记载。及至二十世纪二十年代，胡適《水浒传考证》和鲁迅《中国小说史略》，还认为施耐庵是乌有先生，或怀疑是伪托。一百年前日本北村三郎在《世界百杰传》中，于中国取孔丘和施耐庵为传。在我国《新世界小说社报》第八期上，曾有《中国大小说家施耐庵传》，但那篇传记里，关于施耐庵的生平，一点儿具体材料都没有。《辞海》第六版关于“施耐庵”的辞条也是语焉不详。

这原因是多方面的，最主要的是有关施耐庵的原始材料太少，又距今六七百年，难于考证。但是正如一千年前的古人不识甲骨文一样，六七百年前的元明间人弄不清施耐庵的身世，但是六七百年后的今人，终于大体弄清施耐庵的身世了。

元末明初的文学大师施耐庵，本名彦端，字子安，又名肇瑞，又字耐庵（或别号耐庵）。元成宗元贞二年（1296）生于泰州海陵县白驹场街市，明洪武三年（1370）病逝于淮安，享年七十五岁。

施耐庵是个贫苦弄船人的儿子，童年时期随父亲到苏州，十三岁入苏州附近的浒墅关读书，十九岁中秀才，二十九岁中举人。到当时的京城大都（今北京）会试，结果落第。因国子监司业刘本善的推荐，到山东郓城县任训导，得以遍搜梁山水泊宋江英雄遗事，为他以后的创作打下了基础。元至顺年间（1330—1333），施耐庵赐中进士，后曾官钱塘二载，由于与当事权贵不合，愤然悬印辞官而去，隐居著《水浒传》以自遣。

施耐庵所处的时代是一个风云诡谲的时代。元朝统治者荒淫腐败，人民生灵涂炭，阶级矛盾与民族矛盾交织在一起的元帝国开始分崩离析。韩山童首先发难于中原，“石人一只眼，挑动黄河天下反”，接着，刘福通、朱元璋响应于皖北，方国珍点火于福建，陈友谅起事于江西，真正到了狼烟四起的地步。施耐庵的同乡张士诚也于元至正十三年（1353）在泰州白驹场率盐民举起义旗，次年占据了高邮，建国号周，自称诚王。以后他渡江南下，攻占了常熟、湖州、松江、常州等地，到元至正十六年（1356），张士诚定都平江（今苏州），称吴王。

为了自己的事业，无论是朱元璋还是张士诚，都曾礼贤下士，以笼络地主阶级中的知识分子。张士诚甚至以厚币招徕著名文士杨铁崖。许多各抱不同目的的知识分子，纷纷投入他们的怀抱。清代著名学者纪晓岚甚至认为，“适张氏据吴，东南之士，咸为之用。”施耐庵的朋友刘伯温投奔了朱元璋，做了朱的谋士；施耐庵的另一些朋友如鲁渊、刘亮则归张士诚麾下。而施耐庵自己及其门人罗贯中，也曾应张士诚之聘，做了幕僚。然而，张士诚却不是一个图有大志的人，偏安一隅，元至正十七年（1357）降元之后，张氏集团的领导成员生活上日渐骄奢淫逸，张士诚的女婿潘元绍就娶了七个小老婆。张士诚不仅降元，而且反过来攻安丰，杀刘福通，本来对张士诚抱有热切期望的知识分子开始感到失望，觉得他成不了大器，于是相继离去。好友鲁渊[①]、刘亮[②]离开吴中时，施耐庵作《秋江送别》套曲相赠。

不久，施耐庵也离开了张士诚，隐居于今张家港市河阳山永庆寺和江阴市祝塘镇大宅里一带，靠教书为生，并继续《水浒传》的创作。一三六七年，苏州城破，张士诚兵败被俘，后死于金陵。朱元璋在苏州一带大肆搜捕张士诚的余部，为避祸，施耐庵回到江北，定居于白驹。因为写了“倡乱之书”《水浒传》，施耐庵被关进刑部大牢年余，后染病，晚年流徙淮安一带活动。清道光二十四年（1844），淮安有人还能确指施耐庵的书斋以及隔壁罗贯中的寓所。全国第三次文物普查发现，施耐庵书斋在今淮安大香渠巷6号。

《水浒传》一书的创作，根据传说记载，在张士诚入吴时，施耐庵已经写到第四十五回；根据山东传说，从十四世纪二十年代就已经开始。据《顾丹午笔记》记载，明洪武初年，刘伯温说施耐庵“著《水浒传》甫竣”，又说他的一生精力都耗尽于一部书上了。看来，《水浒传》的写作，前后经历了四十年之久，终于在施耐庵贫病交加逝世前，

---

① 鲁渊（1319—1377），字道原，淳安人。私淑杨简、钱时之学，至正进士，出为松江华亭丞。新安失守，鲁渊吟咏自若，作自祭文，誓以必死。后起为浙江儒学提举，旋归隐岐山下。明洪武初，累征不仕，世称岐山先生。

② 刘亮，字明甫，吴郡人，元末曾做官于张士诚部，后以巨舰尽载所藏书万余卷渡长江，到如皋县东陈镇投靠好友冒致中，想到南京献其书，向洪武皇帝面述一切，未果而卒。

基本完成。

施耐庵生前没有能大规模出版发行这部小说。但在他写作过程中，小说的稿本就陆续以手抄本的形式流行了。《水浒传》的批量印刷本是在他死后一百八十年才出版的。其时，兴化有个进士宗臣，被朝廷派到福建任“提学参议”，负责训练壮丁，抗御倭寇。这时，罗贯中的后人便以“乡谊”之名去见宗臣，请以家藏小说、经罗贯中修改过的《水浒传》付梓，让军民暇时看看，以激励士气。得到宗臣的许可后，才在福建坊间刻印出版。六百年来，《水浒传》不但风行中国，而且流传世界。

施耐庵陵园在今江苏省兴化市新垛镇施家桥村，仿施耐庵故居（施氏宗祠）改建的施耐庵纪念馆在今大丰市白驹镇花家垛上。这正应验《水浒传》第一百二十回中所说的：“楚人怜其忠义，葬在楚州南门外蓼儿洼内，建立祠堂，四时享祭。”

正是：“千古蓼洼埋玉地，落花啼鸟总关愁。”

二

十四世纪晚期，元末明初之际，中国文坛上一部辉煌的小说巨著悄然横空出世，从此在人类文学艺术的灿烂天宇高悬了一颗光耀千秋的星斗——它最初叫《江湖豪客传》，后来通称《水浒传》。《水浒传》是中国小说创作中的第一座高峰和里程碑，是我国文学史上第一部描写封建社会阶级矛盾、反映农民战争的现实主义长篇巨著。《水浒传》是中世纪的文化结晶，也是农耕社会中华智慧的百科全书。《水浒传》从皇帝到乞丐，从朝廷的文武大臣到小偷闲汉，从天文地理、典章制度到社会习尚、风土人情，从小说戏曲、诗词歌赋到琴棋书画、文物古董，从人间尘世、凡夫俗子到神仙圣境、仙子僧道，从龙凤蛇蝎、草木虫鱼到妓院赌场、吃喝玩乐，三教九流，四面八方，无所不写，无奇不有。尤其从内容方面看，《水浒传》站在人民群众的立场，热烈赞扬被压迫阶级英雄人物的反抗斗争，更是世界文学史上所少见的。《水浒传》早已进入世界文学之林，是中国文学值得骄傲的旗帜。

施耐庵在口头文学、宋元民间艺人话本、元人戏曲的基础上，荟萃取舍，缀合创作，撰为巨帙《水浒传》。根据诸多专家对《水浒传》版本的演变史研究，可以大致推知其形式和内容：一种可能，即七十回，并后五十回《古本水浒传》；另一种可能，他所完成的《水浒传》是一百回本的规模，即梁山大聚义之后，有着招安、征辽、征方腊的故事，最后以宋江、李逵被毒酒毒死，吴用、花荣双双吊死于宋江墓前的悲凄情节作为全书结局；至于一百二十回本，是由罗贯中插增了征田虎、王庆的内容二十回。

施耐庵的伟大功绩，首先在于他在《水浒传》中塑造了鲁智深、武松、林冲、李逵、阮氏三雄等一系列属于人民的英雄。他们急公好义，助人为乐；他们路见不平，拔刀相助；他们为了正义，不惜头颅热血。他们在伦理道德上完好，是心灵很美的人，尽管在某种具体行为上也有缺点过失，但他们的主导面永远是值得人们喜爱学习的。他们勇往直前、气势磅礴、视死如归的英雄性格，可以说是我们民族精神的形象化身。施耐庵冒天下之大不韪，敢于把一般社会成见中的“强盗”写成英雄，指出人类真正的正义良心的代表、楷模，是他们而不是帝王将相，把被颠倒的历史颠倒了过来，这是思想文化史上的创举与贡献。

施耐庵的伟大功绩，其次在于《水浒传》中树起了“替天行道”的旗帜，让它高高地飘扬在梁山顶上。从社会思想史的角度看，如果说儒家学派的《礼记·大同篇》是第一篇设计乌托邦社会的文献，《水浒传》则是第二篇。所不同的是，施耐庵不是用理念形式，而是用艺术形象来加以表现。梁山一百零八人不分贵贱，人格上是平等的兄弟关系，是团结战斗、有秩序的集体；梁山泊武装集团所实行的平均主义，便是施耐庵的理想。诚然，一切乌托邦最后必然失败，但乌托邦终究是人类进步思想体系发展过程中的阶梯。

施耐庵的伟大功绩，还在于他运用现实主义创作方法，并融会了一定的理想成分，塑造了一批有血有肉、栩栩如生的典型形象，一个个活着的“人”。《水浒传》为我国明清小说开辟了一条健康宽阔的道路，后来的言情小说《金瓶梅》、《红楼梦》，英雄小说《说岳全传》、《杨家将》，均可看出《水浒传》的影响。数百年来，《水浒传》在民间广为传播，水浒豪杰已是家喻户晓。古人有言“凡有井水饮处，即能歌柳词”[①]，是说北宋词人柳永的词所传甚广。其实柳词的群众性倘与《水浒传》相比较，怕是小巫见大巫的神气也赶不上。

《水浒传》还广泛流传到国外，《法国大百科全书》阐释《水浒传》的条文为：“《水浒传》与西方骑士小说互相呼应，《水浒传》对各种人物的英勇或懦弱的描写都是对龌龊的社会所进行的愤怒的批判。《水浒传》中许多故事又与阿拉伯故事相媲美，这些故事中的英雄人物大胆机智，经常拿豪门富家子弟取笑开心。《水浒传》堪称传奇作品的伟大典型。”这种代表西方学术界对《水浒传》所作的高度评价，与日本等东方国家的总的评价是完全一致的。

在人类文学艺术史中有许多传世之作，它们流传后世有两种情形，一种是作品因其固有的文化价值，在后世仍然有人研读，但社会影响

① 语出宋人叶梦得（1077—1148）《避暑录话》。

力比当初减弱了；另一种是作品除自身价值不朽外，还在世世代代的流传中始终保持着广泛的社会影响。后者比起前者更难能可贵。《水浒传》就属于后一种作品。

清代金人瑞在《水浒传序三》中说："天下之文章，无有出《水浒》右者；天下之格物君子，无有出施耐庵先生右者。"清代燕南尚生在《新评水浒传叙》中说："《水浒传》者，祖国之第一小说也；施耐庵者，世界小说家之鼻祖也。"近代梁启超在《小说丛话》中说："《水浒》一书，为中国小说中铮铮者，遗武侠之模范，使社会受其余赐，实施耐庵之功也。"

"读其书，想见其为人。"这话有时被误解误用为"读其书，想知其人"的意思。不管怎样说，"书"、"人"总是紧密相关的。《水浒传》的读者，大都因为想见其作者为人而更想知其人，而如果我们真能稍知其人——施耐庵——的话，就一定会反过来更有助于我们理解他的这部鹄立千古的长篇小说名著。

《水浒传》的作者是谁？这个问题很平常，但回答这个问题可真不容易。多少"水学家"、"施学家"为此耗尽了精力与才能，还是远远没有得出满意的结论。为什么？根本原因是——《水浒传》的作者，是个迷失在历史时空里的天才。

三

为什么说《水浒传》作者是位迷失的天才？这有三层含义：第一，谁是这部伟大小说的作者？第二，这位作者是什么样的人？第三，他是怎样创作这部作品的？这些问题，六七百年来始终扑朔迷离，云笼雾障，一层比一层难解，难分山高月小，终未水落石出。由于可信的史料缺乏，虽然“水学家”“施学家”们做了大量的研究考证工作，至今有些方面还在隐约朦胧之间。《水浒传》与施耐庵研究领域这些空白点、模糊点、分歧点出奇地多，往往成了我们了解施耐庵的关键性的阻隔。

然而，这些困难并不能阻隔我们对施耐庵——这位令人无限倾倒、无限神往而又可望不可即的文学大师、艺术巨匠的景仰之情。虽不能至，心向往之，我们实在应当抱着“高山仰止，景行行止”的态度，努力朝着我们的研究目标前进。空白的或模糊的，如果可能，不妨就某些迹象、线索暂时加以较为合理的推论或假定；有分歧的可以把问题本身加以简要介绍而附带提供个人的评议和正面看法，以资参考；不太明白易懂的，可以暂付阙如，或提出来以待专家解答。

由此可见，介绍施耐庵时，除了那些较为确切的事实之外，目前还不能尽免于——不能不容许若干探索性、假定性的部分。这些，原该随处酌加说明，但最好先给读者一个总的交代。

如何对待关于施耐庵的传说资料的问题。研究施耐庵这样的人，他“名不见经传”所以也不会有碑铭志乘可据，完全划限于书面文献，排斥故老传闻，那可能是不正确的。多年来，有关施耐庵的百余则传说至今还在山东郓城、梁山、阳谷、东平，江苏江阴、张家港、兴化、大丰、淮安和浙江杭州、建德、青田、文成等地流传，这至少是施耐庵实有其人、在这些地方活动过的极重要的证据。正如树投在水里的倒影，因为水波的折射，往往随着水波的大小而改变其形状：无风的时候，倒影接近于全真；大波的时候，倒影接近于全无，但总有真实的树在岸上，作为倒影的来源。

在中国文化史上，有许多难解之谜，“施耐庵之谜”就是其中之一。

施耐庵之谜的产生，受制于中国文化特有的历史背景：在漫长的封建社会，诗赋向被视为“壮夫不为”的小道，小说就更是小道的小道了，“文章只博稗官衔”。小说作者不能算作文人学士，正统的史志载籍从不为小说家立传，况且《水浒传》又是明清两代多次严查禁毁的“教诱犯法”的书，有关作者的任何正面材料，都不可能公然合法地载入典籍，倒是“施耐庵作《水浒传》，子孙三代皆哑”之类的不经之谈，由于同占统治地位的舆论导向相一致，而到处谬种流传。

《水浒传》这“书”在，浏览研读，尚称方便；而施耐庵这“人”，却还是一位我们努力想知而未能的人物，因为我们拥有的史料还太少，加之我们自己水平的问题。记得曹子建说过：必须有美人南威之色，才可以论姿容；必须有宝剑龙泉之利，才能够议断割——如若按照这个标准来办，有资格来讲说施耐庵的人就太少了。不过，刘勰《文心雕龙·知音》有云：“夫缀文者情动而辞发，观文者披文以入情，沿波讨源，虽幽必显。世远莫见其面，觇文辄见其心。岂成篇之足深？患识照之自浅耳。”这段话翻译成白话文，意思是：写作文章的人因情感激动而发为文辞。观赏文章的人由阅览文辞而进入情境，顺波直上，追溯源头，即使文意深奥隐晦，也一定会使它显露。年代久远，没有谁见过作者的面貌，但读了文章，却能窥见作者的心思。哪里是古人的文章太深奥，只怕是自己的识鉴能力太浅薄罢了。这个道理却是不错的。赏文如此，识人又何莫不然。太史公司马迁的伟大，绝不是在于他仅仅能够“网罗放失旧闻”，遍历名山大川亲作采访，而在于他具有异常杰出的良史之才之识。否则，《史记》一书所写人物，是不会栩栩如生、须眉毕现的。实践证明，光是“档案室主任”，是写不好一部优秀人物传记的。我们为施耐庵立传，也要作种种准备，力争在我们的笔下出现一个接近历史真实的、呼之欲出的活生生的施耐庵。我们的能力确实是太有限了。

透过历史的雾障，穿越时间的隧道，让迷失的天才在施耐庵的身上定位，可以说是一个世纪水浒学研究一个最基本的成就。但是，历史的雾障毕竟是历史遗留下来的，要完全穿透它，让迷失的天才在施耐庵身上“复位”，说明施耐庵这个人、这个天才作家的生平、际遇、思想、性格、艺术才能和艺术个性与《水浒传》这部伟大作品之间的关系，比之确定施耐庵是《水浒传》的作者更困难。

施耐庵生活在七百年前历史苍茫处。让我们设法缩短点儿视距，向他走得近些吧！

四

二十世纪特别是八十年代以来，在大丰、兴化陆续发现了施耐庵（彦端）的文物史料以及大量的民间传说，已被定为江苏省非物质文化遗产。现根据三重证据法（纸上材料、地下文物、民间口碑）对施耐庵的生平作一个轮廓介绍。

施耐庵（1296—1370），元末明初泰州白驹场人，与元末农民起义劲旅张士诚是同乡。明代中叶以后，白驹场（镇）曾隶属过兴化、东台、盐城县，盐业管理曾隶属过泰州、淮安。施耐庵自幼名彦端，字子安。属相：猴。父亲施元德，字长卿；母亲卞氏，与苏州枫桥迁盐城便仓卞氏为同一支。明代王道生《施耐庵墓志》：“公讳子安，字耐庵。生于元贞丙申岁……”又说：“盖公殁于明洪武庚戌岁，享年七十有五。”白驹出土文物，有署名“子安”的残碑。《处士施公廷佐墓志铭》中有“于大元□□生曾祖彦端，会元季兵起，播浙（遂）家之”字样，与早期传世明清笔记所记以及《水浒》刻本所题《水浒传》作者为“钱塘施耐庵”、“武林施某”年代与地望均吻合。

十三岁，施耐庵在苏州城外的浒墅关季氏家塾就读，浒墅关是大江南北的水运要隘。延祐元年（1314）元代实行科举，史称“延祐科举”，此前的元朝科举已废。这一年十九岁的施耐庵考中秀才。延祐七年庚申（1320）二十五岁，据《元史・选举志》：“年及二十五以上，乡党称其孝悌，朋友服其信义，经明行修之士，结罪保举，以礼敦遣，贡诸路府。”这一年施耐庵适及二十五岁，被苏州官吏于诸色户内特别推荐为孝行信义。

元泰定帝泰定元年甲子（1324），施耐庵时年二十九岁，赴杭州参加江浙行省乡试，中举人。后曾赴大都（北京）会试途中，考察梁山泊，应试不第。至顺二年辛未（1331）时三十六岁，因地方政府推荐称“乡贡进士”或“赐进士”。《杨隐居挽诗・序》云：“君讳亮，字明升，上饶人。其子观，登至顺二年进士第……”这里的进士当为乡贡进士。事实上大家都把“乡贡进士”称为“进士”，那么施氏家谱把施耐庵称为“元朝辛未科进士”，并无可怪之处。施耐庵后经国子监司业刘本善推荐，任郓城县训导。明洪武年间，山东郓城县周庄有个名叫周铎的人，字文振，做过江西袁州知府。在他所写的笔记（手抄本）中，有这样一条记载：“施耐庵者，江南才子也。元至顺间，赴大都，应试不第，乃师国子监司业刘本善，荐任郓城训导。力倡农桑。与教谕不洽，辞之。游梁山水泊……官钱塘二载。后归隐，不知所终。”在郓城县训导任上的施耐庵，力倡农桑，搜集水浒英雄轶事。

元至顺四年（1333）时三十八岁，施耐庵再赴大都（北京）会试，应试不第。刘伯温作《龙虎台赋》，中三甲第二名进士。因同为江浙行省人，同应会试，故有同窗之称。

四十岁以后，施耐庵赴任钱塘县尹，想有所作为，但大权掌握在达鲁花赤手中，而不能有所施展。“官钱塘二载”之后辞官归苏州故里，又在钱塘成为书会才人。从元代中叶起，元杂剧的中心由大都南移至杭州，他搜集整理水浒戏。这时，杂剧的一个重要题材就是水浒戏。如《黑旋风双献功》、《梁山泊李逵负荆》、《鲁智深喜赏黄花峪》、《梁山五虎大劫牢》、《宋公明排九宫八卦阵》、《一丈青闹元宵》等数十种。施耐庵在钱塘长期生活过，熟悉这些题材是必然的。明人胡应麟《少室山房笔丛》云：“余偶阅一小说序，称施某尝入市肆，细阅故书，于敝楮中得宋张叔夜擒贼招语一通，备悉其一百八人所由起，因润饰成此编。”又据蒋瑞藻《小说考证·卷一·水浒第十四》，其中所录笔记资料颇丰，有：记述“（六和塔）塔下旧有鲁智深像，今毁矣。当日听潮圆寂，应在此处。进泷浦下有铁岭关，说是宋江藏兵处。……又国初江浒人掘地得石碣，题曰‘武松之墓’。”钱塘之任，是施耐庵得到书面素材、踏勘传说古迹、接受水浒戏艺术熏陶的重要阶段。在钱塘任上，施耐庵结交鲁渊、陆谦、刘亮等人。鲁渊，字道源，淳安人，私淑杨简、钱时之学。至正年间进士，出为华亭（松江）丞，后升浙江儒学提举。张士诚称王，擢博士。元亡，归隐岐山下，以《春秋》传学者。洪武初，累征不仕，世称岐山先生。陆谦，字仲益，兴化人，陆复之从子，元末为杭州路治中。明平浙江，方国珍犹据瓯，越数郡，诏选通练才辩者谕之。刘亮，吴郡人，元末尝仕于张士诚，后以巨舰尽载所藏书万余卷渡江，客如皋冒致中家，谋献其书，未果而卒。致中为收藏之，永乐中取入中秘。

元至正年间，施耐庵在苏州设馆，收太原人罗贯中为门徒，罗贯中时年约十八岁，明代王圻《稗史汇编》认为罗贯中“有志图王者”。清代顾苓认为罗贯中“客霸张士诚”。清代徐渭仁《徐钢所绘水浒一百零八将图题跋》称罗贯中“欲讽士诚，续成《水浒》百二十回”。从罗贯中与张士诚的关系，与《水浒传》的关系，可知罗贯中与施耐庵的关系。

至正十三年（1353）正月，张士诚与李伯升、吕珍、潘元明等十八人在白驹场起义，施耐庵参加了张士诚的农民起义。张士诚访聘施耐庵，施作《江湖豪客传》（即《水浒传》）正四十五回也。《水浒传》前四十五回最为精彩，属义侠小说范畴，与施耐庵生活安定有一定关系；四十五回以后施耐庵转入军事行动，以张士诚起义为原型的军事活动隐晦曲折地写入书中。

《水浒传》是借宋江起义为名，述张士诚起义之实。《宋史》中关于宋江的记载，共有三处:《徽宗纪》、《侯蒙传》、《张叔夜传》。《宋史·张叔夜传》说宋江“起河朔，转略十郡”。说明宋江最早的起义地点是在黄河以北，而梁山泊却在黄河以南。“宋江以三十六人，横行河朔、京东，官军数万，无敢抗者，其材必过人，不若赦过招降，使讨方腊以自赎，或足以平东南之乱。”他所提到的宋江三十六人横行河朔、京东，河朔是河北，京东是山东。又提到这支小部队战斗力非常强，“官军数万，无敢抗者”，几万官兵都对付不了他。因此，可以断定“其材必过人”，宋江的才能肯定很高。所以张叔夜给官家（皇帝）提了个建议，不如赦免宋江造反的罪过，招降过来，让他去打方腊。当然，这只是一个建议。后来怎样发展，这本书里没有记录。再举一条，《东都事略》还提到张叔夜，说他在海州（连云港）做知州。书中叙述，宋江带着部队准备攻打海州，在海边劫掠了十几条大船，从海路发动进攻。张叔夜听到风声，召集了一千多名勇敢的战士，在海边设下埋伏，另外派一支小部队摇旗擂鼓，引诱宋江。宋江进入埋伏圈后，张叔夜一声令下，先把海船全都点火烧了，切断退路。宋江一看伏兵四起，又断了退路，就率众投降了。

从宋宣和年间到《水浒传》成书的元末明初，大约二百五十年，这期间宋江故事在民间通过各种方式进行传播。无数田夫野老、市民胥吏、说书艺人、杂剧作家，都参与了宋江故事的创作，形式多样，有口传故事，有说书话本，也有戏曲，其中大部分已经自生自灭，只有少量作品在文献中留下了痕迹，这痕迹如同巨大冰山的一角，现举几例：

一是南宋罗烨《醉翁谈录·小说开辟》话本书目:《青面兽》、《花和尚》、《武行者》、《石头孙立》、《徐京落草》。二是南宋龚开《宋江三十六人赞》。龚开，字圣与，还是位画家。他喜听宋江故事，为宋江等三十六人画像、题诗。这里好汉人数仍为三十六人，没提到梁山泊，反而五次提到太行山。三是元初话本《大宋宣和遗事》，这是一部史话本，专门讲述北宋衰亡经过。其中一部分讲述宋江故事，大约有四千字，其中写到杨志卖刀、智取生辰纲、宋江杀阎婆惜、玄女授天书、受招安、征方腊等关目。这里好汉名单仍为三十六人，同时第一次出现梁山泊地名，但与太行山连在了一起，称“太行山梁山泺”。有的学者分析，这证明《大宋宣和遗事》是流行于南方的水浒故事版本。南宋时，由于宋金对峙，山川阻隔，南方说书人对北方地理不熟悉，只知道梁山泊、太行山是好汉出没的地方，于是想当然将这两处合为一处了。水浒的故事那时可能在南方流传得较广，并成熟起来。

元杂剧“水浒戏”，保存下来的有几十种，属于水浒故事的有三四种，如高文秀《黑旋风双献功》、康进之《梁山泊李逵负荆》、李文蔚《燕青博鱼》、李致远《还牢末》等。

至正十六年（1356），张士诚定都平江（苏州）后，为抗衡朱元璋又诈降元朝。至正二十三年（1363）二月，张士诚部将吕珍入安丰，杀死刘福通。九月，张士诚称吴王，改称吴元年。史称金陵为西吴，平江为东吴。鲁渊、刘亮、陈思均谏阻称王，辞官走。施耐庵自感“梁山上的军师——吴（无）用”，作《秋江送别》，即赠鲁渊、刘亮好友。此施耐庵遗曲由盐城已故文史专家周梦庄，一九三六年在白驹发现，是施耐庵后人施逸琴所藏手抄本《云清诗稿》中所记录。云清，即施耐庵之子施让的别号。从《秋江送别——赠鲁渊道源、刘亮明甫》元曲中可以看出施耐庵确系鲁渊、刘亮同时代人，而且彼此交往很深。

《水浒传》研究专家刘冬认为，施耐庵这一组遗曲，在元曲史上具有杰出的成就和不朽的价值，平仄谐调，韵律精严，句法合辙，衬字得当，根本没有乖违之处，摒弃了元曲“嫚戏污贱”的颓废之词、文人骚雅典丽的形式之风，恢复了白居易所倡导的“歌诗合为事而作”的风骚和汉魏传统，遗曲中尽管充满国家恨、民族仇、希望破灭、知交云散的无限伤痛，但没有丧气的哀鸣，低沉的呜咽，而是愈唱愈高，愈唱愈响，深藏着一种一息尚存、不忘有为的情怀。

元至正年间，施耐庵也离开张士诚部，隐居至常熟河阳山（今张家港市凤凰山）永庆寺著《水浒传》。在江阴祝塘大宅里徐家等地教书，学生徐麒（1361—1445）时年五岁。地点在东林庵，此时人称“耐庵先生”。施耐庵通阴阳、识天文、晓地理，在祝塘一带传闻颇盛。时至今日，祝塘徐家还藏有这样一副对联：

读宋学士①赞言，高风世仰；
观施耐庵卜兆，大地名扬。

至正二十六年（1366），朱元璋部将徐达、常遇春攻打湖州、苏州，施耐庵偕妻申氏及门人罗贯中、二弟彦才迁居兴化一带，俗话说“自古

① 宋学士：指元末明初文学家宋濂（1310—1381）。

昭阳（兴化）好避兵”，兴化系水网地区，不宜用兵，实乃乱世之桃源。不久他就到了故里泰州白驹场。大弟彦明仍留苏州。

在此之前，朱元璋派遣大将徐达、常遇春率领二十万大军攻打平江（苏州）。施耐庵预感平江陷落后，朱元璋对张士诚旧部必严加追究，同时又考虑多年兵荒马乱，战事不息，《水浒传》尚未完稿，必须找个安静处所完成书稿。于是，他想到兴化人顾逖。顾逖在一三五九至一三六二年间任松江同知，后迁嘉兴路同知，都在张士诚属下做官，一三五九年十月，顾逖曾接纳杨维祯（1296—1370）到松江任教。这时施耐庵寄诗一首给回归兴化的顾逖。诗曰：

年荒乱世走天涯，寻得阳山好住家。
愿辟草莱多种秫，莫叫李子结如瓜。

接到施耐庵的诗之后，顾逖亦回诗一首，诗曰：

君向江南来问津，相逢一笑旧同寅。
此间不是桃源境，何处桃源好避秦。

施耐庵隐居在白驹著《水浒传》，兴化的东、西浒垛与大丰的白驹，同属天下掉下来的虎和驹，颇耐人寻味。范公堤旁的大丰市白驹镇境域早在隋唐以前即已成陆，从唐代李承主持建筑捍海堰，可溯千年以上，宋代范仲淹重修的捍海堰后称范公堤从此经过。大丰与兴化的界河是范公堤旁的串场河，串场河两岸有许多水浒本事。考白驹与“水浒”竟与《诗经》有关，《诗经·小雅·白驹》有“皎皎白驹，食我场苗”、“皎皎白驹，食我场藿”等句。白驹地处苏北里下河水网地区，“周洄港汊数千条，四方周围八百里”。由《水浒传》书名中的“水”字，自然联想到的就是所谓的“江湖”。“事业集成忠义传，用资谈柄江湖中”。对“江湖”一词的解释，起码有两个意义指向。一是语义学的，是江河湖海等的自然存在；一是社会学的，就是所谓“身在江湖，心在魏阙”，是“居庙堂之高，则忧其民；处江湖之远，则忧其君”。《诗经·大雅·緜》：“古公亶父，来朝走马，率西水浒，至于岐下。”周朝古公亶父迁于岐山，奠定了周王业的基础，使国家渐具规模。此处暗合张士诚农民起义，建国号大周政权的历史。难怪《水浒传》第十七回有“直教红巾传千古，青史功业播万年”，红巾军当指元末农民起义的红巾军。施耐庵《水浒传》描写梁山水泊及一群首领的悲剧与白驹一带的大纵湖、得胜湖起义张士诚一群首领的悲剧有相同点，都经历了起义、招安，各路起义军互相残杀，被害、惨死的过程。可见，施耐庵是一位伟大的现实主义作家。“浒”（hǔ），水边。《诗经·王风·葛藟》：“緜緜葛藟，在河之浒。”“浒”（xǔ），地名用字。江苏吴县有浒墅关；江西有浒湾。以上是《辞海》的解释。应该说，“浒”是一个较为冷僻的字。然而研究《兴化县地名录》发现，“浒”作地名的自然村屡见不鲜，发音同水浒的浒（hǔ）。如：刘陆乡有西浒垛，分设西浒南、西浒中、西浒北三村；竹泓镇有东浒垛；周庄镇有浒西、浒南、浒东三村由西浒垛分设；边城镇有东浒垛一、二、三村由东浒垛分设等等。相传天降二虎，一在东，一在西，故名东浒垛、西浒垛。《大丰县地名录》介绍，白驹也是相传天降黑白两驹形石块，分置地砖桥两头，后来桥西黑驹移至兴化驹家庄，仅存白驹，故名。还有今天在车路河与兴化得胜湖交界处的湖口，几百年来活在群众口头上的称谓水浒港。

明洪武三年庚戌（1370）三月初二，七十五岁的施耐庵在淮安（楚州）逝世。直到其孙辈文昱时，才将灵柩复迁兴化施家桥东一高地，施耐庵生前选定的“风水宝地”——狮子地(有“狮子盘绣球”之说)安葬，由淮安王道生撰写墓志铭。施氏宗祠遗址位于大丰市白驹镇北街，是祭祀施耐庵（彦端）为一世祖的地方，由施耐庵后裔施文灿等于清乾隆戊申年（1788）将施公故居改建而成，咸丰壬子年（1852）施埁重修，供奉施耐庵为始祖的祖先牌位四十二座，楹联有“圣徒世系三千岁，才子家声六百年”。现施耐庵纪念馆就是文化部、江苏省人民政府拨款仿施氏宗祠所建，为盐城市级文物保护单位，陈列着国家二级文物的国贻堂《施氏家簿谱》(即施氏长门谱）等珍贵文物史料。大丰市白驹镇狮子口村施家舍、三里树村施家院子、刘庄镇龙心村施家墩等均是施耐庵后裔聚集地。抗战时期新四军、八路军会师的狮子口，相传此处施氏墓前有一石狮，面朝河口，故名狮子口。江苏省文物保护单位施耐庵墓地处狮子地，与白驹狮子口遥遥相对，位于兴化市新垛镇施家桥村。以境内自然村命名，施家西桥原称柳桥，施家前桥原称奉桥或枫桥，施家后桥原称板桥。合塔镇胜利村有施家舍（隆桥之后的聚集地)，合陈镇五合村有施院家，大营镇有施童村，均有施氏后裔。此处的施氏后人，春秋两季均在一起祭祀施耐庵始祖。

第一章 少年早成

一、敏而好学

苏北里下河水乡港汊纵横，垛田星罗棋布，渔舟帆影婆娑。二十多岁的船老大施元德驾渔船在串场河里捕鱼，船尾站着的妻子卞淑贞，已怀孕九个月，仍然跟着丈夫捕鱼。元代元贞二年（1296）初冬的一个傍晚，落霞满天，渔歌唱晚，劳碌一天的卞淑贞身体忽然歪倒在舵柄上，两手捂着肚子，显得十分痛苦："我要生了。"施元德又惊又喜地高喊："快，全速返航！"渔船很快在泰州白驹场茅家园靠岸，众人把卞淑贞抬回家，又急忙去请接生婆。

不一会儿，接生婆对满头大汗的卞淑贞说："淑贞，恭喜你，生了个胖儿子。"施元德顿时喜笑颜开，在摇曳的烛光下，小宝宝正睡得香甜，滚圆的大脑袋特别招人喜爱。

儿子快两个月时，还没有个名字。施元德请来隔壁的一位老秀才，给孩子取名。老秀才进了屋门，见这小孩生得方头大耳，眉清目秀，又翻了翻随身携带的旧书，对施元德说：“我看这孩子天庭饱满，地阁方圆，好福相啊。起名叫‘彦端’吧！彦者，美士也；端者，正也。这孩子长大了，一定会成为行为端正的才子，有文笔才华，又为人仗义，将来是国家栋梁啊！”听老秀才这一说，施元德夫妇喜悦万分，连忙拿出早准备好的喜钱，十分感谢地把老秀才送出了门。

这个被起名为“彦端”的婴儿，就是后来写出世界古典文学名著《水浒传》的施耐庵。至于为何又更名“耐庵”，那是后话。

施耐庵幼时就聪明异常，三岁背唐诗宋词，四岁画鸡鸭牛羊，五岁认识几百字。爹妈心里喜欢，到了八岁就将他送到白驹场北宝寺私塾读书。

有一次北宝寺的一个老和尚拦住他，说有一谜语要他猜，若是猜不出来就不让上课，老和尚念道：

小小诸葛亮，独坐军中帐。
摆起八阵图，要捉飞来将。

八岁的施彦端听老和尚念完，并不作答，只是用手指在地上画了一物作谜底。老和尚见了笑笑，点点头，接着又出一谜：

小小一条龙，须长背又弓。
生前没有血，死后浑身红。

施彦端听了二话没说，又在地上画出一物，揭了谜底。然后昂首阔步走进私塾馆。

原来这两个谜语的谜底分别是“蜘蛛”与“虾子”。

私塾馆教书的老先生，有戒尺一把，对不认真读书的顽童，常常将戒尺朝桌子上一拍，调皮好玩的学生就大声朗读出来。老先生戴着一副老光眼镜，透过老光眼镜，看到施彦端端坐不动，心想，这乃神童似的，怎么今天这么笨拙，连书也不念。老先生喊来施彦端，厉声地问：“施彦端，你为何不念书！”

“启禀老师，我已经将课文读熟了。”

老先生说：“既然你已经读熟了，背给我听！”

老先生拿过课本，只见施彦端大声背诵，竟然与课文一字不差，老先生大为吃惊，这学生果然与众不同啊。施彦端此举也令同学们十分羡慕。

施彦端在私塾读了五年书，过目能诵，品学兼优。一天，老先生教学生写作文，题目是《春》，当有的顽童在绞尽脑汁、苦思冥想，有的学生在磨磨蹭蹭、涂涂抹抹之时，施彦端已经完成作文。老先生拿来一看，原来这篇《春》之作文，真是春意盎然，春光明媚，且不说语言隽永，情真意切，而且立意清新，主旨鲜明。不可多得的人才啊！

老先生翻看着施彦端的作文，不由自主地感慨：施彦端，可惜你出生在穷乡僻壤的农家，再聪明将来也不过是一个草泽才子，哪能像那些锦衣玉食的官宦人家，成为国家栋梁，日后光宗耀祖、流芳百世啊！

十二岁那年，有一次，施彦端偶然在邻居家见到王勃的《滕王阁序》，便借回家如饥似渴地读起来。这一读不要紧，连晚饭也忘了吃啦！等他一读完，便去私塾找王老先生请教，一见面就迫不及待地问：“先生，王勃的文章为什么写得这样好？”

“王勃是初唐四杰之一，”王老先生捋着胡子笑呵呵地说，“传说，王勃七岁的时候，他的父亲在云南交趾当县令，为了督促儿子更好读书，特地派人到陕西老家把王勃接到住所。王勃走到南昌时，正好碰上他的启蒙老师周先生，周先生爱喝酒，因为贪杯，这工夫已有几分醉意，就糊里糊涂地把王勃带到都督阎伯屿那儿，让王勃为阎都督写了《滕王阁序》的消息就传开了……”说到这，施彦端有点儿呆了，他无比敬佩少年王勃，于是对王老先生说：“将来，我也要写出《滕王阁序》这样的文章来！”

王老先生听了，满意地说：“有志者事竟成，孩子，好好努力吧！”

不久，白驹场内死了一个老人。按当时风俗，要先读祭文，然后才能由和尚念经。可是，事先约好写祭文的季秀才一时来不了，大家很着急。这时，施彦端也在场，他想起了王勃写《滕王阁序》，便鼓起勇气说：“祭文让我来写吧！”

“哎呀！这个小孩口气可不小哩！”

“一个娃娃也会写祭文？”

大家议论纷纷。

邻里阿大是在说书场里当伙计的，听说书人常说一些少年英雄的故事，有点儿见识，便嚷道：“有志不在年高嘛，别小看了彦端，让他试试，要是不行，等季秀才来了再写也不迟呀！”

大家觉得阿大的话蛮有道理，主持丧事的人拿出笔墨纸张，让施彦端写起祭文来。只见施彦端卷起袖子，在桌前立定身子，闭目定了定神，毅然拿起狼毫笔，洋洋千言祭文，一挥而就。

这时，季秀才急急赶到，主家拿着施彦端刚才写的祭文请他过目。祭文对于死者的生卒年月、婚配、所生子女、平生作为以及活着的人对死者的哀悼等等，写得清清楚楚，行文流畅，词句朴实，感情十分真挚，真是一篇中规中矩又颇见才气的祭文，季秀才连连称赞：“好，很好，难得，难得！”又仔细地端详着施彦端，认真地问道：“你曾经写过祭文吗？”

“没有。”施彦端摇摇头说。

“那么，你是根据什么来写的呢？”

“我想这祭文，无非是说死者生前做过什么好事，亲人们对死去的人怎么怀念。不当之处，请先生赐教。”

季秀才十分佩服小彦端的理解能力和分析能力，他掩饰不住内心的激动，一下子把施彦端拉到了自己的怀里。

里下河地区是“锅底洼”，水患连年。那年白驹场发了大水，家被淹了。施元德带着妻儿重返苏州施家巷，为了谋生，施元德还是以行船为业，而年仅十二岁的施耐庵，就在家门口挂了一个修补残书的招牌。苏州城是个人文荟萃之地，书籍极贵，一般人家书籍破损了，总是请人修补，再给孩子们读，做这个行当的多是才华出众的才子。施耐庵家门口“修补残书”的招牌一挂出来，就招来不少好事文人的刁难，故意把一些残破不堪的四书五经送上门来，要他补。施耐庵当着众人的面，说这页缺什么字、那页缺什么词，“立等可取”，不一会儿就修补好了，还一字不错，一时轰动了姑苏城，街头巷尾都在传说城里出了一个小才子。

一天，施耐庵刚在书台前坐定，忽听得有人一声吆喝：“修书！”施耐庵抬头一看，是一个衙役，一脸横肉，两眼凶光，好像前世就欠他二百斤黄豆种子没还给他似的。施耐庵胸有成竹地说：“拿来我看。”

那衙役把手向后一指，趾高气扬地吆喝道：“知府老爷吩咐，要是此书你能修补起来，知府老爷明天设宴请你；如若错了一个字，立即将你家的招牌砸烂。”衙役一边冷笑，一边将残破的书掷在书台上。施耐庵接过来一看，是一本陈旧不堪的历书，只剩下上边一半，还有底下一半均被老鼠啃掉了。

站在一旁看的百姓鸣不平了："嘿，破历书如何修补？这不是拿人家小孩过不去嘛！存心砸人家饭碗?！"

施耐庵却像没事儿人一般，只见他不慌不忙地用衬纸补好缺处，提笔补写起来，大半天工夫，他真的将那历书修补好了。那修补的知识，还是他过目不忘的本事帮了忙，无非是天干地支的配合演绎，"甲乙丙丁戊己庚辛壬癸"，"子丑寅卯辰巳午未申酉戌亥"，再套以"子鼠、丑牛、寅虎、卯兔、辰龙、巳蛇、午马、未羊、申猴、酉鸡、戌狗、亥猪"的十二生肖，将这历书配套成龙，完整无缺。

那衙役又拿起一本同样的历书，逐字逐句地核对，果然一字不差。旁边的围观者一个个提心吊胆，暗中都为施耐庵捏把汗。等到听那个衙役说真的一字不差，有个人伸伸舌头，说了一句施耐庵家乡的江淮方言："乖乖隆的咚，这个小伙真的是文曲星下凡嘞！"围观的老百姓均惊喜不已，一派欣欣然的样子，只有那个衙役灰溜溜地逃走了。

施耐庵跟着父亲从白驹场来到浒墅关，住在太湖边上，夏天常与一些伙伴跳入湖里泅水嬉戏。他平时送父亲上船，路过苏州府学，听到学校里琅琅的读书声，总是站着不肯走，缠着父亲说"我要读书"。可是由于家境贫寒，加上母亲又生了彦明、彦才两个弟弟，家里更加困难，无法供他上学。于是他就找有书的孩子借，请识字的邻居教，有时还到苏州府学去旁听。就这样，他背熟了《百家姓》、《千字文》，还反复诵读四书五经《论语》、《孟子》、《大学》、《中庸》和《诗经》、《尚书》、《礼记》、《周易》、《春秋》等。

施元德知道儿子渴望读书，不久就把施耐庵送到苏州西北、大运河边上的水陆要冲、江南名镇——吴县浒墅关①一家私塾读书。

施耐庵在读书期间，除了博览经史子集外，尤爱宋元话本，他不仅记忆力惊人，过目成诵，而且文思敏捷，能写会说，是一个敏而好学、才气过人的学生。

一次，他看到老师画的牡丹形似神肖，非常羡慕，但由于自己急于求成，总是画不好。于是他就向老师请教，怎样才能把牡丹画好。老师笑笑说："怎样画好牡丹的答案，现放在花园里呢，你去看一看就知道了。"

施耐庵到花园里一看，除了东墙下有几株盛开的牡丹外，什么"答案"也没有。他这才明白老师的用意，是要让他照着牡丹写生呢！

经过一段时间的临摹、写生，施耐庵自以为牡丹画得不比老师差了。一天早晨，他画了幅《蝶戏牡丹》拿去请老师指教。老师借机开导他："你画的牡丹枝叶上有露珠，时间上该是早晨，而牡丹花瓣萎散无力，已是正午的花姿，在一幅画面上时间这样错乱，可见你写生的功夫还没有到家呢。在我国绘画史上有许多佳话：判定《正午牡丹》画的真伪，就在于牡丹花下那只猫的眼睛，瞳孔是眯成一条线还是睁得圆圆的。判定戴嵩《牧牛图》的真伪，则在于那头牛的眼睛里有没有依稀晃动着牧童的影子。"

施耐庵心想：我今天这幅画是早晨对着牡丹写生的，难道还会看错

① 施耐庵早年求学的浒墅关镇历史悠久。浒墅关曾名为"虎疁"，据《吴郡志》及当地史志记载，相传秦始皇开掘吴王墓时，见白虎蹲丘（今苏州虎丘）上，率部追赶二十余里，虎不见处，即名为虎疁，后因避唐太祖李虎讳，避五代吴越王钱镠讳，遂改名为浒墅、许市。据清道光《浒墅关志》记载，早在元代至正年间（1341—1368）就在浒墅关设置税关。明宣德四年（1429）户部设立钞关署衙于此，故得名浒墅关。当时浒墅关为长洲县六镇之一，全国七大钞关之一，为大运河上的重要关津。数百年来惯称"许市"，约定俗成浒墅关。

吗？他告别了老师，直奔花园去看个究竟。时值正午，他用手捧着花仔细地一看，花瓣果然与清晨看的不一样。这件事令他感触很深，学画便格外虚心了。

从此，他每当课余时间，总要到花园里练习写生，如此一练就是三年。在老师的悉心指导下，施耐庵勤学苦练，他所画的牡丹栩栩如生了。

二、关门弟子

孔子曰：“有文事者，必有武备。”作为孔子高足施之常后裔的施耐庵，从小就怀有“文安邦，武定国”之志。他的很多文章都熔谈兵、论史、议政于一炉，他对自己的“文事”已很有自信，便决定研究武学，以求“武备”，以备济世之需。

在浒墅关教书的老先生已年过花甲，白发苍苍，但满脸红润，精神抖擞，耳聪目明，给人以鹤发童颜、仙风道骨之感。他不是一般的教书匠，早年曾中过武举，只因为有一次打抱不平，失手误伤了一个元朝的“鞑子”，才弃官隐姓埋名来此教书为生。

这私塾馆后面有个大院子，每天鸡叫头遍，老先生就起床到后院里练功。

一天清晨，施耐庵醒来定神一看，室外树叶纹丝不动，也没有刮风，哪来的“呼呼”之声？他透过门缝朝后院望去，原来是老先生在练功呢！时令已是数九寒天，然而老先生身着单衣，手舞长鞭，风声“呼呼”，人影难分。练完长鞭，又打了几套拳后，竟挥掌向一块斗大的石块劈去，只听“咔嚓”一声，掌到石裂，像劈豆腐一样。施耐庵简直惊呆了，直到先生练完功，从后院开门进来，他才醒悟过来。先生发觉了他，问他为何呆呆地站在这儿，施耐庵见瞒不过先生，只好直说道:“学生看先生练功看入了迷，站在这儿发呆了。”然后他向先生提出了自己也想练习武功的请求。

老先生摇了摇头，长叹一声说道:“你远道而来，为的是多求学问，依我看你应以读书为本才是。”

施耐庵听罢，知道先生不肯教他练武功，可他却是个有心计的人。从此，他每天起早爬到院墙边的一棵老柳树上，细心观察先生是怎样练的，然后自己也模仿着练。就这样白天读书，早晚练功，一晃一年过去了。由于施耐庵天资聪颖，加上勤学苦练，竟也渐渐地练出点儿名堂来了。

再说老先生本是武林中人，听觉和视觉异常灵敏，早就发现施耐庵在偷学他的拳路。他并未加以制止，而是被施耐庵好学苦练的精神感动了，只想寻个机会考验一下施耐庵，然后再决定是否收他为徒。

这年清明节，老先生安排学生放了一天假，让他们到郊外春游。施耐庵与几个同学正踏青赏春，忽然听到“救命啊——救命”的喊叫，大伙儿朝不远处的一座新坟望去，原来是一个恶少正在调戏年轻的寡妇，并抢夺她的包裹。只见那寡妇身穿重孝，拼命挣扎呼救。有几个上前劝阻的人都被恶少打伤。施耐庵看到这儿，再也忍不住了，赶忙冲上前去劝道:“拦路抢劫上坟的寡妇，天理难容，赶快住手放了她！”

那恶少见是个书生，破口大骂道:“轻狂腐儒，你出世几天，也敢来管老爷的闲事，看我怎么收拾你！”

这恶少也有些功夫，竟举起坟前的大石碑，直向施耐庵脑门猛砸过来。看的人都吓出了一身冷汗，可施耐庵使了个“金蝉脱壳”之计，已闪身跳出圈外。当恶少马步未定之时，施耐庵来了个“鹞子翻身”，纵身一跃，像一阵疾风飞过，挥掌直向石碑劈去，只听“咣当”一声，石碑被劈成两半。那恶少一见是强手，叫了声“好厉害的铁掌”，吓得落荒而逃。

“恶少哪里去！”施耐庵大喝一声，正要追赶，忽听身后有人喊他。回头一望，原来是自己的先生站在远处正向他招手呢。施耐庵连忙跑过来，跪在先生面前说道：“学生出来春游惹事了，望先生恕罪。”

可老先生并没有责怪施耐庵，还笑呵呵地用赞许的眼光看着他，说：“年前，你要跟我学练武，我没答应你，那是为几个败家的徒弟伤了心。早年我也曾收过徒，可当他们武艺学成后，不走正道，专干欺老凌幼的勾当，我就发誓今生不再收徒。想不到你竟能这样见义勇为。好吧！我就收下你这个关门弟子吧。”

这情景有点儿像《水浒传》第二回，“史进每日求王教头点拨十八般武艺，一一从头指教。……矛锤弓弩铳，鞭锏剑链挝，斧钺并戈戟，牌棒与枪扒。”这十八般武艺也是演变的，《水浒传》所列是宋元的十八般武艺，到了明代，十八般武艺已演变成了“一弓、二弩、三枪、四刀、五剑、六矛、七盾、八斧、九钺、十戟、十一鞭、十二锏、十三挝、十四殳、十五叉、十六把头、十七绵绳套索、十八白打”。

十八般武艺，不是十八般武器。其中有的不用器械，是徒手的技艺。老先生告诉施耐庵：现时拳术，大致可分为看的、练的、用的三种。所谓看的，是指打出来的拳像在戏台上耍把式，能让人眼花缭乱，但没有真功；所谓练的，是指学会一两套拳术，作为强身之用，日复一日，年复一年，练会了它便可；所谓用的，则讲求实战，非有真功不可。虽不求其好看，但须善于用气使力。无论吞吐抑扬，进退趋避，跌宕扫击，转侧盘旋，都得精、力、气、骨、神交修互练，缺一不可。老先生问施耐庵要学哪一种，施耐庵说当然是要有实战实用的那种。

老先生说：在武术中眼睛至关重要，常言说眼观六路、耳听八方，或说眼到手到。拳术出手迅疾，变化极快，胜败只在一瞬间。拳家练眼，也是单独一门学问。如燃着香头，手摆香柄或近或远，或左或右晃动，持之以恒，以眼皮不眨动为限。

俗话说“名师出高徒”，施耐庵在老先生的精心培养下，不仅写得一手妙文章，还练成一身好武艺。只见施耐庵一身黑色打扮，衬托出他的白色皮肤，更显得英姿飒爽。他手拿宝剑，走下台阶，来到庭中立定。左手反握剑柄紧靠臂后，右手握成剑指，两臂前伸，平举至胸。举目四望，好像一道电光扫过。然后右手将剑接过，便开始舞动起来。首先一个魁星点斗式的独立反刺，站立不动，稳如泰山，显示出他深厚的功力。再来一个燕子掠水式的仆步横扫，转换自如，干净漂亮，又显示他剑术的纯熟。然后转身斜带，如风卷残叶；纵步平刺，如野马跳涧；耸身上指，如白虹贯日；撤步反击，如彗星袭月。只见他左盘右旋，上翻下跳，越舞越快。庭里庭外，银光闪闪，寒风阵阵，果然是一身好功夫。

文史不分家，文武集一身。世界上很多知识道理都是相通的，后来施耐庵以施惠笔名[①]写过一篇曲子《咏剑》，确是非同寻常。

早在一百八十年前，一位曾在中国居留过的英国学者说过：考试是“中国发明的”，它将“和火药与印刷术一样，使欧洲国家发生另一次的大变化”。[②]

---

① 说施耐庵即施惠是有源头的，清代《传奇汇考标目》：“施耐庵，名惠，字君美，杭州人。（著有）《拜月亭旦》、《芙蓉城》、《周小郎月夜戏小乔》”；《怀香楼闲话》：“《元宵闹杂剧》，无名氏撰，衍施君美《水浒传》卢俊义事”；吴梅《顾曲麈谈》：“《幽闺》为施君美作。君美名惠，即作《水浒传》之耐庵居士也。”

② 引自邓嗣禹《中国考试制度史》。

从西周算起，我国考试制度的历史大约已有三千年了，可谓是瓜瓞绵绵，根深叶茂。在我国进入“文明时代”的门槛之后，学校即已出现。《孟子》里所说的：“夏曰校，殷曰序，周曰庠，学者三代共之，皆所以明人伦也”，校、序、庠都是学校。三代的学校，包括太学在内，不仅“学书”、“学射”、“学礼习乐”，更重要的是“学德”，只有这样才达到“明人伦”的目的。

科举考试创始于隋，而完备于唐。元明清各朝，在地方的考试为“乡试”，在京师的考试为“会试”、“殿试”。“乡试”及第可否任官，各代规定不一，但“会试”、“殿试”及第后，先是取得出身资格，然后即量能授职。

元灭宋后统一了中国，境域比汉唐时代更为广阔。但唐宋以来汉族传统的一些政治制度受到了很大冲击，文人的进身之阶——科举制度遭到废黜。元代前期几十年没有科举，直到延祐元年（1314）才举行科举。元代的童生试中了便是秀才；秀才中了便可去应乡试；乡试中了是举人，可以去应会试；会试中了称为贡生，可以参加御试。御试乃是皇帝亲试，试后赐为进士。各种考试中，最为学生和家长所重视的，乃是乡试。因为如果不中乡试，只是个秀才，不算功名，只好去教书，而乡试中了是举人，功名到手，有了做官的起码资格。

“考试程式：蒙古、色目人，第一场经问五条，《大学》、《论语》、《孟子》、《中庸》内设问，用朱氏章句集注。其义理精明，文词典雅者为中选。第二场策一道，以时务出题，限五百字以上。汉人、南人，第一场明经经疑二问，《大学》、《论语》、《孟子》、《中庸》内出题，并用朱氏章句集注，复以己意结之，限三百字以上；经义一道，各治一经，《诗》以朱氏为主，《尚书》蔡氏为主，《周易》以程氏、朱氏为主……”

“乡试，八月二十日，蒙古、色目人，试经问五条；汉人、南人，明经经疑二问，经义一道。二十三日，蒙古、色目人，试策一道；汉人、南人，古赋诏诰章表内科一道。二十六日，汉人、南人，试策一道。”[①]

那年乡试之时，施耐庵走进乡试馆居住地，门边有楹联：

> 安得广厦千万间，庇天下寒士；
> 愿与吾党二三子，称乡里善人。

这楹联内容是勉励学子们确立远大志向，追求道德、文章，通过科举步入仕途。上联内容出自杜甫诗句“安得广厦千万间，大庇天下寒士俱欢颜”，诉说了读书人的抱负；下联内容典出韩愈《山石》诗：“嗟哉吾党二三子，安得至老不更归？”这里的“党”指朋辈读书人，善人指的是君子，有道德的人。

这一年，主考官想把一个乡绅子弟叫顾逖的选为第一名，而把穷书生施耐庵撇到后面去。面试前，他先透个消息给顾逖，好在对对子上做准备。

那天，施耐庵和顾逖都被传到。主考官说：“我今天要面试一下，看看你们的才学如何。”顾逖翻了几天书，把古今名人的对子都背得滚瓜烂熟，心中有了底，笑盈盈地回答：“是，是，请恩师命题。”施耐庵是“哑巴肚里吃了萤火虫——心里明白”，见机行事再说。

主考官出了三副对联的上联，每一副都不是从书上选来的。

一是：炭黑火红灰似雪。

一是：船轻石重，以船载石轻载重。

一是：磨大脐小齿棱棱，吞粗吐细。

---

① 见《元史》卷八十一《选举志一》。

顾逖从小过着饭来张口、衣来伸手的娇惯生活，哪里懂得民间的事，原先准备好的一条也用不上，这时急得张口结舌，哼了半天，才从牙缝里挤出几句："谷黄饭白，这……"垂头丧气地坐在椅子上不动了。

施耐庵不慌不忙地对出了三副对子的下联：

一是：麦黄麸赤面如霜。

一是：尺短布长，用尺量布短量长。

一是：杆直钩曲星朗朗，知重识轻。

主考官听了，内疚地晃动了一阵子脑袋，情不自禁地叫起来："好，对得工巧！妙，妙，真是才子。该中第一。"

顾逖自愧不如，心中十分佩服施耐庵博学多才，文思敏捷，当下就邀施耐庵到家中做客，敬为上宾。

以后，两人经常在一起谈诗论文，结为好友。壮年时期的施耐庵曾"官钱塘二载"，后入张士诚幕。而顾逖（字思邈），元至正年间进士，至正十九年至二十二年，同知松江府，固城守，明教条，劳来抚循，四境安谧。迁嘉兴路同知，士民追送，舳舻不绝者数十里。

三、痴迷说书

生活于江淮之间的施耐庵从少年时代起，就喜欢到瓦肆、勾栏听说书艺人讲述梁山英雄故事，像《武松打虎》、《智取生辰纲》、《林冲夜奔》、《杨志卖刀》等水浒英雄故事，他听后不但牢牢记住，还能绘声绘色地讲给别人听。至于《梁山泊聚义本末》等话本，他看完后不仅能背诵，还能像民间艺人那样，将原来只是记录故事梗概的各类脚本，演绎成情节曲折、生动耐听的故事。

瓦肆，或称瓦舍、瓦市、瓦子，是宋元时代都市中的大型游乐场。瓦肆中的主要建筑是勾栏，即用有图纹装饰的栏杆围成的戏台。大瓦子中设有好几个勾栏，可容纳数千人观看游玩。到瓦舍中表演技艺的项目很多，主要有说经、讲史、说小说、唱曲等，在施耐庵生活的年代，瓦肆、勾栏生意十分兴隆。

有一天，学馆里放学后，施耐庵的父亲叫他去城里买点儿米回来。进了城，他见一家瓦舍里正在说《智取生辰纲》，不知不觉就挤到人堆里听。他被说书艺人的语言、神态和故事情节迷住了，把买米的事丢到脑后，直到天黑，说书的把一本书说完，听众一哄而散。他看到手中的米袋子，才想起自己是来买米的，赶紧就往米店跑。到了米店，人家早已打烊。他知道一家人都等着他买米回去烧饭吃，心中懊悔不已，拿着空布口袋回到了家。果不其然，父亲和两个弟弟都站在门前等着他呢！

施耐庵一到家，就把听说书耽误买米的事告诉了父亲，并且也学着说书艺人的语言、神态，讲起了“智取生辰纲”一段故事。施耐庵聪明伶俐，虽然才听了一遍，故事内容却记得清清楚楚，并且讲得十分生动，连父亲都听入了神。父亲本来准备教训耐庵一顿的，这时也就算了，只得叫耐庵赶快到邻居家先借点儿米回来，明天再进城去买。

施耐庵这个爱好，他的父亲、老师并不横加干预。因为元代数十年没有科举，读书人的地位不稳定，考不中科举功名，不能当官吃俸禄，便只有当平民百姓，做个塾师，当个说书艺人、书会才人[①]，也就有了养家糊口的本事。这种不加干预的做法，实际上也是为施耐庵留了一条谋生后路。

① 书会是宋元时戏曲、曲艺作者的组织，参加的作者称为才人。

施耐庵生活的时代盛行英雄传奇：杨家将演义与狄青野史、水浒传说、岳飞故事堪称是由宋代史事衍化而成的四大英雄传奇。这四大英雄传奇的出现，反映了宋元之际的社会心理，既潜藏着下层民众审美情趣的发展轨迹，也蕴含着他们价值观念的丰富内涵。

宋末元初之际，人们处在蒙古东征西讨的铁蹄之下，颇希望有宋江这类的英雄豪杰出来，以恢复故邦。南宋时期的宋江故事极为盛行，宋江诸人是离南宋时代很近的人，关于他们的逸文轶事，一直是故老野民口中所津津乐道的——民间原是产生或传播许多英雄传奇的大本营。宋末遗民龚开所作《宋江三十六人赞》自序说："宋江事见于街谈巷语，不足采著。虽有高如李嵩辈传写，士大夫亦不见黜。余年少时状其人，欲存之画赞。"[①] 当时虽然没有"行吟诗人"将他们的小传演绎为一部伟大的英雄史诗，却有一班说书先生与好事文人，将他们的故事编成话本或散文的英雄传奇。《水浒传》的最初雏形便是这样形成的。

龚开（约1222—1304），字圣与，号翠岩，晚号龟城叟、岩叟，宋末元初淮阴（今淮安市）人，宋元间著名书画家。龚圣与青年时亲历宋金战争，目睹中原易主的情景，与盐城陆秀夫至广陵投奔南宋将领李庭芝幕下。南宋景定年间（1260—1264），在两淮制置司监掌管茶盐酒税、场务征办以及冶铸之事。元军南进，龚开辗转闽、浙一带。南宋灭亡后，入元不仕，隐居吴中（今江苏苏州一带），以卖画为生。他还活着的时候，人们已称"得片纸如得连城璧"。他作画题材广泛，技法全面。他临写过吴道子的《送子天王图》，画过《唐太宗天闲十骥》等，并善画墨鬼，尤以画钟馗见长。他作的《钟馗移居》、《钟馗嫁妹》、《中山出

① 见周密《癸辛杂识续集》上。

游》等图，“怪怪奇奇，自出一家”。宋江在淮安的遗事肯定对生活在淮安的龚开产生过影响，故而有画赞。

《宋史》中关于宋江的记载，共有三处:《徽宗纪》、《侯蒙传》、《张叔夜传》。《宋史·张叔夜传》说宋江“起河朔，转略十郡”。“宋江以三十六人，横行河朔、京东，官军数万，无敢抗者，其材必过人，不若赦过招降，使讨方腊以自赎，或足以平东南之乱。”张叔夜所提到的宋江三十六人横行河朔、京东，河朔是河北，京东是山东。又提到这支小部队战斗力非常强，“官军数万，无敢抗者”，几万官兵都对付不了他，因此可以断定宋江的才能肯定很高。所以张叔夜给官家（宋朝对皇帝的称呼）提了个建议，不如赦免宋江造反的罪过，招降过来，让他去打方腊。当然，这只是一个建议。后来怎样发展，这本书里没有记录。

张叔夜（1065—1127），字稽仲，宋开封人。徽宗大观中，为开封少尹，赐进士出身。宋徽宗宣和三年（1121）再知海州，使他成为无论是正史还是野史都会留名、《水浒》迷们耳熟能详的人物。

原来，宣和元年（1119）年尾，宋江以三十六人在河北一带聚众起义，所向披靡，占了十个郡县。在张叔夜再知海州的第二年，宋江起义军由沭阳打到了海州。《东都事略》还提到宋江带着部队准备攻打海州，在海边劫掠了十几条大船，从海路发动进攻。张叔夜听到风声，召集了一千多名勇敢的战士，在海边设下埋伏，另外派一支小部队摇旗擂鼓，引诱宋江。宋江进入埋伏圈后，张叔夜一声令下，先把海船全都点火烧了，切断退路。宋江一看伏兵四起，又断了退路，就率众投降了。

纵观史籍，说宋江在海州全军覆灭，向张叔夜投降，皆据《宋史·张叔夜传》此段文字记载。但是近代出土的许多有关此事的文物碑铭，以及当事人的诗词笔记，证明实际情况并非如此。宋江并没有在海州向张叔夜投降，也没有替宋王朝去南方征方腊和镇压清溪邦源洞农民起义军。一九三九年在陕西府谷出土的《折可存墓志铭》①说，宣和四年（1122）夏季，折可存参与征方腊之后，又“奉御笔，捕草寇宋江”。以后折可存有无捕获宋江？其墓志铭和其他史籍均无记载此事。据宋史《纲鉴易知录》载，童贯合兵击方腊，参加的有刘延庆、辛兴宗、折可存、王渊等诸将，方腊被王渊部将韩世忠擒获，辛兴宗截住清溪邦源洞，掠为己功。这是在海州战后发生的事，整部《宋史》对宋江只字未提。从而证明宋江在海州投降后又去征方腊之说，不可信。

至正二十二年（1362）前后，张士诚的盐民起义军曾驻扎过海州。元朝廷派遣在沭阳屯兵的将领王信攻打海州。为了借助水攻，王信开决了下通盐仓的洪门堰坝，使海州城中的义军断绝饮水，陷于困境，终至退出。《嘉庆海州直隶州志》在记载海州洪门堰坝时也印证了这一史实：“元季王信攻张士诚，围海州，决此堰，移盐仓于独树浦，坝遂废。”

海州白虎山有两处古迹：一是古海州八景之一的“虎峰夕照”附近，仍留有一块记录当年张叔夜登高题名的石碑。“徽猷阁待制知州事张叔夜，淮东兵马都监刘绳孙、前兵马提辖赵子庄、兵马提辖赵令懋、前朐山令阎质，司刑曹王冶、怀仁主簿蒋同、权朐山尉王大猷，宣和庚子重阳同登。”宋江义军打到山东一带，距海州只数县之遥，形势已非常危急。张叔夜犹有兴致带同僚登高题名，《嘉庆海州志》编者以为是岁月沧桑和宣和三年大战来临前难得的宁静气息。二是宋江起义的“好汉营”与“好汉茔”。“好汉营”是宋江的军营；“好汉茔”是宋江军起义后的

① 刊载于1978年第2期《北京大学学报》。

坟茔。战后，当地老百姓在梁山英雄的殉难处，将他们的尸体安葬在一块左青龙右白虎的吉地上。从此以后，人们把这里叫做“好汉茔”，还流传一首诗：

白璧虎山阴，坟冢草木青。
问是谁家墓？梁山好汉茔。

中国古代的政治经济中心在关中的渭水盆地，自十世纪下叶，开始向东位移至大运河一线。从宋朝开始，首都——开封、临安、燕京——都靠在大运河这条南北大动脉上。

宋朝的疆域比唐朝小得多：其北界已退至今山西的河曲、岢岚、原平、代县、繁峙和河北的阜平、满城、容城、霸州及天津市区一线，西北以今甘肃、靖远、宁夏同心及陕西北部的白干山一线为界，西南今大渡河以南的川西南、黔西和云南是大理国境。

应该说生活于元末明初的施耐庵对北宋末年的宋江、方腊起义是了解的。这两支农民军几乎是同时起义，根本不可能有宋江征方腊的事情发生。北宋年间，先是四川茶王王小波在眉州发动起义，他提出了“均贫富”的口号，得到广大农民的响应，参加者几万人。有一次，他们杀死了彭山县令齐元振，把肚皮剖开，装满铜钱，讽刺贪官污吏的爱财如命。后来王小波不幸中流矢死亡，他的妻弟李顺继续领导农民起义。李顺攻陷成都，占领四川的大部分土地，声势很大。这是北宋规模较大的一次起义。王小波的起义，像火把一样照亮了农民的道路。在王小波失败后不到二十年，东南数省爆发了规模巨大的方腊起义。事情的起因是宋元符三年（1100），宋徽宗任用蔡京为宰相。蔡京借推行新法为名，定出种种捐税名目，肆无忌惮地搜刮人民。人民恨透了他，把他与童贯、朱勔等六人称为六贼，六贼更在江南搜集珍奇花木和假山石，由运河运到汴京，供统治者赏玩。有的假山石又大又重，搬运需要几千人。在运输途中，有时遇到桥梁太矮，就拆毁桥梁；遇到城门太窄，就挖掘城墙。有时从海上运输，遇到风浪掀翻船只，往往淹死许多人。统治者这样劳民伤财，弄得江南人民倾家荡产，家破人亡。江南人民实在忍无可忍了。这时浙江青溪县（淳安）的方腊组织了“牟尼教”，他说：“当代皇帝和大臣们玩女人，养狗养马，赏玩花石。他们自己浪费以外，还拿布匹和金银，送给辽国和西夏。咱们白天黑夜地劳动，流血流汗，却受冻挨饿。这样的日子，我们能平白忍受下去吗？”他说出了人民心里要说的话，于是大家都跟着他起义了。宋宣和二年（1120）十月方腊正式起义，开始时只有一千多人，不到十天时间，就发展到好几万人。在很短的时间内，攻克了青溪、睦州（浙江建德）、歙州（安徽歙县）、衢州（浙江衢县）、处州（浙江丽水）、杭州等地，占领了浙江、江苏、安徽的大部分土地。响应方腊起义的有朱言、吴邦、吕师囊、陈十四、石生、陆行儿等率领的几支农民起义军。方腊起义后，影响很大，北宋的统治者先后派几十万人去镇压、收买、分化。由于起义军的军粮不足，武器又缺乏，于宣和三年（1121）四月，方腊父子和起义军其他领导五十二人被俘。同年八月，方腊父子在汴京被杀害。①

与此同时，宋宣和二年冬天，以宋江等三十六人为首的农民起义爆发了。他们以梁山泊做根据地，时常在山东、河南、河北、江苏、皖北一带活动，专门杀贪官污吏，烧毁衙门，“官军数万无敢抗者”，可见声势十分壮大。宋宣和三年春天，梁山泊农民起义军在海州作战，力尽途穷，为了保存农民起义军力量，宋江等曾一度妥协，但后来又反正，于

① 任杰编著《中国农民革命史话》，通俗读物出版社 1956 年 1 月第 1 版。

宣和四年（1122）夏最终失败，宋江被捕。几乎是同时兴亡的宋江、方腊两支农民起义军，施耐庵为什么在《水浒传》中要写宋江被招安后去征方腊？此是后话。

四、智对联姻

元代之际的苏州，在意大利旅行家马可·波罗笔下是这样描述的："苏州城漂亮得惊人，方圆有三十二公里。有十六个富庶的大城市和城镇，属于苏州的管辖范围。这里商业和工艺十分繁荣兴盛"。[①]

施耐庵祖居地在阊门外，靠近阊门。苏州阊门位于城西偏北，在《周易》八阵中，称为"兑"方。古人把天地分为八个方位，分别与天上的八路天风相通。"兑"方天风是最重要的，叫做阊阖风，所以此门得名阊门。而且吴国的战略目的是与楚国争雄，故而又叫破楚门，在城门上高悬"气通阊阖"四字大匾。阊门城外，商铺林立，市肆繁华，是"红尘中一二等宝贵风流之地"；阊门城里，河道纵横，街坊成片，充满着苏州人日常起居和民间习俗的气息。紧贴着阊门城墙，在城里有一条专诸巷，专诸刺王僚的故事让这位古代勇士出尽了风头。专诸巷即为专诸故里，其墓原也在此。

小小年纪的施耐庵在苏州城里名闻遐迩，连苏州知府尹大人也惊闻其才学，要面试他的才学，还摆了八桌酒席，请来苏州文人前来观看新奇。[②]

消息传开，整个苏州城轰动了。那些没有被请到的秀才书生，也纷

① 《马可·波罗游记》，福建科技出版社 1982 年译本。

② 见徐敬高搜集的民间传说《才惊府衙》。

纷前来知府门前，请求阶前观看。加上那些好事、看热闹的百姓，将整个知府门前挤得水泄不通。那知府见状十分高兴，忙命令将正门打开，说：凡是来观看的，不分男女老少，一律请进。黑压压的人群，都在向台上望。只见一介书生头戴皂色方巾，身穿青布长衫，脸方鼻正，目光炯炯，隐隐透露出一派英俊豪爽之气。众人见施耐庵气宇轩昂，不禁肃然起敬。忽听得施耐庵爽朗地问："请问知府，要我面试是什么意思？倘若为了酒席消遣，书生虽愚，实不愿班门弄斧；倘若别有他图，就请明说，或可一试。"

简单两句话，就将知府大人问住了，怔了半天，才想出几句冠冕堂皇的理由："唔，方今朝廷用人之际，本府意欲抬举你，倘若果真过目成诵，文才过人，本府即奏明皇上，必予重用。未知施才子意下如何？"

施耐庵未置可否，知府忙不迭地捧出一沓诗稿，递给施耐庵："此乃本府近年拙作，请施才子过目，倘能斧正，不胜荣幸。"

施耐庵接过诗稿，端坐席上，扫过一遍即还给知府，并逐一点评：这两句文理欠通，这两句生剥古人。顷刻间评点结束。大厅上客人不住地点头，堂下众人齐声说好。知府不由得面红耳赤，恼羞成怒，本来是想让你说几句好话，不想如此不知天高地厚，他一拍桌子："施耐庵，休得狂言，果有能耐，即当堂作诗一首，如若不成，打出堂去！"

施耐庵站起身，扬起眉，不慌不忙地吟道：

知府堂上逞威风，勒逼书生理不公。
宾客敢怒不敢言，怒气尽在不言中。

施耐庵念罢，拂袖而去。堂下众人也哄然而散。尹知府坐在堂上直喘气，好半天说不出一句话。

这时，屏风后面忽然走出来知府夫人，就着知府的耳边叽叽咕咕了几句，那知府脸色由恼怒变成喜悦，连连点头。

施耐庵从知府堂上回到家里，正在草堂书桌前徘徊思量，猛听得门前有人喧哗：“请施才子上轿，知府大人有请。”

走出门一看，一乘绿呢小轿正停在门口，几个衙役轿夫忙不迭地朝他打躬作揖。

施耐庵一怔：怪啊，这知府大人不差人捉我，反而派轿子来接我，到底葫芦里卖的是什么药？正想着，几个衙役拥上来将施耐庵扶上轿子。

原来，绿呢小轿将施耐庵接到了知府的家中。尹知府取来文房四宝，抖手握笔，在大红纸上写下七个大字：“淑女从来求才子”，要施耐庵对，施耐庵挥笔写了下联：“君子自古爱佳人”。知府哈哈大笑：“好呀，好呀！施才子可要说话算数哦！”“什么？你说什么？！”施耐庵霍地站起身，双目炯炯地望着尹知府。知府慢条斯理地说：“实不相瞒，老夫膝下现有一女，才貌双全，老夫有意要与你结秦晋之好。施才子刚才答对应允，实在是珠联璧合，可喜可贺。”说完，不容施耐庵答话，把手一招，从屏风后面走出如花似玉的美人。知府说：“今晚就在后花园给你们二人成亲，施才子不得推辞！”施耐庵刚想分辩，早被几个身高力大的衙役推搡着到屏风后面去了。

后花园暖香阁，堂上张灯结彩，园内喜气洋洋。闹到后半夜，忽然有丫环来报，施耐庵不见了！

原来，施耐庵心中早有所爱。

浒墅关的季秀才在与施耐庵的一次谈话中，感到这是一个有抱负、有才气的好后生。出于同情和怜爱，一天晚上，季秀才忽然来到施元德家。这使施元德又惊又喜，忙不迭地又是让座，又是倒茶。

“您老可是贵客呀！这么晚光临寒舍！”施元德有些不解地说。

季秀才听了，笑着摆了摆手，一转话锋说：“令郎聪明过人，才气横溢，真是施兄的福气呀！”

“过奖，过奖！我家境贫寒，青年丧妻，小儿无法教养，不知礼义，今后还得请季老先生教导呢！”施元德诚心诚意地说。

“那好！如果施兄放心，从明天起，令郎就到我那儿读书，衣食费用都由老夫包下，尊意如何？”季秀才兴奋地、直截了当地说。

施元德听了，感激地说道：“季老先生如此厚爱小儿，那真是我求之不得的事。不过，先生如此费心，我将来如何厚报呢？”

“这就不必客气了，就这样一言为定吧！”

浒墅关季秀才家中的闺女季丹红，不仅生得冰清玉洁、容貌出众，而且针头线脑、诗书琴画样样在行，就像宋玉描写的“东家之子”的美女：增之一分太长，减之一分太短，施粉则太白，施朱则太红的一个绝代美女。像这样的女儿，做父亲的怎不视若掌上明珠，尽管求婚的、做媒的踏破门槛，季秀才至今未看中一个。

季秀才正在给学生讲骈文，并出题上联：“三春柳叶风催绿”。

大家听了都在认真思考。

“二月桃花雨浇红。”施耐庵脱口而出。

季秀才“嗯”了一声说：“再对一联。听着，上联双句：‘士抱雄心，有朝当自立。’”

施耐庵思索片刻，回答说：“人怀壮志，无运亦能通。”

“什么什么，‘无运亦能通’？此句欠佳。”季秀才接着解释说，“古书上明明说‘人有冲天之志，无运不能自通；马有千里之能，无人不能自往’，你怎么能说‘无运亦能通’呢？”

“先生，古书上不是也有‘有志者事竟成’的说法吗？人既有冲天大志，何愁事不成？为何非靠运气不可？如果非靠运气不可，那么，‘有志者事竟成’又作何解释呢！”施耐庵倔强地分辩说。

季秀才毕竟是做学问的人，宽宏大量，并没有因为施耐庵的冲撞而记恨，思量过后，觉得他说得也很有道理。

一日，施耐庵约同窗柏友和一同拜访季秀才，师生谈话十分投契。季秀才因酷爱骈文，便出上联，要二人对来。只听季秀才说的上联是：“人将老，别无忧，仅虑东床虚。”

柏友和一听，知道这是暗示施耐庵向他家女儿求婚。稍待片刻，只见施耐庵把手一拱，正襟危坐道：“士欲立，纵有志，亦亏西席情。”

柏友和听了，拍手叫好，想了一下便对季秀才说：“季老先生，学生有一奢求，请出师妹，与师兄彦端对句，看他俩的学问可有新的长进，不知尊意如何？”

季秀才平时除了喜爱施耐庵以外，要算最看重柏友和了，而且柏友和为人正直，学识又不低。今日季秀才闲着无事，见两个得意门生做伴登门，兴致极高，便欣然应允，很快叫出了季丹红。

师兄妹拜见完礼，柏友和便要施耐庵和季丹红联吟一首七绝，一二句与三四句均要有“山”、“上”二字搭配，全诗要表达人的意愿、理想。

真是心有灵犀一点通，施耐庵不假思索，随口吟道：“欲穷千里临高山，披荆斩棘至峰上。”

季丹红听完，接着吟道：“梧桐迎风舞满山，不见凤凰落枝上。”

吟完，季丹红红着脸，飘然而去。这可乐坏了柏友和：“季老先生，想必刚才师兄妹联成七绝，您老已是听清楚的了，容晚辈冒昧，为师兄妹说合，这是天生一对、地造一双呀，请季老先生成全。”说完，向季秀才深作一揖。

季秀才捋着胡须，急忙下座挽起柏友和，乐呵呵地说：“你这个机灵鬼呀！”

季秀才希望的“乘龙快婿”应是知书达理、博学多才的后生。一天，他对学生宣布，这里有两首诗，一首七言、一首五言，现在要将七言改五言，五言改七言，还要改字不改意。谁改得好，再对上一副对子，即将女儿许配，彩礼不计。学生听了，个个高兴，都跟老师要诗题。原来一首是“清明时节雨纷纷，路上行人欲断魂，借问酒家何处有？牧童遥指杏花村”；一首是“久旱逢甘雨，他乡遇故知，洞房花烛夜，金榜题名时”。大家一看，这两首诗都是名作，怎好轻易改动？张财主的儿子张小胖看了直摇头，王乡绅的儿子王皮猴看了光咂嘴，张小胖、王皮猴两个是狗屎做的鞭——闻（文）也闻（文）不得，舞（武）也舞（武）不得。二三十个学生，一个个你看看我我看看你，无言以对，最后轮到施耐庵了。

施耐庵看了诗题后，说道：“这首七言诗，‘清明’是指的时节，行人自然是走在路上，骑马、坐船都不叫行人；‘酒家何处有’已包含‘借问’的意思；雨天问路，碰到谁问谁，不必非等牧童来。照这样理解，学生想改成：清明雨纷纷，行人欲断魂，酒家何处有？遥指杏花村。”季秀才听了点点头。

施耐庵接下去又说：“这一首五言诗，‘久旱’，是指一二十天、两三个月，还是一年半载？不如‘久旱’前加‘十年’，显得雨的可喜可贵；‘他乡’，是指外村、外州府，还是外路[1]？不如‘他乡’前加‘万里’，相逢故交更难得；洞房花烛人人有份，‘洞房’前如加‘僧尼’，更为亲

① 元代的行政体系是路、府、州、县，路相当于省。

热；年轻人赴试，本科不中还有下科，‘金榜’前加‘老来’，因赴试机会太少了，一朝得中，其乐可知。学生想改成：十年久旱逢甘雨，万里他乡遇故知。僧尼洞房花烛夜，老来金榜题名时。”

季秀才听了满意地点头微笑，随口又念了对子的上联加试考题：“墨落杯中，一片乌云遮琥珀。”

施耐庵稍加思索，接口答道：“梳坠枕上，半轮明月照珊瑚。”

季秀才喜不自禁，忙进房告诉女儿季丹红。季姑娘平时见施耐庵生得英俊，行动稳重，刚才又悄悄偷听了施耐庵改诗，看中了他的文才，心中便有相托之意，但她还想再试一试施耐庵，又出了一个上联，叫父亲让他去对。施耐庵接过上联一看，乃是：“六尺香罗带，三尺系腰三尺挂。”

施耐庵明白季姑娘已有意于他，心中一喜，随即对道：“一床红锦被，半床遮身半床闲。”

季秀才把施耐庵对的下联告知女儿。女儿明白其中有求婚之意，又喜又羞，红下脸来，低头不语。

就这样，第二年正月初六，施耐庵便与季丹红拜堂成亲，结为恩爱夫妻。

施耐庵为什么会对对子呢？这多少与他老家耳濡目染的文化传统有关。斗龙港边的七灶河口李家嫁女，要大团庄的王家对对子，李家的上联是：“七灶八灶，两灶连心。”王家请了不少先生都对不出，倒是一个厨师脱口而出：“大团小团，一团和气。”于是王家喝喜酒，特请厨师坐首席。

里下河水乡有荷风莲俗，举行婚礼总是“莲莲不忘”。有对联：“因荷（何）而得藕（偶），有杏（幸）不须梅（媒）。”平添浓浓谐趣。

五、孝行信义

施耐庵婚后，小夫妻俩情投意合，相敬如宾。

施耐庵很孝顺，尽管家境贫困，他还是设法让父亲过得好一些。一次，父亲因劳累吐血，他与妻子侍候榻前，送茶奉药，昼夜不眠，直到父亲病愈。还有一年农历八月半，父亲因连日无人雇船，身无分文，他马上宽慰父亲，叫妻子将陪嫁首饰拿去当了，买回酒菜，让父亲欢度中秋佳节。他不仅对双方老人十分孝顺，就是对乡村邻里也很讲“仁、义、礼、智、信”，邻里有难，总设法帮助，世有不公，总伸张正义，打抱不平。

一次，施耐庵路过苏州灵岩山，见一中年妇女要跳水自尽，他连忙上前一把拉住，询问缘由，旁边一个老妇人哭诉说：“俺老家是山东的，五年前逃荒来到这儿，见灵岩山西坡是一片无主荒坡，俺儿子杨二和媳妇吃尽辛苦，没日没夜地开荒，栽茶树，后来就靠茶树过日子。今年春上，乡宦肖虎打这儿经过，见俺这片茶园挺好，就打俺茶园的主意，买通那个色目人狗社长什么的，硬说这是他肖家的祖产。俺那杨二几次到社长家申辩，社长全然不听，最后反将俺那杨二一顿毒打。俺儿子强忍不下，一时性起，本月初八晚，手拿菜刀直奔肖家，砍死了肖虎。府尹已判俺杨二死罪，就要上报问斩了。俺那媳妇见家破人亡，就寻短见，多亏小哥哥救了她上岸。好秀才，您能救救俺那杨二，救救俺全家？”

施耐庵宽慰老人说：“您老放心，有人会帮您说句公道话的。”

施耐庵回到家里，把事情经过详细地告诉了妻子季氏。贤惠的妻子便为施耐庵铺纸磨墨，连夜为杨家赶写状纸。

第二天一早，老妇人一家四口手托状纸，击鼓叫冤。府尹连忙升堂，见是杨老太婆，便沉着脸说："你们山东侉子真会蛮缠，连你这老太婆也不例外，你的儿子杨二杀了人，理应抵命！还有何话可说？"

老妇人颤颤地说："请大老爷明察。俺也有状纸，请大爷过目。"

"什么状纸？拿来我看。"

府尹接过状纸一看，心中不免一怔："这状词笔法和说理非同一般，是何人为之？"于是便问老妇人："这状纸你请何人代写？一片胡言乱语！"

施耐庵听了，忙上前深深一揖："启禀府尹，状纸是学生代写。"

府尹听了不快："你与杨家非亲非故，为何没事找事？"

施耐庵不慌不忙地回答道："府尹为我府父母官，就应为百姓主持公道才是呀！"

"杀人偿命，自古皆然，有何不公？"

"想杨二怎会无端致死乡宦肖虎？"施耐庵又上前一步说，"此事绝非偶然，状词已尽述。杨二开辟茶园，原属无主荒坡，肖虎无理霸占，使杨二一家失去安身立命之本，杨二他怎么能不抗争？"

"你有何根据说杨二茶园是无主荒坡？"府尹想了想说。

"有灵岩山一带父老乡亲作证。"

这时，还不等府尹传呼，"呼"的一下，从衙门外拥进十几个百姓，纷纷向前跪下，齐声说道："杨二茶园实在是无主荒坡，绝非肖家祖产，小民都可作证。"

府尹正想发作，可是他一捋山羊胡子，眼睛一转，"嗯"了一声，心想，若不是肖虎平时作恶多端，百姓怎能如此放肆？也就不便责怪众人"咆哮公堂"了，只得将肖虎之子肖小彪传上大堂，对他说："灵岩山一带百姓作证，杨二茶园原属无主荒坡，你可有话说？"

“这……”肖小彪怎么也不会想到会翻这个“无主荒坡”的案，弄得他手足无措，十分狼狈。

府尹见肖小彪是个脓包，也就不便贸然为他辩护，只得当堂重判：“原灵岩山杨二开辟无主荒坡茶园，仍给杨姓耕种。”

押司在一旁说：“府尹明断，你等谢恩去吧！”

老妇人并媳妇向府台叩头谢恩，心中仍有苦说不出：杨二犯斩罪该怎么办呀！

能把茶园判回，已是了不得的事，老妇人一家几条性命可有依靠了。这时，府尹以为施耐庵不会再说什么了，便对施耐庵说：“施秀才，这杨二杀人偿命，当无可非议了。退堂！”

“且慢！”施耐庵深作一揖，“能否将肖小彪家状纸给学生一看，以明真相？”

府尹“嘿嘿”笑了两声，便对押司说：“肖家状纸给他一看也罢。”

押司气鼓鼓地把状纸甩在地上，鼻孔里“哼”了一声：“你拿去看个明白！”

施耐庵拾起押司甩在地上的状纸，从头至尾一字一字地推敲起来，确实无懈可击，心中叫苦：“看来杨二是死定了。状纸上明明写着‘杨二用刀致人死命’，而且杨二也供认不讳呀！”

施耐庵在大堂上暗自反复思忖着：“杨二用刀致人死命，用刀！”有了！施耐庵突然想起刚才押司把状纸甩到地上的那种神态，又由这个甩的神态使他想到“甩”字，而这个“甩”字和“用刀致人死命”的“用”字不是只一个弯钩之差吗？施耐庵又想，要是因为“甩刀致人死命”则属无意致死人命，那就是误伤致死，不会问斩罪的。于是，施耐庵计上心来，一边佯作手托状纸继续仔细阅看，一边悄悄将左手食指伸进口中，濡湿后将“用”字改成了“甩”字。事毕，施耐庵仍装着用手指字，一字一字地读，待墨迹已干，便正色道：“禀老府尹，杨二并非故意杀人，所以罪不致死。”

府尹一听，吃惊不小：“此话怎讲？”

施耐庵从容不迫：“府尹请看，状词上明明写着‘甩刀致人死命’。既是‘甩刀’，即非有意，那是误伤致死。”

肖小彪再也忍不住了，大喊道：“大老爷，不要听他胡说了，我家状纸上明明写着‘用刀致人死命’，杨二故意杀人无疑！”

施耐庵不慌不忙地将状纸捧到府台和肖小彪面前：“不信请看，这里写得十分明白。”

肖小彪一看傻了眼，不服地辩道：“这定是抄写人一时疏忽，杨二确实是故意杀人啊！”

“肖兄，岂不闻‘一字入公文，九牛拔不出’吗？事关人命的状词，岂能当作儿戏，怎说是一时疏忽？”

府尹在大堂上发了呆，也弄不明白是怎么一回事了。他想，如果执意问杨二的死罪，这个施耐庵是不会罢休的，到头来自己再得个“草菅人命”的罪名，那可吃不消呀！于是当堂改判杨二发配边疆充军。

肖小彪急得又哭又喊，可是连他自己也讲不清如何是好，只气得在大堂上捶胸顿足。

事后，施耐庵想到，若收回茶园，这个农民杨二日后还会受欺，倒不如让茶园主权售出，要那个乡宦肖虎家付出一笔银子，给杨二到别处谋生。

事后，乡宦的儿子带了打手，守在施耐庵必走的路口，伺机对他报复。谁知施耐庵本有武功，等众人围上来，他一顿拳脚，早打倒两三人，吓得乡宦之子一伙人狼狈逃窜。

施耐庵文打官司、武惩地痞的消息在苏州城的百姓中传颂开来，人们更加敬重施耐庵。

"科场每岁一次开试。举人从本贯官司于诸色户内推举年及二十五以上，乡党称其孝悌，朋友服其信义，经明行修之士，结状保举，以礼敦遣，咨诸路府。"[①]

二十五岁这一年，施耐庵被特别推荐，成为苏州具有"孝行信义"的人。

清代陈广德在《施氏族谱序》中说施耐庵：铭所云："积德累行，乡邻以贤德称"者，信可征也。

① 见《钦定续文献通考》卷三十四《选举考・举士》。

第二章 官场岁月

一、梁山水泊

山东梁山地区古有梁山泊，有的写作“梁山泺”。早在商代便存在于梁山东北部，但面积很小。在梁山南面，有“大野泽”，秦汉时称为“巨野泽”。“大野泽……南北三百里，东西百余里。”[①]北宋时期，黄河曾多次决口，使得梁山泊周围的一些小湖泊与其汇而为一。所以在北宋末年，梁山泊的面积扩大了许多，方圆八百余里。入金后河徙水退，渐涸为平地。元末一度为黄河决入，又成大泊，不久又涸。北宋以来，常为农民起义军的根据地，宋宣和年间宋江在此揭竿起义，即啸聚于此。

---

① 见唐代《元和志》。梁山南面的大野泽，秦汉时称巨野泽，在《尚书·禹贡》和《周礼》、《左传》、《尔雅》等先秦古籍中均有记述。《宋史·杨戬传》云：“梁山泊，古巨野泽”；《禹贡锥指》引吴幼清语：“大野泽，俗称梁山泊”；《清统一志》亦云：“梁山泊，古巨野，即巨野之下流。”

郓城县黄堆集乡，古时称黄泥冈，郓城县民间的说法是黄泥冈地势较高，是水浒南岸，渔民中有“梁山泊里打鱼，黄泥冈上晾网”的俗语，并逐步形成集市，故称黄堆集。

为了将来能为百姓做事，积极求取功名，元泰定元年（1324），二十九岁的施耐庵赴江浙行省所在地参加乡试，考中举人。由于岳父季秀才稍有资财赞助，施耐庵不分昼夜勤奋攻读，以期再赴元朝大都应考，无奈科场贿赂成风，施耐庵未能金榜题名。他的老师刘本善正任国子监司业①，为他的落第甚为不平，便推荐他去山东郓城县当训导②。

施耐庵在郓城为吏期间，积极倡导农民植桑养蚕，于是郓城县出现了大片桑林，郓城黄堆集乡尚存桑林遗址，群众称之为“施桑林”。明代有一位举人周文振，幼年在家读书时作五言诗，就有“晨起出东门，步入施桑林，昂首摘桑葚，不忘施公恩”之句，说明施耐庵当年种植的桑树，那时已经繁茂成林，使乡里受益了。

郓城本是鲁西南地区的一个偏僻、贫困的县域，可又是农民起义圣地，梁山英雄聚义的所在，素有“梁山一百单八将，七十二名在郓城”之说。

施耐庵自幼就受到艺人说书的熏陶，对梁山英雄好汉无比敬仰。他被老师刘本善推荐到郓城当训导后，并不嫌弃郓城，反而如鱼得水、乐不思蜀了。

在元代，训导实际是个闲职，可干的事不多。这就使施耐庵有足够的时间，或者徒步，或者乘船到乡野渔村访问，一去就是三五天，有时

---

① 国子监，又名国子学，是中国晋代以后的最高学府和教育管理机构。隋炀帝改国子寺为国子监，唐、宋承其制。司业是学官名，是国子监内副长官，协助祭酒，掌儒学训导之政。国子监司业系京师最高学府学官。

② 训导是教诲开导之意。《唐六典》卷一“三师（太师、太傅、太保），训导之官也”。后州、府、县皆置，掌协助同级学官教育所属生员。训导相当于教育局局长。

长达十天半月，所到之处或住学馆，或住儒生家，更多的时候是住在村舍、渔船上。船家仔出身的施耐庵能吃苦耐劳，与父老乡亲有着鱼水感情，不管走到哪里，他都能和那里的耆老妇孺促膝谈心打成一片，白天的时间不够用，夜晚月光下照样长谈。

在郓城的一两年中，施耐庵搜集了若干梁山英雄故事，至于梁山一带的风土民情、饮食衣着、方言土语，也在他广泛采集范围之内。他到当年英雄们生活过、斗争过的地方进行实地考察，像武松打虎的阳谷县景阳冈；晁盖、三阮智取生辰纲的郓城县黄泥冈；宋江三打祝家庄的原址祝口镇；宋江的老家水堡镇……他都去做过细致的调查。至于当年梁山寨一百单八将排座次的聚义厅，林冲火并王伦的断金亭，李逵把守的黑风口，通往后寨的宋江马道……施耐庵不仅多次去追思凭吊，而且绘制成图藏于行囊。《水浒传》第十五回写阮小五腰围一条间道棋子布手巾，阮小七身穿棋子布背心，现在郓城农村里仍然生产这种黑蓝线和白线相间的棋盘方格布；小说中所用的土话如“鸟人”等，郓城农村现在还可听到。

梁山本名良山，因居梁国境域，梁孝王刘武曾游猎于此，故改名梁山。五代时因黄河改道形成港汊纵横的“方圆八百里水泊”。

梁山，由虎头峰和七个支峰组成，从海拔来看，不算太高，主峰才一百九十八米，然而大自然却从地理位置上赋予其英雄气概，梁山及其余脉从千里无垠的华北大平原的东沿，直插这块巨大绿洲的腹地，北枕浊浪翻滚的万里黄河，东靠清澈潺湲的京杭大运河。山中有湖，湖中有山，非港即汊，芦荡茫茫，烟波浩渺，迤逦磅礴，实在是壮阔绝伦。在元代杂剧家笔下：“寨名水浒，泊号梁山，纵横河港一千条，四下方圆八百里。东近大海，西接济阳，南通巨野、金乡，北靠青、济、兖、郓。有七十二道深河港，屯数百只战舰；三十六座宴楼台，聚得百万军马粮草。”①

梁山地区险要的地势，复杂的地形，孕育了无数英雄豪杰，成为历代藏龙卧虎之地，英雄出没之所。宋代史籍记载“梁山泊素多盗”，“宣和三年……宋江以三十六人横行河朔、京东，官军数万，无敢抗者”。南宋龚开著《宋江三十六人赞》和宋末元初刻本《大宋宣和遗事》等书，直接记述了晁盖、宋江等人义结四方英雄好汉，“撞破天罗归水浒，掀开地网上梁山”，以山寨为营，凭水泊天险，诛贪除暴、杀官济贫的英雄事迹。元朝作家关汉卿所著《鲁斋郎》第二折《牧羊关》中有：“高筑座营和寨，斜搠面杏黄旗，梁山泊贼相似，与蓼儿洼争甚的！”梁山主峰虎头峰特别险要，成为水浒英雄们的大本营——梁山寨和聚义厅所在地。

从泰山脚下滔滔西泄的大汶河，与从鲁西南平原汩汩北流的宋金河，径直倾灌于梁山泊中，清澈明净的京杭大运河纵穿水泊而过，波浪翻流的万里黄河沿水泊北沿奔流而去。《宋史·宦官传》：“梁山泊，古巨野泽，绵亘数百里，济、郓数州赖其捕渔之利。”北宋苏东坡杂咏《梁山泊》中已有“近通沂泗麻盐熟，远控江淮粳稻秋”之句，描绘了梁山泊的气势。北宋韩琦《过梁山泊》诗，形象地记述了当年水泊的浩荡景象：

巨泽渺无际，斋船度日撑。
渔人骇铙吹，水鸟背旗旌。
蒲密遮如港，山遥势似彭。
不知莲芰里，白昼苦蚊虻。

---

① 源自高文秀《黑旋风双献功》。

梁山水泊的中心地带有“小洞庭”之称，与范仲淹笔下的洞庭湖相似，这里，同样可以看到“上下天光，一碧万顷，沙鸥翔集，锦鳞游泳”“浮光跃金，静影沉璧”的景色，四面环山，静静的湖水从群山间的一条峡谷通向汹涌澎湃的黄河，确有衔远山、吞黄河，浩浩荡荡、横无际涯的气势。

梁山的自然、人文景观深深地感染了施耐庵，“聚兄弟于梁山，结英雄于水泊”的豪侠事迹在施耐庵的心田里播下了写作《水浒传》的种子。施耐庵许下宏愿，要根据书会才人说书、梁山民间传说，为宋江、吴用、林冲、武松等草泽英雄树碑立传。

施耐庵在《水浒传》中塑造的水泊梁山终于变成英雄好汉乃至一般民众心中的圣地：三关雄壮、四面高山，有忠义堂、断金亭、宛子城、蓼儿洼、金沙滩、鸭嘴滩，六关八寨，藏龙卧虎，威震四方。

二、郓城为吏

在郓城县张营乡吴店村有一座元朝国子监司业刘本善祖茔墓，一幢五米高的雕龙龟趺碑矗立在旷野之中。碑额篆书“刘司业先茔”，落款是“泰定元年立”。由于黄河泛滥造成泥沙淤积，墓前的石马石羊等石刻早已淤没于黄土之中。碑前的翁仲，只露出肩部，神色凝重，似乎有满腹心事要向人们诉说。

元朝至顺年间（1330—1333），朝廷设考，踌躇满志的施耐庵赴京应试，几场考试下来，施耐庵感觉良好。只是在最后一场殿试中，由于当时文思泉涌，兴奋中手一颤，笔尖点在了空白处，直急得他连连顿足。原来，按规定卷面滴墨则为废卷。污点虽不如苍蝇大，但如按滴墨对待，十年寒窗苦则毁于一旦。情急之中，他发挥其书画特长，污点画成了一只苍蝇，心想兴许能蒙混过去。

主考官叫刘本善，阅罢施耐庵的试卷，不禁拍案称奇，可当他重阅之后，发现卷尾有只苍蝇，挥之不去方知是画的。在惊奇考生的画技之时又扼腕惋惜，一只苍蝇不要紧，恐怕要葬送了前程，可惜呀可惜！

刘本善是个爱才之人，差心腹暗暗将施耐庵引入家中，问及假苍蝇之事，施耐庵只得如实相告。刘本善沉思良久说："按规定这样的试卷是不能上报的，我看你是个人才，就冒险推荐给朝廷，如皇上忽略了苍蝇或爱才心切，算是你的幸运。"

皇帝竟真的爱才心切，并没追究苍蝇之事。当时有一个王翰林，其外甥也在应试中，考前王翰林曾找过刘本善，让他举荐其外甥为状元，但正直的刘本善主持正义，没向皇上推荐。王翰林便串通与刘本善不和的几个大臣，以欣赏佳作为由看了试卷，借假苍蝇之名定为废卷，鼓动皇上将施耐庵从科中除名，刘本善差点儿也被革职。

刘本善不忍心埋没这样的人才，就推荐施耐庵为郓城县训导。

后来刘司业辞官后退居郓城，平日里常与施耐庵谈古论今，尤爱读施耐庵收集整理的水浒故事，为梁山英雄的义举所震撼，死后葬于故里，朝夕与梁山英雄为伴。①

---

① 郓城县张营乡政府所在地东北部有一所张营中学，当地百姓传说，此处便是当年施耐庵与刘本善的住处。此地明朝隆庆年间（1567—1572）曾建有旧县寺一座，至今仍有明代"重修旧县寺碑记"。碑中记载："金代黄河沦没徙于盘沟，而故址犹存焉……郓中形胜之地也，土人集之以建寺，遂以旧县名之，所以识其处也。"由此可知，北宋末年的郓城确实是在此处，而刘本善先茔恰处郓城北郊，张营中学处于刘本善先茔西南半公里处。仅存的刘司业先茔神道碑，由于年代久远，风雨剥蚀，字迹漫湮不清，刘本善之与郓城、与施耐庵的渊源，或许只能靠口碑流传而深深地留在人们的记忆之中。

施耐庵的正直行为引起了上司和地方实力派的不满，每每受到刁难。当时，阳谷县有一个绅士吴林要安插他的亲戚，被施耐庵严词拒绝。吴林怀恨在心，后来就以莫须有的罪名诬告施耐庵。施耐庵体会到官场黑暗，举步维艰，于是愤然辞官。[①]

施耐庵在郓城为吏时间不长，后因冒犯权贵，遭受弹劾被迫丢官，以致仓促逃离郓城。事情的经过大致这样：

施耐庵到郓城后，他的顶头上司知县杨耀林欣赏他的才华，颇为器重。问题出在杨耀林的两个同僚，阳谷县知县武林、定陶县知县王贯一身上。杨耀林与武林、王贯一虽是同为知县，却不是同一条道上行走的人。他们三人一起分配在山东这三个相邻的县上当知县，相约轮流做东每月聚会一次。这本是联系感情、交际应酬之事，可是就在这你来我往之中，武林、王贯一见杨耀林一介书生老实可欺，两人竟在酒席后的牌局中做手脚，吃杨耀林的冤大头，致使杨耀林常入不敷出，竟向施耐庵借钱。施耐庵深为杨耀林不平，决心找机会为他出气。

也该有事，不出一个月便轮上杨耀林做东。那天，武林和王贯一坐着官轿，早早就分别从阳谷、定陶出发来到郓城县衙。酒席上，施耐庵应邀居末席奉陪。

酒过三巡，按着惯例赋诗行乐。杨耀林身为主人，提出以三字同头、三字同旁题目，每人赋诗一首。

阳谷知县武林年长居首，他官气十足，沉思片刻念出："三字同头官宦家，三字同旁绫罗（羅）纱，要穿绫罗（羅）纱，还得官宦家。"

① 明代周铎手抄本《周铎笔记》记载："施耐庵者，江南才子也。元至顺间，赴大都，应试不第，乃师国子监司业刘本善，荐任郓城训导。力倡农桑。与教谕不洽，辞之。"

念完，沾沾自喜地举起酒杯饮了一杯。

接下去，是定陶知县王贯一。此公其貌不扬，颇好女色，家有娇妻美妾不说，还常微服寻花觅柳，女人自然是他赋诗的主题，他哼出的是："三字同头芙蓉花，三字同旁女娇娃，只有女娇娃，佩戴芙蓉花。"念完，摇头晃脑地品酒一杯。

再下去，本该轮到郓城知县杨耀林，可坐在末席的施耐庵听了武、王两人俗不可耐的诗句沉不住气了，他按捺不住对武林、王贯一的鄙夷，抢先道出："三字同头屎尿屁，三字同旁肠肚肺，只有肠肚肺，才出屎尿屁。"

施耐庵这四句诗异常尖刻，他挖苦武林、王贯一都是庸才，无非是"肠肚肺"之类的下水货。两人胡诌的"诗"，犹如"屎尿屁"，臭不堪闻。施耐庵搞得武林、王贯一两人面红耳赤下不了台，杨耀林也感到尴尬，只好打圆场："耐庵年轻气盛，望二位仁兄多多包涵，不必介意！"杨耀林为了缓和空气，提出换个题目。他拿起筷子夹了一块冷盘中的松花蛋，提议取"蛋"谐音，各说一句成语。

还是武林为首，他跟着夹起一块松花蛋，说道："坐以待旦。"说完，饮酒一杯。

继之，王贯一拿起一支筷子，举筷代烛，念道："秉烛待旦。"

二人刚刚说完，施耐庵又抢在杨耀林之前，用筷子蘸着酱油在手心写了个"蛋"字，先给武林看后，又给王贯一看。

两人都不解其意，面面相觑，不知施耐庵葫芦里卖的是什么药。

杨耀林见武林、王贯一二人分明是一对草包，两个混蛋，挨了骂还不明不白时，便忍俊不禁脱口道出："耐庵这句是说——二鳖瞅蛋！"

武林、王贯一两人连着受到施耐庵的两番戏弄，大为恼火。气得酒席没吃好，宴后的牌局也免了，早早坐上官轿离开郓城县衙。两人走出县衙，去到城东一家大酒肆，交头接耳密谋一番，决定向施耐庵下毒手。

不出半月，武林和王贯一便联名向曹州知府弹劾施耐庵，诬陷他“不务正业，结交乡里，累去梁山，图谋不轨”，诬告施耐庵通匪，反叛朝廷。

幸亏武林、王贯一是曹州顶风臭十里的人物：功名是行贿弄来的；知县是花钱买来的；政绩，天高三尺，连地皮都刮走了三尺。曹州知府黄道兴接到弹劾后，立即召来郓城知县杨耀林查询，了解到事情真相后，以“事出有因，查无实据”为由，办了个大事化小，将施耐庵罢官了结此案。

原来，曹州知府黄道兴是施耐庵业师刘本善的同窗，施耐庵到郓城当训导就是出自业师的推荐。由于这种关系，黄道兴有意庇护，施耐庵才得以被从轻发落，未遭大祸。

三、雁塔题名

在元代，人分四等。第一等人，自命为天之骄子，享有特权，充任各级政府首要长官之外，职掌兵权机要。他们可以强占土地，杀人越货，为所欲为。第二等人是色目人。他们较早归顺元朝廷，能得到主子的信任。第三等人是原金国所属的“汉人”。第四等人是原南宋所属的“南人”。“汉人”、“南人”受歧视，而“南人”更甚。就是“公平、公正、公开”的科举考试，也是如此。

元代按职业的不同，将人分成十等：“一官、二吏、三僧、四道、五医、六工、七猎、八民、九儒、十丐。”而元末明初是历史上读书人处境最为悲惨的时代，还有一种说法是“七匠、八娼、九儒、十丐”，把读书人放在第九等，读书人的地位沦落到娼妓和乞丐之间，只比乞丐好一点儿，其处境就可想而知了，这也就是“臭老九”典故的由来吧。

在元代，中进士，尤其是汉人、南人中进士，是相当困难的。元朝科举分两榜：蒙古人、色目人为一榜，称右榜；汉人、南人为一榜，称左榜。右榜乡试、会试都只考两场，左榜要考三场。内容也有区别，右榜比较容易，左榜较难。录取后派官时也相差一级。再有，汉人考生占总数的大多数，而录取名额却是两榜相等，汉人被录取的希望就少得多。因此，凭科举做官的途径是很窄的，难怪许多汉族读书人对科举一途望而生畏，情绪沮丧，感到前途渺茫。

在元代，大多数作家被划归为“八娼”之列。像散曲过去常常被贬为伤风败俗的“淫词”，历来不能登大雅之堂。这一方面是出于封建士大夫们的阶级偏见，另一方面也应该看到是由于散曲本身也存在着明显的缺陷和糟粕。譬如题材比较狭窄，相互重复雷同，里面流露出颓废的情绪，有的甚至明显地描写色情。联系当时的历史背景来看，这些是可以理解的。这些人因为身世低微，不甘心屈服而又毫无出路，只好消极隐退甚或颓废堕落。

“会试，省部依乡试例，于次年二月初一日，试第一场，初三日第二场，初五日第三场。”①

功名之于读书人，犹如江河之于游鱼、苍穹之于飞鸟。自古学而优则仕，没有功名就没有出头之日啊。施耐庵潜心力学，研读诗书礼易。至顺四年（1333）他又一次参加了会试。这年六月，新皇帝妥懽帖睦尔即位，这是元代在位时间最长的一个皇帝，也是最后一个皇帝②。十月，

① 引自《元史》卷八十一《选举志一》。

② 妥懽帖睦尔即位，后来明军攻入大都，他不战而逃，朱元璋以其“知顺天命，退避而去”，特加其号曰顺帝。

元惠宗顺帝改至顺四年为元统元年。

古人说："经术既明，取青紫（指官服）如拾草芥。"果然，施耐庵实现了他"雁塔题名"的宏愿，是赐进士。

作为南人，作为"九儒"，施耐庵中进士了，他将跃升为"一官二吏"了，这是非常了不起的。与其同窗的进士浙江青田人刘伯温，年仅二十三岁，两人相见恨晚，十分投契，结为莫逆之交。施耐庵中进士后，在京城逗留了一段时间，一来瞻仰京城大都的名胜古迹，二来同伴互访，拜见老师。

施耐庵还有机会赴元上都一游，当然更多的是游览元大都。

元上都位于内蒙古自治区锡林郭勒盟正蓝旗与多伦县，北依龙岗，南临滦河，史籍赞其"龙岗蟠其阴，滦水经其阳，四山拱卫，佳气葱郁"，它将北方草原游牧民族"逐水草而居"的传统非定居方式与中原汉地农耕社会"北山面水"的传统定居方式相结合。这是元世祖忽必烈（成吉思汗之孙）建立元朝的第一个首都（1263—1273）和其后元代各帝的"夏都"（1274—1368），地处亚洲北部草原游牧区与中原农耕区的地理交界处，是连接漠北蒙古族兴起之地与中原汉地的交通枢纽，史书记载其"北控沙漠，南屏燕蓟，山川雄固，回环千里"、"控引西北，东际辽海，南面而临天下，形势尤重于大都"，都说明了其地理位置对于有效控制漠北和辽东，加强与中原地区联系的重要性。一四三〇年后废弃为遗址，二〇一二年联合国教科文组织第三十六届世界遗产大会审议通过元上都遗址为世界文化遗产。

元大都，又称"汗八里"，这是突厥语，意思是大汗的京城。这里不仅是全国政治、经济、文化中心，也是世界著名的经济中心。整个城市布局严整，壮丽繁荣。皇城在其南部中央，宫城在皇城内东部，西北为御苑，有太液池、万寿山。皇城西部，南有太后所居隆福宫，北有太子所居兴圣宫。

施耐庵与刘伯温一样，对逛大街闹市兴味甚浓，皇城巍峨也吸引不住他的视线。他们最大的兴趣是逛书肆。

施耐庵在书铺里，看到一本叫《张叔夜擒贼》的手抄话本，是讲梁山泊好汉故事的，他不惜重金买了回来。他想：宋江这些人“替天行道”，为民除害，怎么被人叫做“贼”呢？我要重写一部书，为这些江湖豪客立传。

同赴京城应试的施耐庵与刘伯温，他俩师从的老师可是个“云彩里伸腿——不是凡脚（角）”：行过万里程，看透万人事。这位先生晚年设帐收徒，每次举荐学生仅四人，到施耐庵与刘伯温时，他只收他们两个。施、刘夙慧异常，一点就明，老师常常拈须自得说：“想不到临老结大瓜，收了两个称心的学生。”

施耐庵年长刘伯温十五岁，他做事稳重，三步一计，计计精彩。刘伯温十分机灵，一步三寸，寸寸闪光。刘伯温非常尊敬师兄施耐庵，施耐庵也很爱护师弟刘伯温。

这一天，老师问他俩道：“你们赐中进士后，意欲何为？”

刘伯温风快地说：“治国平天下。”

施耐庵半晌未吱声，老师等不及了，说：“你呢？”

施耐庵回答：“遇则治天下，阻则自己受。”

刘伯温不理解施耐庵的话，一旁说：“以大哥的才能，只会一帆风顺的，哪会有什么阻隔的呢？”

老师却点点头，说：“施耐庵讲得对。常言说：一树果子有酸甜，谁能保证一根竹竿爬到头呢？”停了停，又说：“明天你俩是将军不下马——各奔前程了。念师生之谊，你俩各送一朵花给我作个纪念吧！”

这个老夫子就是怪，要个礼物也与众不同。初冬天气，万物凋零，哪有花儿？这次，施耐庵倒是蛮利索的，没多想，出门就掐了一枝牡丹枯枝。牡丹叶子一落，那黑瘦的枝子，就像枯的一样。刘伯温呢？想了又想，才出去找了一朵迟开的绛红菊花。

第二天，两人向老师送礼物。刘伯温先呈上菊花。老师收下看看，颜色还可人，虽然迟点儿开，毕竟开了。心想，这可能预兆刘伯温这人发迹迟。又伸手拿起施耐庵给的牡丹枝子。老师不解地问："施耐庵，你怎么把枝子当花送给我呢？"

施耐庵回答说："老师，晚生一向就爱牡丹，她不畏淫威，武则天皇帝在飞雪的冬天一声令下，百花都开，唯有她铁枝傲上，不改本性。淮南东溟（便仓）就是以枯枝牡丹知名，现在不是牡丹花季，我只好以枝代花。望老师能体谅我一片心啊！"

老师点点头，虽然心里佩服，但觉得毕竟不是好兆头。心想，人各有志，不能勉强。老师对他俩说："现在朝纲不振，政治腐败，天下大乱，即将到来。你俩会不会翻脸不认人，各保其主，动起干戈呢？"

二位学生回答得都很干脆："不会。"

老师听了，连连点头，说："那好那好，这我就放心啦！但还有一句话，望你们记住：同窗厚谊莫相忘，手足情深互提携。"

这虽是一则民间故事，但故事中所说的枯枝牡丹，却是有依据的。清代文学家李汝珍在小说《镜花缘》中记述：唐女皇武则天为庆贺登基，责令百花雪冬开放，唯有牡丹未开，武则天"龙颜大怒"，命人将宫中两千株牡丹点火焚烧，遂成枯枝，贬谪到河南洛阳和淮南卞仓[①]："如今世上所传枯枝牡丹，唯淮南卞仓最多，无论何时，将其枯枝摘下，放入

① 淮南卞仓，即盐城便仓，便仓本是因盐城伍佑场方便的盐仓而得名，后由于卞氏兴旺发达也称过卞仓。

火内，如干柴一般，顿时就可烧着。”

一二八九年盐城便仓一世祖卞济之游历中州，在洛阳偶见枯枝牡丹，传说系唐代武则天女皇贬斥的“犯花”，引发故宋遗臣心灵的感慨，因携回红、白二本，植之庭院，红者学名紫袍，端庄艳丽；白者学名赵粉，洁白无瑕，是牡丹系列中的极品。卞济之植花明志：红示报国忠心，白示清白做人。原国防部部长张爱萍将军曾为盐城便仓枯枝牡丹园题写楹联：“海水三千丈，牡丹七百年。”

四、名扬钱塘

明代高儒《百川书志》记载：“《忠义水浒传》一百卷。钱塘施耐庵的本，罗贯中编次。”

这个钱塘施耐庵是说钱塘是他工作、生活过的地方，并不是指其故里和籍贯。

中进士后的施耐庵被铨选为江浙行省杭州路钱塘县尹，县尹即县令辅佐官，相当于今天的副县长。

钱塘是一个拥有三万户以上人口的大县，钱塘是杭州路治所所在地，又是浙江行省所在地。康熙《钱塘县志·官师》记载：“元。至元三年定江淮以南三万户为上县。钱塘为上县。秩从六品，首达鲁花赤，次尹，次丞，次主簿，次尉典史。达鲁花赤无考，以蒙古、色目人为之，汉人与南人不与。尹一人，赵渊复，世次无考。县丞一人，顾仲信，世次无考。”可见在元近百年历史中，今所知的钱塘知县（县尹）仅一人。施耐庵钱塘为官，虽然《浙江通志》不见记载，这是因为典籍缺失较多，而在民间有钱塘县尹施耐庵的口碑，至今人们还在传说着施耐庵钱塘为官的故事。在钱塘做官时的施耐庵是一个“施青天”的形象。

在元代，官场黑暗，县尹上任之前，得按惯例给达鲁花赤送礼，稍有怠慢，这县尹的乌纱帽也难保住，这使得施耐庵心里十分不舒服，想弃官不干。可是科举之途好不容易谋得一官半职，正好施展人生抱负，丢了多么可惜，岂不是“报国无门”了。他心里很纠结：送礼吧，自己感到屈辱，有违圣人之教。想着想着，他终于想出了一个办法。他亲自动手，整理打点了一份礼盒，派家人给达鲁花赤送去。

这达鲁花赤是个见钱眼开的贪财鬼，每次下官送来厚礼，他都亲自打开，看看是黄灿灿的金子，还是白花花的银子。这一回，当达鲁花赤看到新任县尹派人送来的礼物，更是欣喜异常，然而当他打开礼盒时，却发现里面空空如也，不由得心中骂道：大胆施耐庵，竟敢戏弄本官。但他还是不甘心，仔细将礼盒翻个遍，发现里面有一张纸条，拿起来一看，上面写着一首诗：

初次做官身艰难，旧衣破衾不胜寒。
愿得宝物金不换，补赠道官喜开颜。

这达鲁花赤读着这首诗，心里想：这送礼还有欠账的呀，也好，等他混到了宝物，再补也不迟。于是，就传令下去，让施耐庵坐堂理事。

施耐庵坐堂理事，秉公执法，爱民如子。一年过去了，达鲁花赤惦记着的那宝物还没有着落。达鲁花赤等得不耐烦了，有一次在酒席上问施耐庵：“施大人，你办的那个宝物怎么样了？”说着，就拿出施耐庵当年写的诗笺。

施耐庵说：“哦，这个带来了。”说完，命人递上一个包裹。达鲁花赤急忙打开一看，是一块匾额，上写着“施青天”三个字。他不由得问施耐庵，这是什么意思。

施耐庵扬起眉，说："这是民众送给我的，是真正的金不换宝物啊，我只能以此相赠。"达鲁花赤火气不打一处来，脸色铁青，但对施耐庵又无可奈何。

施耐庵在钱塘任上，既不畏权势，又体恤百姓，堪称"施青天"大老爷的他经常微服私访，考察民情。一天，他路遇一个老秀才垂头丧气，满面泪痕，便主动上前问老秀才有何委屈。

老秀才叹了口气，说："我这胸中委屈，无人能解，告诉你也是白说。"

施耐庵听了这话，连忙说："你先说说，看我能不能帮你消愁解闷。"

老秀才见他一片真心，便吐了真情。原来，年初他到一个财主家去坐馆，讲明一年束脩金二十四两白银，条件是，年终要回答东家提出的三个问题，有一个答不出扣银八两，三个全答不出，便分文不给。老秀才满以为自己满腹文章，还有啥问题答不出，便一口应允了。谁知到了年终，东家提出的三个问题，都不是书上的。可怜家中妻儿老母还等他的银子过年呢！施耐庵一边劝慰老秀才，一边问出这三个题目来：一是，从地下到天上需要走几天？二是，东天到西天又需要走几天？三是，孔夫子七十二贤人，已婚几人、未婚几人？施耐庵想了一想，说："有办法，我和你一道去！"

那个财主见老秀才回来答题了，背后还有一人相随，忙问："你三个问题想出来了吗？"施耐庵抢先说："你这三个问题太容易回答了，不信，我说给你听。第一个问题，从地下到天上一共要六天。"

"你怎么知道的？"财主惊问。

"腊月二十四送灶王爷上天，三十晚上接灶王爷下界，一共不是六天吗？"施耐庵接着说，"第二个问题，东天到西天只要走一天。"

“何以见得？”财主又问。

“你看，日出东方到日落西山，不是整一天吗？”

“那第三个问题呢？”财主有点儿慌了。

施耐庵笑笑说：“《论语》上记载得很明白，‘冠者五六人’，五六是三十，孔门大弟子有三十人是已婚的：‘童子六七人’，六七是四十二，孔门大弟子还有四十二人未婚。”

这一下，财主像泄了气的皮球，瘫坐在椅子上，一双老鼠眼骨碌碌直转。过了一会儿，他不服输地对老秀才说：“你这是请人代答的，不算！不算！”

老秀才说：“年初只讲回答三个问题，并未规定非我本人回答不可呀！”

财主无奈，又转了个弯子，说：“算是算吧，不过请人代答，还要增加一个问题。”

施耐庵接口说：“有什么问题，你就说出来吧！”

“‘两横一竖肩担八’是个什么字？”财主得意地问。

“是‘牛’字”。

“不对，是‘半’字，‘牛’字还少一撇呢！”

“为什么不对？这是条蛮牛，它一只角已经让我扳掉了。”施耐庵面带怒容，大声地回答。

财主听了这话，看看施耐庵这般神情，有点儿心虚了。因他早听说新来的县尹施耐庵经常微服私访，今看此人口气不凡，还是小心为妙。想到这里，连忙叫人送出二十四两白银，打躬作揖地把老秀才和施耐庵送走了。

施耐庵在钱塘县尹任上，一贯的作风是微服私访、秉公断案。

钱塘城里柳姓大户家发生一桩盗窃案：柳家一个金麒麟被盗，此事惊动了官府。达鲁花赤本来就对施耐庵心怀不满，此时正想拿施耐庵出出气。于是勒令他三天内破案，如果不能在规定时间完成，就控告他办事无能，上奏上级革除其官职。

施耐庵没有退路，细想了半夜，第二天就扮作客商，带着家人，挑着货箱行李来到柳家做客。柳家是个店铺，柳老板正在为传家宝金麒麟失窃而苦恼，忽见县尹大人这番行头来他家做客，也不说案件之事，只是闲扯家常，还言明不公开施耐庵的身份，柳老板有点儿丈二和尚——摸不着头脑，只好一边应承施耐庵，一边叫家里人一一前来拜见客商。在与柳家人的随便闲聊中，说东道西，很快跟一家人混熟了。

两天后，施耐庵回县衙升堂理案。达鲁花赤气势汹汹地走上堂来，责难地说："施大人，金麒麟一案办理得怎么样了？"

施耐庵不紧不慢地说："此案已经了结。"

此话一出，堂上堂下，首官衙役、告状人等，一个个都惊奇不已。难道施耐庵真是神仙下凡，锅不动瓢不响，就把案子破了？

只见柳老板满腹狐疑地上前问道："施大人，我家的金麒麟有下落了吗？"

施耐庵说："有下落了，就在你家花园的那棵玉兰树下，你回去挖出来就是了。"不等施耐庵说完，柳老板就急不可待地带家佣一起回家挖宝。

这边公堂之上，施耐庵陪着各位喝茶下棋，达鲁花赤心里好生狐疑，这是真的吗？如果不真，我将怎样治他的罪呢？

不一会儿，柳老板抱着黄灿灿的金麒麟跑回来，喜滋滋地冲上堂来，叫道："真的，有了，真的是在玉兰树下挖出来的。"

顷刻间，堂上众人一个个瞪大了眼睛，看看被柳家誉为传家宝的金麒麟，开了眼界。同时，也对破案高手施耐庵施县尹刮目相看了。

原来，施耐庵自有一套破案之道：金麒麟本藏在柳家的箱子里，被盗后箱子还盖得严严实实的，这应该不是外贼，而是内盗。外贼盗窃后一般不会盖好箱子。施耐庵在柳家考察时，发现柳老板有一妻一妾，其妾妖艳，一双狐媚的眼睛中闪烁着诡谲贪婪之光，于是推测此妾别有图谋，可能偷去了金麒麟。又推测家贼作案一般不会将赃物放在自己的卧室里，于是施耐庵白天在柳家游园时发现，柳妾经常出入园内最隐秘处的一棵白玉兰树下有一处新土。施耐庵晚间偕办案人员前去一挖，果然挖出了金麒麟，于是依旧将土壤覆好，同时加强了现场管控，防止意外。于是第三天就上堂理案，一举告破。

带上柳家小妾一问，果然供认不讳。

就这样，不到一年，钱塘县尹的名声就传开了，街头巷尾，老百姓纷纷议论，新任县尹施耐庵施大人，足智多谋，秉公办事，真是个青天大老爷。

钱塘有个黑心的地主，叫王仁。他与佃户立了个“约法三章”：种他的田，地上收的粮食，一亩要用他的大笆斗装三笆斗，余下的才给佃户，地底下的东西全部归佃户。佃户们明知王仁这个“约法三章”心毒手辣，也没有办法，只得按章租种他的田亩。

到收麦子和稻子时，王仁用他特大的笆斗按每亩三笆斗把粮食装了回去，佃户们辛苦一年，只落下一堆草秸子和禾根，心里很气愤。大伙儿合计合计，这个田不能再种了，赶快到外乡去逃生吧！正巧这时，施耐庵做钱塘县尹，到乡间私访，知道了王仁立约欺民刮民的勾当，就把佃户们找来，教他们来年高田种花生，洼地种茨菰、荸荠。佃户们不敢这样干，施耐庵说：“你们不要怕，到时打官司有我呢！”

不久，施耐庵搞来花生、茨菰、荸荠的种，佃户们按季节分高田、洼地种了下去。这一年大丰收，佃户们家家屋里都大囤小囤装得满满的。然后，他们把花生藤、茨菰叶子、荸荠叶子肩挑、担抬送到王仁家，一下把王仁家的粮仓都堆满了。王仁心里正纳闷：怎么今年佃户不等带笆斗去收就送来了？跑到仓库一看，顿时傻了眼，再一打听，才知道佃户今年种的庄稼，能吃的全长在地下。王仁看到自己上了当，气得不得了，马上把佃户们找来，宣布旧约不算数，要立个新约，地下收的全部上交。佃户们一个个都不服，就联名向县衙门告了一状。

王仁一听佃户竟敢到县衙告自己的状，更是气急败坏，连忙着人给县尹暗地送去一百两银子，满以为新任县尹还和过去的一样，见钱眼开，这场官司准能打赢。

第二天，王仁一摇一摆来到县衙，只见佃户们早已到堂，口口声声叫冤。当施耐庵升堂理事时，佃户们一看是教他们种花生、茨菰、荸荠的人，心里有了底，马上拿出“地上归主人，地下归佃户”的佃约，指着王仁说：“他要毁约讹诈，求老爷明断。”施耐庵又问王仁：“此约可是你亲手所定？”王仁说：“这约虽是我亲手所定，那是佃户种麦子、稻子之时，如今他们种了花生、茨菰和荸荠，就得立新约办。”施耐庵又问：“新约何在？”佃户们齐声说：“这就是春天才定的约。”王仁狡辩道：“这是旧约，新约是口说的‘君子协定’，这些刁民想赖账，求老爷明断。”施耐庵把惊堂木一拍，喝道：“胡说，既然你照约行事，为何给我送一百两银子！果然是个刁徒，给我拖下去打四十大板！”说着，把一百两银子赏给了佃户，说：“你们平时受王仁盘剥太苦，这些银子你们拿回去，好好养家糊口吧！”佃户们一个个叩头称谢，都说县尹施耐庵秉公办案，是个青天大老爷。

《说文解字》云:“县，系也”。“悬”为其后起字。这是一个充满紧张和不安定的字眼。在当今中国，县(包括县级市)一级以下的基层，既是政权之基，也是民众得以普享基本公共服务的平台。“郡县治，天下安”。执政党能否树立起执政为民的形象，一定程度上也与基层政权的权力行使者休戚相关。施耐庵作为一名知识分子是想有作为的，“治国平天下”是他的理想追求，但是在元代的那个政治体制下，施耐庵一人也是难以作为的。“成则儒，败则道”，“入世以儒，出世以道”，这是中国古代知识分子普遍的思想轨迹，注定了施耐庵也不能免俗。

五、愤而悬印

明代王道生《施耐庵墓志》记载:“曾官钱塘二载，以不合当道权贵，弃官归里，闭门著述，追溯旧闻，郁郁不得志，赍恨以终。”

钱塘县尹施耐庵秉公断案声名远播，但迎接他的恶风浊浪也汹涌而来。

平民百姓爱戴他如大慈父、活菩萨，强梁豪右便视他为眼中钉、肉中刺，早就在暗中窥察时机了。

元朝，蒙古贵族进入中原，为保持自己的特权，推行民族压迫政策，根据民族的不同和被征服的先后将人分成蒙古、色目、汉人、南人四等。四等人在官吏任用、科举取士、法律执行等方面的地位和待遇很不平等，汉人特别是南人受到限制很多。在路、府、州、县各级地方行政机构中，都设有专由蒙古人、色目人担任的达鲁花赤，他们“掌印信，以总一县一府之治”。他们可对所在地方的官吏和军民进行监督，拥有地方上的实权，路府总管、县尹县丞，都要仰他们的鼻息办事。达鲁花赤就是地方上的“太上皇”，他们可以什么事也不做，又可以什么事都管。他们只有特权，却不须负责任。他们充满民族优越感，喜奉承阿谀，擅作威作福，而大都目不识丁，不学无术，签发公文时连日期也写不上。钱塘县的达鲁花赤也是这样一种人物。

施耐庵到钱塘上任后，本有雄心，要为民做主，干一番事业。可事实上，却无论大事小事，都必须经不学无术的达鲁花赤批准。因此，施耐庵很不得志，成天闷闷不乐。幸好他的一帮刎颈好友，如浙江儒学副提举鲁渊、流寓钱塘的文人陆谦等，常来这里，约他一起游览西湖，消愁解闷。杭州当时有三座塔，宝俶塔因为实心而不能登临，雷峰塔因为虚心也不能攀登，可登临者唯有钱塘江边月轮山上的六和塔。施耐庵凭吊过六和塔边泷浦下面的铁岭关的古迹，传说这里是宋江藏兵处，“有石门，进此者每为伏弩所射。”在这里还“掘地得石碣，题曰‘武松之墓’”。旧有一对联：“失意且伍豪客，得时亦一英公。”施耐庵参拜过相传涌金门张顺归神的庙宇，金华将军庙宇遗址，原为祭祀金华将军曹杲而设立的。曹杲，河北正定人，后唐时为金华令，曾在杭州西城城隅疏浚三池，为当地人解决饮水问题，并建城门名涌金门。老百姓感谢他，为他立祠。闲暇时间，施耐庵邀三五好友常在一起论诗下棋，十分相契。

一天，施耐庵下乡查案，一路上看到田园荒芜，茅屋破败，心里很不舒服。这时突然传来一阵女子的哭声，抬头望去，只见几个如狼似虎的打手，正簇拥着一个花花公子，不仅打伤了几个百姓，还正追逐着一个青年女子。那女子走投无路，直冲着县官模样的施耐庵而来。花花公子见施耐庵随行公差挡住了他的道路，破口大骂：“谁敢管老爷的闲事，要他好看！”

公差道：“县尹在此，休得无礼！”

此时，小女子已跪在施耐庵的面前哭诉：“老爷开恩，快快救我！”

花花公子吆喝着打手前去抢那女子，施耐庵大喝一声：“大胆狂徒，给我拿下！”两个公差上前扭住了打手。花花公子正想溜走，施耐庵下令：“别让他跑了，一起拿下！”这几个打手平时常随达鲁花赤的公子下乡为非作歹，打伤百姓，调戏妇女，百姓对他恨透了。这次，他又下乡作恶，被村里几个小伙子狠狠揍了一顿。

施耐庵拿下了花花公子，消息传来，百姓纷纷奔走相告，并前来递上状子控告。施耐庵坐在堂上，看着状子，十分愤怒，自言自语：大胆狂徒，也太无法无天了。状子读完，施耐庵吩咐：“升堂，带人犯。”

花花公子和几个打手上堂，头颅昂着，只立不跪，公差道：“跪下！”几个打手跪下了，但花花公子还是不跪，他说：“本公子只跪君上、跪父母，怎能给汉奴下跪。”

施耐庵把惊堂木一拍，喝道：“此乃公堂，王法在上，谁敢藐视，先责二十大板！”衙役们不由分说，将花花公子拿下，劈劈啪啪地打将起来。花花公子杀猪般地嚎叫，但还口硬：“你这狗官，竟敢对本公子用刑，咱走着瞧！”

施耐庵拿着状子，问：“李时告你，说你强占了他家的茶园，打死李二，还逼得人家孤儿寡母以乞讨为生，可有此事？”

花花公子道：“有，怎么啦？”

施耐庵拿着状子，再问：“张老汉告你，他女儿正理嫁妆做新娘，而你带着打手，光天化日之下，强奸民女，逼得人家上吊自尽，可有此事？”

花花公子随口道：“我不知奸过多少女子，谁管得了她上吊不上吊。”

施耐庵道：“此案请书办录下。依法当斩，先上枷锁，再入死牢。”

花花公子见施耐庵动真格的，慌了，连忙磕头求饶，浑身像筛糠一样。

施耐庵继续审问几个打手，他们见花花公子都要处斩，已经吓得魂不附体。此案还未审完，达鲁花赤带了几个随从，怒冲冲地闯了进来，道：“施耐庵，你审的什么人？这是我家公子，他有何罪？”施耐庵说：“他已逼死七条人命，杀人偿命，依法当斩。”达鲁花赤气急败坏道：“一派胡言，快把他放了！”

施耐庵说：“王子犯法，与庶民同罪，你的儿子绝不能放！”

达鲁花赤道：“大胆！”他抢过状子撕掉，怂恿几个打手将公子放了。达鲁花赤一顿呵斥之后，还要施耐庵升堂改判。刚正不阿的施耐庵，再也憋不住这口气，当即严词反驳。施耐庵眼看着达鲁花赤一伙大摇大摆而去，气得脸色发青，众衙役均愤愤不平。

施耐庵知道，像自己这种“南人”七品官，是不可能有所作为的，“归去来兮”，一怒之下，他愤而辞官离去。

归隐之心是元代读书人的普遍心态，施耐庵常常感慨陶渊明不甘为五斗米折腰，赋《归去来辞》云：“归去来兮，田园将芜胡不归？既自以心为形役，奚惆怅而独悲？悟已往之不谏，知来者之可追。……”

在元朝这样的时代，官场无前途，写作有奔头。“既自以心为形役，奚惆怅而独悲”，无忮求之心，因以无悔恨之意。

事后，施耐庵常对人说：“陶渊明不为五斗米折腰，我又怎能昧着良心事权贵呢！”他对岳丈季先生也说：“虎狼当道，正不压邪，这官场不是我的容身之处。”季先生宽慰道：“官场不留人，自有留人处。”施耐庵说：“知我者，岳丈也。”

六、谒林冲墓

灵隐拜佛，钱塘观潮，断桥赏雪，柳浪闻莺。在钱塘当县尹的施耐庵，家住西湖栖霞岭麓，他游遍了杭城山水。在此期间，他十分注意搜集江浙街谈，临安旧事，常常与商贾市民、贩夫走卒浸淫于说书人讲述的《大宋宣和遗事》里。

《大宋宣和遗事》中的梁山泊故事，被鲁迅称为“是《水浒》之先声”，被郑振铎称为“最初的《水浒传》雏形”。其讲述的三十六位梁山英雄中，施耐庵最爱听林冲的故事。因为他十分同情林冲盖世英雄仗义为人的事迹。不幸的是，堂堂八十万禁军枪棒总教头，家庭生活美满，自己甚为留恋，只因妻子“青春年少”，高太尉的干儿子要去奸污，他当然不让，便招来不断的迫害。首先被高俅骗入白虎堂，诬以“行刺”之罪，几乎被杀头；接着又在野猪林几乎被水火棍劈死。发配到沧州草料场之后，又差点儿被高俅派来的人烧死。他一再忍让，终于忍无可忍，最后只得杀死仇人，雪夜上梁山。每次听到这里，施耐庵都要暗自叹息：“官逼民反，逼上梁山啊！”

有一天，施耐庵听一位说书人说《宋江征方腊》，说到宋江带兵在钱塘县与方腊展开血战，林冲手提单刀，一马当先，在杭州城东南候潮门与方腊交锋，一连几个回合，林冲因年老体弱，打不过方腊，在石牌楼跌马，城头巷飞刀，最后到惠民坊跌入陷马坑，被乱刀砍死。当地居民就将林冲尸体葬在附近大柳树下。

施耐庵听说惠民坊就在钱塘县衙东面，第二天便到县衙附近去打听。可是，东打听、西询问，都回说不知道。后来在东面柳林的草舍里，碰到了一位老者，他告诉施耐庵："林冲的墓，早为官府铲平了，不知先生找它作甚？"

施耐庵回答："在下因慕林教头英雄为人，特此前来一访。"

老者频频拈须点头道："难得啊难得！先祖曾是梁山遗民，经常传言林教头英雄事迹。"说罢，老者带着施耐庵来到柳林东边的一株大柳树下，指着一丘黄土说："这就是林教头埋骨之所。"施耐庵一看，只见黄土一抔，野草莽莽，既无墓碑，也不成坟。他摆下随带祭品，恭恭敬敬施上一礼，便坐在大柳树下，自言自叹："想不到林教头英雄盖世，如今黄土一抔，默默九泉之下，可惜啊！可叹啊！"老者见施耐庵是个读书明理之人，便向他进一言道："林教头虽死，但英雄事迹尚流传民间，先生既爱英雄，何不将他的事迹搜集整理，敷衍成篇，以流传世人。"

施耐庵点头称是。后来，施耐庵花了几个月的工夫，一鼓作气，从"林冲误入白虎堂"、"刺配沧州"、"大闹野猪林"、"风雪山神庙"、"火烧草料场"一直写到"夜奔梁山"，编写了十回书。施耐庵写《水浒传》一百零八将，最早就是从林冲十回开始的。

《水浒传》第九回"林教头风雪山神庙　陆虞候火烧草料场"中山神庙、草料场、陆谦、富安等人名、地名，原型在白驹场附近。在距江苏大丰市白驹镇与草堰镇之间十五里处，有一庙称十五里庙，这是山神庙的原型。串场河西即兴化市合陈镇界牌头村因驻地是界牌头得名，传说穆桂英在此镇守海关，即界牌关，故名。离此不远的东侧，大丰白驹境内有马家舍，是草料场的原型，相传此处为唐朝薛仁贵东征时的扣马之地。白驹镇马家村马家舍无一马姓人家，倒是施氏聚集地。元末明初的江苏沿海，马草料比比皆是，与白驹的养马关系密切。当地方志介绍税赋时除了夏秋粮、盐税外，还有马草等。在界牌头村附近有陆谦村地名，陆谦是兴化的实有人物，《兴化县志》有记载，他与施耐庵同时代，元末潘元明请降，他也投降朱元璋。施耐庵是站在同情张士诚农民起义的立场上的，所以林冲用刀杀死了与己自幼相交却卖友求荣的陆谦。白驹镇的再南侧东台有富安地名，唐代即有富安盐场，取既富且安之意，但在那个逼上梁山的年代，林冲只能用枪戳倒富安。

施耐庵因为长期生活于杭州，因此在《水浒传》第九十四、九十五回，写宋江率师进逼杭州时，将这一带景物以一种特殊视角叙写，引导读者进入小说世界：以局部限知实现整体全知的流动视角。他先是俯瞰全景："三面青山，一湖绿水，无望城郭，四座禁门。"略事点染后，即诗兴大作，援引北宋苏东坡"欲把西湖比西子"的诗，南宋林升"山外青山楼外楼"的七绝，以及后世书会才人的《水调歌头》和《临江仙》词。这些诗词都不是想偷渡杭州水门的浪里白条张顺那时的作品，只是施耐庵借用了。作者还意犹未尽，写了一篇西湖景物的骈文，引了一首《浣溪沙》古词，然后历述了从吴越国钱武肃王到宋高宗南渡的二百余年间杭州城的沿革。他处于一种超然于角色之上的创作心态，无非是想为张顺创造一个葬身得所的场合，因而连张顺这个水上好汉也沾染了作者的诗趣了："我身在浔阳江上，大风巨浪，经了万千，何曾见这一湖好水！便死在这里，也做个快活鬼！"

明代胡应麟《少宝山房笔丛》称"元人武林施某所编《水浒传》特为盛行。"高儒《百川书志》称《水浒传》为"钱塘施耐庵的本"。这些记载与淮安王道生《施耐庵墓志》说施耐庵住过杭州，并曾"官钱塘二载"的记载是吻合的。

第三章 书会才人

一、造访真人

对于胸怀济时救世之志的施耐庵来说，有心为民做主，却无力改变现实，是很遗憾的。对于酷爱大自然的施耐庵来说，在钱塘为官两年多，却没有机缘一览浙江以外的大好河山，无疑也是十分遗憾的。

“无官一身轻”的施耐庵辞去钱塘县尹后即浪迹天涯，一来游历名山大川，散心解闷；二来为古杭书会编纂民间文艺和创作《水浒传》而搜集素材。

书会，始于南宋，是编纂通俗文艺文章的团体，所编有话本、剧本等，供艺术说明与扮演所用。当时书会集中在杭州、温州等城市，而杭州为盛，因为杭州是南宋的首都。到元朝书会更多了，这时杭州虽不是首都所在地，但依旧是繁盛的，如古杭书会等文人编撰话本。在他们之前，供给说书人作底本的有《宣和遗事》、《三国志平话》等，后来施耐庵编写了《宋江》、《武松》、《林冲》、《卢俊义》，这些依据的都是说书人的脚本，他们称之为《宋十回》、《武十回》、《林十回》、《卢十回》。

元代的话本和杂剧深受南方民众，尤其是江浙一带市民的喜爱，他们听了梁山英雄壮举的故事后，进一步要求知晓这些英雄的身世和归宿；对部分英雄熟悉后，又迫切要求了解这个英雄群体的全貌。此时，话本与杂剧已难以容纳一百零八将群雄归水浒的宏大场面、复杂斗争和曲折发展，中国文学根据社会的需要在发展，孕育出一种新的体裁——长篇小说。

正是为创作长篇小说《江湖豪客传》（后改为《水浒传》）而搜集材料的目的，施耐庵有一天来到了江西信州贵溪县。他知道龙虎山是道教张天师的创业圣地，历史久远，胜迹颇多，便整装前往游山。他跋山涉水，来到龙虎山，只见两山对峙，状若龙虎，山青水绿，争妍竞秀。

上清镇上有上清宫，上清宫的前身是第一代天师张道陵在龙虎山炼丹修道的天师草堂。汉末，第四代天师张盛在其遗址上改建为“传箓坛”。唐武宗会昌年间（841—846），扩建“传箓坛”，赐额改为“真仙观”。宋真宗大中祥符五年（1012），将“真仙观”移至上清镇街头，建成一座规模宏大的宫殿，宋真宗赐额改为“上清观”。元朝至元二十二年至至顺三年（1285—1332），又先后五次拨款修建和扩建。“上清宫”重楼叠宇，雕梁画栋，有许多道众，鸣钟击鼓，香花灯烛，幢幡宝盖，仙乐盈耳。施耐庵游了九天殿、紫微殿、太乙殿、三官殿。这里没有北极殿，这北极殿在江苏泰州白驹场境内，今江苏大丰市草堰镇。这三官殿，是指的天官、地官、水官，是道教信奉的神。数千年来，农民种田靠天吃饭，五谷要丰收，天、地、水这几个要素是不可缺少的。道教以三官配三元，认为天官赐福、地官赦罪、水官解厄。说上元天官于正月十五生，中元地官于七月十五生，下元水官十月十五生。明代归有光有《汝州新造三官庙记》：“按三官者，出于道家。其说以天、地、水府为三元，能为人赐福赦罪解厄，皆以帝君尊称焉。”施耐庵来到伏魔殿，虽然殿宇开朗，却冷冷落落，正中还有一个地穴，上面覆了个圆形铁盖。

施耐庵便问陪同的住持真人道：“道长，别处殿宇都富丽堂皇，为何此处衰败冷落？”

真人回答道：“客官有所不知，此处原为大唐洞玄国师镇压魔王之殿，过去从不开放。”

施耐庵又问：“过去既不开放，如今却为何任人游览？”

真人回答道：“只因到北宋嘉祐年间，京师瘟疫盛行，朝廷特派太尉前来请张天师祈禳天灾。这太尉游山到此，令人打开殿门，挖开地穴，只听见刮喇喇一声巨响，一股黑气冲天，放走了三十六员天罡星、七十二员地煞星，一百零八个魔君，降落凡世，与赵家社稷作乱。如今魔君已去，只好任人凭吊了。”

住持真人说者无心，施耐庵听者有意。他心中暗暗思忖：这水浒好汉已有三十六人，正合天罡之数，还有不少好汉，何不凑成七十二地煞，再加上太尉游龙虎山这一故事，作个头回书目。这样既可使全书敷衍完整，又可把梁山好汉的仗义为人，假托天降魔君作乱，不是可避免官府的刁难了吗？

施耐庵越想越妙，便在上清宫住宿三天，白天游山观景，晚上笔走龙蛇，终于写出了“张天师祈禳瘟疫，洪太尉误走妖魔”这一回全书的楔子，或称第一回。

后来，隐士施耐庵有感于吴王张士诚的农民起义，这里的洪太尉与张天师都是影射张士诚的：一是用了张士诚投降元朝时的官职，二是用张士诚的姓。龙虎山本没有“北极殿”，楔子中写了“北极殿”，这“北极殿”是今大丰市草堰镇的一处景点，张士诚揭竿起义的首义地，上有匾额“天枢北极”。《水浒传》一书开宗明义则说：“试看书林隐处，几多俊逸儒流。虚名薄利不关愁，裁冰及剪雪，谈笑看吴钩。……”《水浒传》中的石碣魔君与《集异记》中的石柜神猴有异曲同工之妙，张士诚与张励的命运相似。

二、吴山会友

吴山在春秋时（前 717—前 477）是吴国的南界，故得名“吴山”。因山上建有城隍庙，俗称“城隍山”。又与春秋名将伍子胥有关，称胥山和伍公山。

吴山位于钱塘江北岸，西湖东南面，是西湖群山延伸进入市区的成片山岭。天目山余脉的尾端终止于杭州，在西湖北岸形成葛岭、宝石山，在西湖南岸的就是吴山。远古时候，吴山和宝石山是史前海湾的两个岬角，南北对峙，随波浮沉。后来，陆地抬升，人民陆续迁居，来到这一带生息繁衍，逐渐发展形成现在的杭州城。早在北宋，苏东坡任杭州太守时就曾说过：“天目山千里蜿蜒而东，龙飞凤舞，萃于临安。”吴山好像是一支梭镖，楔入杭州城内，东、南、北三面俯临。

钟嗣成《录鬼簿》介绍施耐庵：“施君美，名惠，世居吴山城隍庙前，以坐贾为业。公巨目美髯，好谈笑。余尝与赵君卿、陈彦实、颜君常至其家，每承接款，多有高论。诗酒之暇，唯以填词和曲为事。所著有《古今砌话》，亦成一集，其好事也如此。道心清净绝无尘，和气雍容自有春，吴山风月收拾尽。一篇篇，字字新，但思君，赋尽停云。三生梦，百岁身，空只有衰草荒坟。”这里的《古今砌话》，天一阁本作《古今诗话》，“话”即话本之“话”。《醉翁谈录·小说开辟》：“白得词，念得诗，说得话，使得砌”。《古今砌话》里当是《宋江》之类的诗话本。

今天的杭州西湖边有水浒遗迹，涌金门的湖面上设置了浪里白条张顺塑像，有武松墓。新近落成的城隍阁仿南宋与元代时江南流行的建筑风格。城隍阁下，有《吴山风情》花岗岩浮雕壁，登阁眺望，西湖山水及杭城景物历历在目，诚如明代著名书画家徐渭的对联所写：

八百里湖山，知是何年图画；

十万家烟火，尽归此处楼台。

吴山自古有五多：古树清泉多，奇岩怪石多，祠庙寺观多，民俗风情多，名人遗迹多。树龄达八百年的宋代古樟树，是历史的见证人，仿佛在告诉我施耐庵（施惠）曾在杭城的经历。“官钱塘二载”后的施耐庵曾在书会工作过，熟悉宋元话本、水浒故事。

他“坐贾为业”，民间传说他还是个算命先生。《杭俗遗风》中说：“吴山者俗称城隍山，城隍庙居山之中。……惟刻图书、卖字画、算命相馆为多。”与耐庵流徙处的大背景是吻合的。

《武林旧事》记载“诸色伎艺人”中的“演史”有乔万卷、许贡士、张解元、陈进士、刘进士。至于“说经浑经”中有余信庵、啸庵、借庵、保庵、戴悦庵、息庵、戴忻庵。

作为书会才人的施惠此时也说经浑经，称“耐庵”，或像“小说”中的俞住庵、陈可庵一样，署个艺名有何不可呢？！

《录鬼簿》还向我们透露了施耐庵（施惠）的一批诗朋酒友：

赵群卿，名良弼，东平人。总角时与余同里闬，同发蒙，同师邓善之、曹克明、刘声之先生，又于省府同笔砚。公讨论经史、酬唱诗文及乐章、小曲、隐语、倚奇，无不究意。所编《梨花雨》，其辞甚丽。后补嘉兴路吏，迁调杭州。天历元年冬，卒于家。公之风流蕴藉，开怀待客，人所不及，然亦以此见废，能楷书，善丹青，他以末技，故不备录。

陈彦实，名无妄，东平人。与余及君卿同舍，性资沉重，事不苟简，以苛刻为务，讦直为忠，与人寡合，人亦难之。公于乐府、隐语，无不用心。补衢州路吏，后迁婺州，陛浙东宪吏。调福建道。天历二年三月，以尤卒。其弟彦文殡葬之。乐府甚多，惜不得其传。

钟嗣成久居杭州，在元至顺年间（1330—1333）著《录鬼簿》两卷时，施耐庵当时只有诗、曲、南戏，而未有《水浒传》。史籍上记载“钱塘施耐庵”，与施惠工作的地方相吻合。

三、江南佛国

杭州乃江南佛国，名寺古刹，无峰不占；高僧大师，历代皆有。然而尽管峰峰有佛寺，但至今尚无一山一水以寺名或僧姓冠名。倒是东晋的道家葛洪留下了西湖山水的仙迹，一山为葛岭，一水为葛洪川。

葛洪（约281—341）字稚川，别号抱朴子，丹阳句容（今江苏句容）人，东晋道教理论家、医学家和炼丹家。至今杭州西湖边的葛岭，仍保存着炼丹台、炼丹井、抱朴庐等遗迹。葛洪其祖葛玄是三国时学道得丹、白日升天的葛仙翁。施耐庵写《水浒传》楔子时以龙虎山张天师道家入手，而在施氏后裔施桢的一幅《吐饭成蜂》的画中也以道家挥毫。

葛洪在杭州修炼内丹之际，一位自称葛仙翁传人弟子的老道郑思远来访，向葛洪传授了昔年葛玄秘传的仙诀妙旨，使葛洪茅塞顿开。

谢善骁《西湖佳话》介绍葛洪入水不濡，入火不燃。西湖里外、钱塘城中有种种葛洪的神奇故事。说他吐饭变蜂，收蜂复饭；说他独坐潮中，身无滴水；说他放生死鱼，起死回生；说他投符井中，瘟疫自解；还说他能口吐冷热之气，调节室温；更有分身之术，同时接待数个客人。

在杭州西湖，除了两条人造湖堤分别以两位大功臣白居易和苏东坡之姓命名外，也只有这位葛仙人以其姓占了一座山岭，而且是唯一的一处西湖天然山水——钱塘十景之一的“葛岭朝暾”。

《武林旧事·潮山胜概》记载：“上清宫，葛仙炼丹旧址，道士胡莹微祖筑庵，郑丞相清之曾在此读书。”“葛岭，葛仙常往来于此故得名。亦名葛坞。”“玉清宫，有葛仙炼丹井。”

葛洪在西湖的魔术、神话使他蒙上一层神秘的外衣，其实葛洪通过炼丹在化学实验和医药研究方面的成绩，以及著述《抱朴子》一书传世，加上他爱民济世的心肠和行为，受到人民的尊敬和纪念，也是情理之中的事。

这正是施耐庵后裔施桢《吐饭成蜂》画中的小道具，千百年来人们猜不透他葫芦中卖的是什么药，但另一道具是一把剑，与施惠的《咏剑》元曲，都是为了“有志图王”，“修文用武，驱蛮靖虏（安边定国），好与清时定边土。”

施耐庵离开杭州来到睦州，在青溪找到鲁渊，想不到吴中刘亮也在这里，他们三人一起游览了传说中的方腊揭竿起义的旧址，方腊住过的帮源洞，方腊妹妹方百花的点将台，等等。施耐庵在游览中还特地瞻仰了乌龙岭上的“乌龙神庙”，只见乌龙神“面如傅粉，唇若涂脂”，他原是唐朝秀才邵俊，为人正直仗义，疾恶如仇，在此落水而死。施耐庵后来专门在书中安排写了“宋江梦见乌龙神”的故事。

“钱塘开胜，东南所无”。湖山之胜、宏伟国都带动了商业的繁荣，城市的扩大。

据陈桥驿记载，南宋朝廷大兴土木，把大内建在凤凰山，王城周围达九里，北起凤山门，西到万松岭，东到候潮门，南到江干路。从朝天门向北，是一条用石板铺成的，长达一万三千尺的御街，御街东西与连接崇新门的荐桥街和连接涌金门的三桥街等大街相交错，御街平行的后市街，此外还有数量巨大的坊巷和市集。

杭州除了御街、荐桥街、后市街等繁华的商业区外，还有许多专业集市，如川广生药市、象牙玳瑁市、金银市、珍珠市、丝锦市、生帛市、枕冠市、衣绢市、花朵市、肉市、米市、卦市，等等。此外还有许多专业性商行，如银朱彩色行、金漆桌凳行、南北猪行、青品行、处布行、麻布行、青果行、海鲜行、纸扇行、麻线行、蟹行、鱼行、木行、竹行、果行、笋行等。吴自牧《梦粱录》记载：“杭城大街，买卖昼夜不绝，夜交三四鼓，游人始稀；五鼓钟鸣，卖早市者又开店矣。”商业繁荣，可见一斑。

经济繁荣之邦，常是人文荟萃之地。

施耐庵不仅是杰出的小说家，同时还是一位出色的诗人。他欲写险恶山水、奇峰怪崖之境，总是先写小桥流水、平畴静野。施耐庵在写醉打山门和黄泥冈斗智这两场扣人心弦的场面之前，先是让读者远远地听到一支山歌。

赤日炎炎似火烧，野田禾苗半枯焦。
农夫心内如汤煮，公子王孙把扇摇。

这是“白日鼠”白胜在黄泥冈“卖酒”时唱的一首山歌。

在鲁智深“修行”的五台山下，另一个卖酒的汉子，唱出另外一首山歌：

九里山前摆战场，牧童拾得旧刀枪。
西风吹动乌江水，好似虞姬别霸王。

假如两个卖酒的汉子，不声不响地担着酒上山来，那情形就大不相同了，那就失去了韵味，就没有了文学，只剩下事件的过程。

施耐庵在表现李俊、张顺、张横以及阮氏三雄等渔民、船工形象时，也是通过渔歌抒发他们的思想感情，他们虽然生活于生活的底层，但是他们在生活的海洋中挣扎，与风浪搏斗，养成了顽强而乐观的性格。

打鱼一世蓼儿洼，不种青苗不种麻。
酷吏赃官都杀尽，忠心报答赵官家。
老爷生长石碣村，禀性生来要杀人。
先斩何涛巡检首，京师献与赵王君。

这是阮小五与阮小七所唱的渔歌。大敌当前，他们毫不畏惧。这些渔歌使一场生死搏斗带上了愉快的喜剧情调，使人回味无穷。

施耐庵在生活中写诗也是得心应手、出口成章的。

有一次，施耐庵带着书童从浙江青田乘船顺瓯江而下，前往鹿城（温州）。在温溪码头上，因船漏水，只得暂时上码头稍事休息。这时，施耐庵见码头上停靠着一只朱漆雕花的舫舟，船头还悬挂着一面大旗，上书一斗方“秦”字。听码头上的人说，这是鹿城有名的富豪秦一彪的儿子秦小虎的船，是从石门洞游览返家，路过此地的。事有凑巧，施耐庵船上的船老大正好认识秦府船上的船老大，并托他征得秦公子同意，让施耐庵主仆两人登上秦家大船，同去鹿城。

这时，秦小虎正在船舱内和几个花花公子一起饮酒取乐，见上船的人服饰平常，衣不耀眼，知道是个落魄书生，心中便有藐视之意，还气势汹汹地说：“何处来的穷书生？坐到船后梢去。”说罢，船舱里的几个恶少挤眉弄眼也哈哈大笑起来。

施耐庵心中顿时升起一股怒火，加上船后梢太阳晒得火辣辣的十分难受，便信口吟诗一首：

岳王一失千秋恨，利剑当年未斩秦。
留下奸雄无赖种，风波江上辱诗（施）人。

秦小虎在舱内听了，不禁大吃一惊：“诗人？难道他是个诗人？”于是，便走出船舱，皮笑肉不笑地上前问道：“请问客官尊姓大名？”施耐庵答曰：“不敢惊动秦公子，我乃淮上施耐庵。”

施耐庵？谁不知道他是当今才子！他曾出任钱塘县尹，后弃官归里，闭门著述。秦小虎久闻其名，便慌忙施礼道：“原来是施大人，晚生有眼不识泰山，不知贵客光临，有失礼迎，恕罪！恕罪！”说着忙请施耐庵进舱和他的几位好友相见。

秦小虎寻思，这正是千载难逢的好机会，何不求他一纸墨宝，日后也好借以炫耀。略略叙谈之后，他就取出文房四宝，请施耐庵题诗留念。

施耐庵并不推辞，稍加思索，即挥笔写了一首七绝：

一船西去一船东，顺逆行驶势不同。
寄语顺风船上客，明朝未必是东风。

此乃前贤醒世杂咏，只见施耐庵笔力雄健，墨韵潇洒，诗锋犀利，辛辣地讽刺了豪门恶少倚富仗势的欺人行为，寄情于物，寓理于情，揭示了社会顺逆兴衰不断在变化，告诫人们要顺应潮流及早回头。

秦小虎等几个恶少看后，面面相觑，十分尴尬。

四、风月无边

清代顾公燮《顾丹午笔记》记载："施耐庵，钱塘人，与刘青田相契，明太祖搜罗人材，刘荐耐庵，命访之。适耐庵作《水浒传》甫竣。刘阅之，遂不言荐。"现代梅寄鹤《古本水浒序》中记载："耐庵博古通今，才气横溢，举凡群经诸子，词章诗歌，天文、地理、医、卜、星、相，一切技术无不精。"

与施耐庵同考进士的刘伯温，一三三六年任江西高安县丞，为官五年，感慨"风尘奔走仅五稔，满怀荆棘无人锄"，与施耐庵一样愤而辞官。一三四七年起，刘伯温又在杭州出任儒学副提举，头尾四年。

此时，元末农民起义风起云涌。自从方国珍于一三四八年在浙东起义开始，紧接着韩山童、刘福通于一三五一年在河北起义；同年，徐寿辉在湖北起义，郭子兴等在濠州起而响应；次年，朱元璋参加郭子兴部，随之，陈友谅、明玉珍参加徐寿辉部；一三五三年，张士诚在泰州白驹场起义，等等。

刘伯温赋闲在家，僻处浙江青田县武阳村（后属文成县），广泛接触最基层的社会各界。有一天，施耐庵同刘伯温来到温州。这天夜晚，他俩渡过瓯江，游览了鹿城胜地江心屿。只见岛上银纱薄雾，风清月白；凉风习习，波光粼粼；笛声婉转，轻歌萦回；仰看双塔，直插云天；俯视池塘，圆月如璧……这一切都仿佛天上仙境，正是李白笔下的“水天一色，风月无边”的岳阳楼下洞庭湖景色。正当他俩为此而陶醉的时候，蓦地飘来晚钟暮鼓的声音。两人循声而去，并跨进了江心寺。

江心屿是位于瓯江上的一座孤岛，占地一千零七亩，是中国四大名胜孤屿之一。岛上有东西双塔——“江心双塔”，东塔建于唐咸通十年（869），西塔建于北宋开宝二年（969），南宋绍兴七年（1137）蜀僧清了率众僧建江心寺于屿中。岛上树木葱郁，繁花似锦。

江心寺有圆通殿、士佛塔、三圣殿，山门前有脍炙人口的楹联：“云朝朝朝朝朝朝朝朝散，潮长长长长长长长长消”，用词奇特，别出心裁，几种读法，含意深远，构成意境，相传为南宋政治家和诗人王十朋（1112—1171）所作。

在江心屿，刘伯温赋诗词记游泛舟瓯江的情况：

散天花·舟泊中川

落日长江泊小舟，碧空如水月如钩，闲寻孤屿上高楼。狂歌争击节，起沙鸥。开遍苹花已白头。错疑飞柳絮，点芳洲。悠悠片石砥中流。双峰缥缈处，拟丹邱。

江心寺惠月长老听说是当代知名人士施耐庵和刘伯温光临，慌忙把他们迎进禅房，献上了普陀佛茶。彼此寒暄一番后，长老便请他俩作诗题词留念，他俩并不推辞。施耐庵望了望窗外，饱蘸香墨，挥笔只写下“虫二”两个字。这惠月长老虽然也颇有文墨，但一时不解其意；刘伯温却大加赞赏：“施仁兄真是奇才，只二字便把江心宝地赞尽写绝。”听了刘伯温的话，惠月长老越发不理解，但嘴上还是说：“是啊是啊，施大人真是圣手高才！”说罢，又请刘伯温题诗。刘伯温不假思索，信笔写下一首诗：

风吹孤屿拍波涛，月有诗情照树梢。
无限江山此处好，边沿双塔镇朝朝。[①]

惠月长老看了，略一思忖，觉得这诗的每句开头一字有些蹊跷，连起来一读，原来是“风月无边”四字，而“风（風）”、“月”二字没有边，岂不就是“虫二”？这时他才悟出刚才施耐庵写的“虫二”就是隐了“风月无边”的意思。惠月长老这才真正高兴得喊出来：“妙，绝妙！绝妙！”说罢，便叫小和尚端上果品，款待施耐庵和刘伯温用些点心。

浙江省青田县武阳村（后属文成县）是刘伯温的故里，这一带也是著名词人秦少游被贬谪的地方。

这天，施耐庵和刘伯温一起游览了青田县石门洞之后，乘船前往温州。途中，船在青田靠岸，两人徒步来到了栖霞寺。这栖霞寺就是当年

① 朝朝：音 zhāo cháo，即朝潮，意为“每天的潮汐”。

秦少游留宿并在这里留下他的千古名篇《千秋岁》的地方。秦观(1049—1100)，字少游，号淮海居士，施、秦同为江苏人，施耐庵不但钦佩秦少游的文采，对他的坎坷经历也十分同情。

施耐庵的祖籍是兴化，本寓隆昌教化之期望，宋元时兴化有四大望族“顾、陆、时、陈”，兴化有一个四牌楼，牌楼内最早的一块匾是“开科第一”，说的是兴化历史上中进士第一人时大有，其聚集地至今仍称时堡。北宋元祐年间（1086—1094），时丹立辟荐为宣议郎，他与秦少游交好，时丹立逝世，秦少游曾作《时宣议挽词》为吊：

奋发多难里，哀荣后夜中。
妙年推正行，末路见阴功。
风雨双龙合，山川吊鹤空。
悬知青史上，又载一于公。

对博学多才的施耐庵来说，这一切，他是知道的。因此这番前来，他心绪万千。

施耐庵与刘伯温在寺中瞻仰了秦少游住宿过的禅房，观赏了他的不朽词章《千秋岁》手迹：

水边沙外，城郭春寒退。花影乱，莺声碎。飘零疏酒盏，离别宽衣带。人不见，碧云暮合空相对。

忆昔西池会，鹓鹭同飞盖。携手处，今谁在？日边清梦断，镜里朱颜改。春去也，飞红万点愁如海。

但见毛皮纸上，笔舞龙蛇，墨吐珠玑；其意切，其情真；千愁万恨，如诉如泣；词锋所至，前无古人，后启来者！这时候，施耐庵也不禁感慨系之，想起自己在钱塘辞官，眼看奸臣横行，朝政腐败，农民起义风起云涌，爱国志士前仆后继，心中无限悲愤。觉得自己和秦公同乡异时，遭遇何其相似……于是，一种词兴顿时在心中萌发，他举笔挥毫，步秦少游原韵，写下了又一绝代佳作《千秋岁·和秦淮海》：

栖霞寺外，春晚芳菲退。屐印乱，溪石碎。鹤山浊酒杯，瓯水青罗带。莺声泣，词翁遗迹离人对。

隔世难相会，日月同昭盖。题词处，奇志在。不求富贵永，唯愿沧桑改。风流客，一腔碧血流东海。

和词情真意切，一气呵成，寄托了他对秦公的深切怀念，也抒发了他自己怀才不遇、报国无门的悲愤感情，表明了自己为变革社会甘愿捐躯的雄心壮志。

刘伯温一边读了，深为感动，也拈笔写下了一副对联："鸦啼鹊噪，并立枝头谈祸福；雁去燕来，相逢路上话春秋。"恰到好处地暗喻秦少游、施耐庵这对异代同乡人的际遇。

"人在名利行走，心在荒村听雨。"可能是当代很多旅游者内心的真实写照和深刻的旅游动机。《文心雕龙》说："目既往还，心亦吐纳。"旅游的审美体验不只是静观，不只是沉思，不只是冥想，而是充满着惊喜的发现之美，充盈着颤动的创造之美，这种创造是对生命之美的创造。

其时，元朝天下大乱，四方造反。对施耐庵、刘伯温来说，观星象可以知天下大数，卜灵棋可以知人事吉凶，唯有此身如何处世，无所观也无所卜，全在一念之间。猛地一个念头在他们心中闪现：一个愚人在治世会抱怨怀才不遇，在乱世又会抱怨生不逢时；而一个智者则无计治世乱世，只需自强不息。

五、罗本拜师

明代贾仲明《录鬼簿续编》记载：“罗贯中，太原人，号湖海散人。与人寡合。乐府、隐语，极为清新。”

施耐庵从钱塘辞官回到苏州施家桥，便靠近岳父家居住，一面设馆授学，一面从事著述。

施耐庵的设馆授学、选拔学生是很有特色的：用智考弟子。有户财主姓刘，他有三个儿子，老大刘文，老二刘武，老三刘斌，都想拜施耐庵为师，施耐庵见了他们三个，说：“想跟我学习不难，但要先考一考你们，谁聪明就收谁做弟子。”

施耐庵发给三人每人一张试卷，上面写道：“一女牵牛过独桥，夕阳落在方井上。”

接到卷纸，只见刘文赋诗，刘武作文，只有刘斌坐着不动……一盏茶工夫，施耐庵来收考卷，刘斌才不慌不忙地在卷子中间提笔写上“姓名”二字，交了白卷。结果，施耐庵只收了刘斌当弟子。原来这是字谜，答案就是“姓名”。

当罗贯中来拜师之时，施耐庵的考试更是三番五次，极为严格，但罗贯中绝对是好样的。

一天，施耐庵闲暇无事，在虎丘游玩，遇见几个秀才在那里争论不休。只听他们七嘴八舌地说，从来是“杨花柳絮如飞雪”，谁来见“柳絮飞来片片红”？真是“木棒打水，不通，不通！”原来，他们当中有个外地口音的后生，随口吟了“柳絮飞来片片红”这句诗，还没等他说明原委，同伴便众口一词嘲笑起来。施耐庵听了忙问这个后生，此诗何解？后生说：“这有何难，这几个兄长实少见多怪——看到骆驼言马肿背。”接着他一口气把全诗念了出来：

玉带桥边袅袅风，牧童横笛过桥东。
夕阳返照桃花坞，柳絮飞来片片红。

犹如一曲长笛，悠扬、婉转，高亢中透出雄壮，施耐庵能读出这后生的内心：牧童般清纯的情思追寻着柳絮的遗迹。道旁的人听了全诗，人人称赞，个个叫绝。

施耐庵觉得这个后生文思还算敏捷，不知志向如何？就走上前去说：“请以‘木棒打水’为诗题，再作一首如何？”后生看耐庵有长者之风，知非等闲之辈，立即回答说：“愿聆教诲！”接着略一思索，便吟诵了一首：

手持长竿杖碧波，一声击破楚江秋。
红蓼滩头惊宿雁，白萍江上起浮鸥。
浪卷珠飞涛似涌，龙藏鱼遁水如吼。
尘世今朝何可钓，应悔文人笔下钩。

这首诗曲折地反映了元朝末年朝政昏暗、群雄四起的现实，反映了许多人有志救民、无处展才的愤慨之情。吟罢诗，后生一声长叹：“唉，世间纷乱，浪打浮萍，何处归依，还不如湖海散游啊！”后生之叹像重重的鼓点深深地打动了施耐庵的心。

一个月后，山西太原的一位罗姓商人久闻施耐庵的大名，领着儿子罗贯中来拜见施耐庵。罗贯中生得眉清目秀，谈吐文雅，就是在苏州虎丘作“木棒打水”诗的后生，施耐庵心中十分喜欢，当即又是一番吟诗、作对，然后收下了这个弟子。

春暖花开的一天，施耐庵见罗贯中聪明好学，于是咏词一阕试探：

云落不因春雨，吹残岂藉东风。结成一朵自然红，费尽工夫怎种？

有蕊难藏粉蝶，生花不惹游蜂。夜阑人静画堂中，曾伴玉人春梦。

熟读唐诗宋词的罗贯中岂能不知，他略一思忖，拍手笑道：“敬禀先生，待学生也吟诗一句作答。”说罢吟道：

白蛇游过清水塘，一朵莲花开岸上。

一般人有所不知，他们二人所咏之诗谜底均指向一物：“油灯。”

二人来到太湖边，看见路上一个官兵正骑马奔跑，施耐庵遂出一联：“风吹马尾千条线。”罗贯中看了看三万六千顷太湖水，立即回答：“日照龙鳞万点金。”

二人边走边看，见湖边松树底下有人正在下棋，施耐庵不由得脱口而出：“松下围棋，松子每随棋子落。”罗贯中见湖边柳树下有人在钓鱼，爽朗地吟道：“柳边垂钓，柳丝长伴钓丝悬。”

施耐庵点头佩服他的才思敏捷，望着湖面又吟道：“渺渺茫茫浪拍水。”罗贯中看了一下湖面，接道：“霏霏拂拂雨含烟。”施耐庵向远处一看又道："苍苍翠翠山遮寺。"罗贯中近处一瞧道："白白红红花满川。"

施耐庵越说越有兴趣，指着湖边沙滩说："正正齐齐沙上雁。"罗贯中看着江上的行船对曰："来来往往渡头船。"施耐庵又补了一句："行行坐坐看不尽。"罗贯中笑答："生生世世作话传。"

二人一出一对不仅是四副佳联，而且还是一首妙趣横生、充满诗情画意的叠字诗。

罗贯中，名本，别号湖海散人，山西太原人，其祖籍四川成都。

后来，施耐庵留下了得意门生罗贯中帮助自己整理《江湖豪客传》书稿，并且也指导他从事《三国演义》的写作。

当施耐庵动笔创作的时候，又感到为难起来，故事有了，人物有了，但这些江湖豪客的肖像性格特征在头脑里还不太清晰。于是他搁下笔来，想好好揣摩宋末画家龚开的《宋江三十六人赞》，可惜龚开为宋江等人画的肖像已经失传，如今这上面只有诗没有画，不然的话，有诗有画，两相对照，写起来就顺手多了。

龚开，字圣与，南宋楚州淮阴人。元军南进之时，龚开辗转闽浙一带。南宋灭亡后，入元不仕，隐居吴中（今江苏苏州一带），以卖画为生。绘画代表作有《宋江三十六人赞》等。宋代周密《癸辛杂识续集》记载：龚圣与作《宋江三十六人赞》并序曰："宋江事见于街谈巷语，不足采著。……"

苏州城里名画家不少，施耐庵前往拜访，想请他们为龚开的《宋江三十六人赞》作画，他们都一一回绝了，不是推说没有这方面的体会，便是直说担心会遭到官府的追究。施耐庵没法，只好在家里独自研读《宋江三十六人赞》的诗。

浪里白条张顺：雪浪如山，汝能白跳。愿随忠魂，来驾怒潮。

花和尚鲁智深：有飞飞儿，出家尤好，与尔同袍，佛也被恼。

拼命三郎石秀：石秀拼命，志在金宝，太似河豚，腹果一饱。

……

忽听门外有人大声吆喝：“专画人像，世上最好；画得不像，分文不要。”他赶忙跑到门口，一看原来是个醉汉，其貌甚丑，衣衫褴褛，心里犹豫了一下，还是恭恭敬敬地请他到客厅里坐下。转身到书房里把《宋江三十六人赞》的诗，捧到醉汉的面前，问道：“不知画师尊姓大名，愿为此赞作画否？”

醉汉睁开蒙蒙眬眬的双眼，望了一下说：“你就称我醉汉画师罢了，这不就是三十六天罡吗？为此赞作画有何难哉！宋江诗曰：来时三十六，去后十八双。若还少一个，定是不归乡。”施耐庵接着又主动问了一句：“请问画师需费多少时日，酬金几何？”

醉汉听了仰面哈哈大笑：“碰上我高兴，白天只要你供应好酒好菜，让我喝个醉，睡个酣，夜里替你作画，如此三日可成。碰上我不乐意，就是愿出千金也休想得到我一张画。”

当下施耐庵不敢怠慢，立即吩咐家人整理出一间卧室，一间画室，请醉画师住下。一连三天，每天送进去的酒菜都吃喝得精光，醉画师也不谦让，大碗喝酒，大块吃肉，吃饱喝足了就躺在床上呼呼大睡，鼾声如雷。夜里则房门紧闭，烛光通明直至清晨。

家人说：“今天已经是第三天，一个人物也没画。老是吃了大睡，睡醒又喝，这样哪像个画师。”

施耐庵说：“别吱声，这种怪人，往往才气过人，出手不凡。”

家人道：“就剩下今天一个晚上了，我们不会被骗吧？”

施耐庵摆了摆手。

到第四天早上，家人端送酒菜进房，屋里空荡荡的，四处寻找，醉画师已不知去向，慌忙去向主人报告。施耐庵正在书房里疑惑不定，思忖醉画师作画到今日不知作了几幅，听见家人禀告，抢步跨入画室，倒吃了一惊，原来墙壁四周挂着宋江等三十六人的画像，栩栩如生，神态各异，有呼之欲出之感。施耐庵心中欢喜万分，知道醉画师不同一般之人。自此以后，施耐庵就把醉画师画的宋江等三十六人画像挂在书房里，每晚对之吮毫，务求刻画细致，故能一人有一人之精神，脉络贯通，形神俱佳。

六、欧阳请酒

欧阳苏，字晓山，清道光年间人，是欧阳修的后裔，他的《容安轩初稿》记载了刘伯温在丹徒交往的一段佳话：“先生以元季弃官，隐于我里。居村西蛟溪书屋。十二世祖太守公，遣子弟受学先生。每与人言，凡事皆由前生定。一日，逢重九，太守公开筵赏菊。先生以是年春，因事他适，席将终而始至，止余酒一杯，鸡头半个耳。太守公命重整肴核，先生曰：‘此前生定也。’太守公曰：‘有说乎？’先生命餐后题句云：‘去时三月三，来时九月九，半个鸡头一杯酒。’读毕大笑，至今传为佳话。”

元顺帝至元六年（1340），刘伯温辞官在江苏丹徒教学；曾官钱塘二载的施耐庵辞官后在苏州故里坐馆。丹徒、苏州两地相隔不远，当时的欧阳太守是欧阳修的后裔，他与施耐庵、刘伯温十分要好，刘伯温就住在他的太守府中，施耐庵也是太守府的常客。

那年重阳节，欧阳太守邀请社会名流贤士赴宴，赏菊吟诗，施耐庵当然在被邀之列，遗憾的是刘伯温因事回青田县老家，尚未回来。

正当大家酒足尽兴之时，刘伯温忽然从浙江青田县回来了。施耐庵看看席上的残酒剩菜，风趣地说："刘贤弟，这里只有半个鸡头、一杯酒等着你啦。"欧阳太守正要重新开宴，刘伯温却摆摆手笑说："半年前，我就料到了。"他把施耐庵、欧阳太守等人带到书房，指着墙壁上一首诗说："这是我于半年前离开这里的头一天晚上写成的。"诗曰：

去日青田三月三，来时丹徒九月九；
菊花诗韵剩几何？半个鸡头一杯酒。

众人看了纷纷称奇，施耐庵更是叹服，夸他料事如神。事后刘伯温告诉他，这首诗并不是他未卜先知，更不是春天写的，实在是为了怕欧阳太守再为他一个人开宴破费，才故意在一到书房时边写边贴上，以便找借口推辞。

刘伯温的为人和智慧，使施耐庵对他十分尊敬。

刘伯温后来在丹徒巨村蛟溪书屋，写下《蛟溪诗》。他自比"屈蟠深弯"的河蛟，认为"蛟乃龙之徒，隐显异凡质。屈蟠深弯环，灵变不可悉"，他日"超腾云雷傒"、"应龙翔中天"。而今且"闭藏当有待，保养慎无失"。

刘基，字伯温，在中国古代史上与姜太公、诸葛亮并称为三大军师。浙江省文成县名"文成"二字即是他的谥号。在浙江南部东海之滨有两江：瓯江、飞云江。飞云江上游有青田、文成县，在两县接壤的丛山高处，有一平场海拔八百米左右的山顶平台，这就是文成县南田山。《太平寰宇记》记载："天下七十二福地，南田居其一，万山深处，忽辟平畴，高旷绝尘，风景如画，桃源世外无多论焉。”

在文成县南田镇最重要的三个景点，刘基故里、刘基庙、刘基墓。南田镇上有建于五百多年前的刘基庙。原祭祀刘基的宗祠在盘谷门里面祠堂垟山边。刘基七世孙刘禄，官为翰林五经博士，以祠址太偏僻，奏迁祖祠。明天顺三年（1459）准奏：敕建诚意伯祠。天顺五年建成，分头门、仪门、正厅三幢。明正德九年（1514），刘基赠谥大师，称“诚意伯刘基，慷慨有志，刚毅多谋，学为帝师，才称王佐。”因此在祠堂头门两侧有“帝师”、“王佐”二牌坊。

刘基故里在南田镇武阳村。相传刘基的高祖刘集公，时居丽水县太平乡竹湖村，思迁居一处风水宝地，苦不得理想之所。一日在梦中见一壮汉站在青草地上，手持羊头起舞而惊醒。翌日，即由丽江顺流而下，至青田再逆溪而上，行二日至岭根，见高山上一片彩云，想山上必有平地，乃舍舟策杖而上，经羊肠小道，过高山峭壁至岭头，继续前行十里许，前面豁然开朗，山川秀丽，眼前田畴如画，远处瀑声若雷，似在梦中见过，问此何处？答曰“武阳（舞阳）”。公恍然大悟，遂定居于斯。

武阳村四周群山环抱，村前田烊常笼罩在雾气之中，故名雾烊村，后由于方言谐音，才将“雾烊”改称为“武阳”。清代诗人韩锡胙咏武阳诗云：“陇头水漱云千叠，雾脚生风雨一村。祠屋武侯嗟异代，空山何处听微言。”诗中前两句写的是武阳独具的景色，后两句所咏“异代”武侯，便是指较诸葛亮晚一千多年出世的明代开国元勋刘基了。

刘基一三一一年出生在武阳村，尽管他后来在官场三起三落，曾长期在南京、杭州、绍兴等地居住过，但终其一生，他生活最长的地方，还是自己的故乡，即今日的文成县南田镇武阳村。文成在建县前属青田县，故又称刘青田。刘基故宅真是风水宝地，背山面水，故宅前是自然天成的阴阳八卦图。

元至正元年（1341）夏天，在江西行省椽史任上遭弹劾归故里的刘伯温，邀钱塘辞官后的施耐庵到青田武阳村小住。一天中午，刘伯温正午睡，施耐庵在刘伯温的书房中看书，突然觉得光线暗了下来，他踱出门一看，好生奇怪：别处阳光灿烂，只有刘伯温住宅的上空有一大片乌云，雨意正浓。不好！今天刘伯温晒了五大箱书籍，如果遇到了暴雨，岂不全部浇坏了？他忙去叫醒刘伯温。刘伯温眯着眼睛，到院子里看看天，又伸手测测风力却拉着施耐庵到里面书房去下象棋。施耐庵担心地说："贤弟，你的不少书是传世珍宝，一旦被淋，岂不可惜？"刘伯温说："雨是要下，但不在我处下。"

"刘贤弟真能开玩笑，难道别处无云会有雨，这儿乌云盖顶倒没雨？"施耐庵话音未落，刘伯温指着窗外说："你看！"施耐庵跑到院子里一瞧：前面南山上阳光灿烂，雨丝如麻；而这里却真的一点儿雨也没有，转瞬间就云散天晴，院子里依然树影斑驳。他对刘伯温说："你好像从天上下来似的。"刘伯温哈哈大笑起来，幽默地说："我是天机星下凡哩！"施耐庵原来就倾慕于刘伯温的非凡才智，在与他相处的日子里，耳闻目睹了一件件动人的事情后，就更为钦佩了。他对刘伯温说："贤弟乃当代奇才，堪比子牙、孔明。将来我若著书立说，定将你当做一个安邦定国的军师写进书里。"刘伯温谦逊地说："我乃'无用'之辈，施仁兄才是旷世英才啊！"施耐庵听后手舞足蹈起来，说："对，你说是'无用'，就把你写做'吴用'吧。那绰号就叫'智多星'好吗？"

"不敢，不敢！"

"你不是自称'天机星'下凡吗？"说毕，两人哈哈大笑起来。

以后，施耐庵在写《水浒传》时，便把梁山起义军的军师取名"吴用"，号"智多星"，称为"天机星"下凡，其典就出在这里了。

《水浒传》中吴用的形象不及《三国演义》中的诸葛亮多才，其实并非施耐庵笔锋不如罗贯中，原因是施耐庵以后参加了张士诚起义军，处境一直不佳，刘伯温帮助朱元璋去攻打张士诚，两人成对立，于是，施耐庵就“笔下留情”，在修改《水浒传》的时候，又添了一个神机妙算、呼风唤雨的入云龙公孙胜，把原稿中吴用名下的不少功绩都给转移了。

第四章 军事生涯

一、皎皎白驹

白驹过隙，说的是时间匆匆。江北小镇白驹，尽管在隋唐时就已经成陆，但在其设盐场前，名叫颜陆村。元末明初，海岸线在今白驹镇以东十五至十八里的地方。元朝两淮设二十九个盐场，其中有白驹场，这是白驹场第一次见之于官方文献记录。

张士诚（1321—1367）是泰州白驹场人，当时属元朝河南江北行省扬州路泰州海陵县白驹场张家墩人。至今的白驹民间还有十八条扁担“齐上戴家窑，一路杏花村，顺带高邮州”的说法，并且已经演化成民间俗语，“齐上戴家窑”意指张士诚集合戴家窑的盐民造反，豁出去拼一下，后来转化为“不顾一切后果齐心协力去干某一件事情”；“一路杏花村”是张士诚集合起义军攻打兴化（“兴化”写成“杏花”），十分顺利，后来比喻为“痛痛快快地干一件事，毫无阻挡”；“顺带高邮州”是张士诚用调虎离山办法夺取了高邮，后来逐渐转化为形容“不费力气就顺便完成某件事情”。

白驹镇古有八景，乡贤喻蘅（1922—2012）有《白驹八景追咏并笺释》，让我们知道白驹场的古八景之概略：

神祠晓月

参天银杏郁迢遥，圣庙嵯峨耸碧霄。
晓月如钩沉画齿，文昌宫影凤凰桥。

古镇有关帝庙，相传宋代山西蒲州关帝庙被洪水冲毁，有老僧携“关帝”真像漂泊募化，来到白驹，羡其风水，遂落脚营建此庙。袁枚《子不语》中谈到此事。每年农历五月十三关帝生日，例行演出祭神戏，远近百里的人民来此赶庙会。庙前有古银杏树，枝柯接天，五人合抱之木，月下森然如山峙岳耸，庙后画齿潭冷然澄澈，文昌宫、凤凰桥倒影相映，拂晓时有佳致，故曰“神祠晓月”。

岱岳春云

岱宗巍宇傍长堤，十殿森森鬼夜啼。
二水潆洄蒸宿雾，春云淡淡透朝曦。

白驹旧有道观三处：东岳庙、白云山[1]、佑圣殿，不知何故均无道士，仅东岳庙由和尚住持。岱岳即是东岳，庙在范公堤东侧。因该庙三面隔水，春晨雾气较浓，望之如云气氤氲，故曰“岱岳春云”。

① 白云山，又名三官店，祀天官、地官、水官三座全像。

东郊牧唱

直出东桥半里赊，芊芊碧草望无涯。
牧群犊特归来晚。阵阵春歌散晚霞。

东郊过去是一望无际的荒草地，是放牧的天然牧场。林冲的草料场、山神庙的传说，陆谦村、富安场的地名就在这周边地区。

南浦渔歌

沟港纵横接大河，鸬鹚小艇泛烟波。
声声踏板吆歌处，渔税难完怎揭锅。

在白驹周围有很多纵横交错的河沟港湾与串场河相连，是捕鱼捞虾的好地方，特别是串场河在白驹南三里窑附近有横截大河的鱼簖，这该是“南浦渔歌”一景的特殊条件，白驹有“水浒气”。

苏桥晚笛

苏桥何处已朦胧，疑是青气气若虹。
仿佛凤凰明月下，声声袅袅怨秋风。

苏桥想必是从苏州迁来的一户苏姓人家，以姓命名。

梵寺晨钟

天龙八部礼莲台，四大金刚亦伟哉！
三世十方真亦幻，钟声警得几人回。

白驹有梵寺两处：北宝寺，俗称北寺；延庆禅寺，俗称南寺。南寺较小，北寺是正宗禅林，相传施耐庵年轻时在此读过书，年老时在此教过书。“梵寺晨钟”即是指北宝寺的钟声。

范堤烟柳

碧柳依依拂晓风，古堤逶迤去如龙。

先忧后乐人何在？棠咏千秋忆范公。

范公堤，为北宋范仲淹所筑。宋代天禧年间（1017—1021），范仲淹刚过而立之年，调任泰州西溪(今东台)盐仓监。宋天圣年间(1023—1031)，沿海捍海堰久废，海潮侵袭民田，范仲淹满怀“有益天下之心”上书泰州知州张纶，建议急速修复捍海堰，以救万民之灾。张纶举范仲淹为兴化县令，天圣二年（1024），范仲淹征集兵夫四万余人兴筑海堰，时值隆冬，雪雨连旬，潮势汹涌，拍岸而来，民夫因惊慌失措，四处逃散而陷入泥泞中淹死二百余人。有人趁机上书朝廷，反对修堰，于是朝廷决定暂行停工，并派淮南转运使胡令仪到泰州查勘实情。胡令仪系河南开封人，曾于宋代淳化、至道年间（990—997）任如皋县令，深知古捍海堰年久失修，农田、盐灶和百姓生命财产难以保障。察看后，胡令仪与张纶联名奏明朝廷，获准继续开工。后来人们不忘范仲淹的首倡和实际促成之功，将阜宁至吕四的海堤统称为范公堤。至今范公堤（即204国道）虽失却其捍海之能，但范公堤和范仲淹及他的千古名言“先天下之忧而忧，后天下之乐而乐”已永载史册，流芳百世。在施耐庵的时代，范公堤巍然屹立，所以《水浒传》楔子中就写到了范仲淹，这是在家乡作过贡献的历史人物。

白驹原有三贤祠，是祭祀范仲淹、张纶、胡令仪的。

牛闸寒潮

拦洪巨闸镇汪洋，闸口宁容水势张？
圻卤已随人世改，尚留十孔证沧桑。

白驹防潮闸共有两处，南北各五孔，连同北闸口共十一孔，多建于明代，称牛闸者，闸桥坚牢可以行牛，而一般小木桥由于不胜牛重，只能使牛从旁涉水而过。过去的牛闸可防海水倒灌，今日此闸已经成为历史文物了。

施耐庵就是隐居于此著述《水浒传》的。

施氏宗祠门联："吴兴绵世泽，楚水封明禋"，说的是从湖州吴兴郡而来，在楚州（淮安）聚土筑坟而祭祀，道出了施氏家族播迁繁衍的轨迹。淮安区志介绍的风景点有蓼儿洼，位于楚州南门外城南村一带。每当秋季，此处长满红梗绿叶的蓼草，枝蔓延伸，一棵、一簇，串串蓼穗上红白色小花次第开放，更有当年蓼儿洼"红瑟瑟满目蓼花"的景象。蓼儿洼的东北部紧靠淮城巽关，那里人烟稀少，大片是贫瘠低洼的荒地，俗称"大洼子"。大洼内，原为官家的坟地，坟地中有几座高大的坟墓，所处位置地势高爽，是一块"风水地"，相传那几座高大的坟墓，就是宋江、李逵等四义士的冢穴。施耐庵流寓淮安西门土地祠后，在《水浒传》中有意多次点出"楚州南门外有个去处，地名唤做蓼儿洼……俨然似水浒寨一般。""楚州南门外，有个蓼儿洼，风景不以为意，与梁山泊无异。"这个小环境是今楚州区的南门，大环境是楚水之南的兴化、大丰一带。这也是大丰市白驹镇施氏宗祠门联所说"吴兴绵世泽，楚水封明禋"的缘故。

《水浒传》中有白驹语言的遗存，这主要是谚语、歇后语、江淮方言等。比如歇后语:“林冲到了野猪林——绝处逢生”，“梁山的军师——吴用”等。《大宋宣和遗事》中称吴学究，不叫吴用，施耐庵参加张士诚起义军为军师，但好多建议未被张士诚采纳，施耐庵自感军师也无用。此歇后语仅流行于白驹镇周围，以及在张士诚起义流经地带，是值得玩味的。

二、参与战事

公元一二七一年，忽必烈大汗率蒙古军队灭掉了建国三百二十年的宋王朝，建立了横跨亚欧大陆，面积约三千万平方公里版图的元朝帝国。元朝帝国最高元首大汗——忽必烈，把原属于西夏、金、宋、大理国的土地和蒙古本土合并，重新区划为腹里中书省、辽阳等处行中书省、河南江北等处行中书省、陕西等处行中书省、四川等处行中书省、江浙等处行中书省、云南诸路行中书省、湖广等处行中书省、甘肃等处行中书省、岭北等处行中书省、江西行省十一个行政地区。

元灭宋后，大量圈占土地，辟耕为牧，而元朝官员的贪污腐败与他们当初的武功一样空前绝后。元世祖多次发动对外战争，军费浩大，财政困难，于是任命一批刮钱能手做大臣，专事搜刮民财，增加赋税，卖官鬻爵，盘剥百姓，造成贪污腐化的政治风气。大官吃小官，小官吃百姓。民谣说：

解贼一金并一鼓，迎官两鼓一声锣，
金鼓看来都一样，官人与贼不争多。

元代末年，皇帝昏庸，朝纲不振。蒙汉地主统治集团骄奢淫逸，封建剥削沉重残酷，社会矛盾复杂尖锐，把老百姓逼上了反抗之路。当时流传的一阕小令《醉太平》唱道：“堂堂大元，奸佞当权，开河变钞祸根源，惹红巾万千。官法滥，刑法重，黎民怨。人吃人，钞买钞，何曾见？贼做官，官做贼，混贤愚，哀哉可怜。”

于是，各地农民起义军此起彼伏，特别是著名的红巾军起义，最终敲响了元朝统治的丧钟。

张士诚的起义军是众多农民起义军中的一支劲旅。张士诚出生于今大丰市西团镇黄浦村张家墩（古属泰州白驹场境内）的一个盐民家庭，他从小酷爱武艺，膂力过人，与弟弟士义、士德、士信以运盐为业，养家糊口，虽然家境贫困，却轻财仗义，乐善好施。白驹场的盐警常对士诚兄弟及盐民们敲诈勒索，百般刁难，盐民们无不切齿痛恨。

白驹场有歌谣《灶民苦》：

灶民苦，传自古。
凄风苦雨没其身，
灶实无烟虚其肚，
翻悲尽室葬水浒。

“水浒”，水边也！

元至正十三年（1353）前后，大江南北，农民起义风起云涌。元朝统治者处在风雨飘摇之中。白驹场张士诚率领盐民起义，流寓江淮经商、著书的罗贯中对施耐庵说：“张士诚在这儿招贤纳士，先生尊意如何？”

施耐庵听了，轻轻叹了一口气说：“当今乱世之秋，群雄四起，逐鹿中原，尚不知鹿死谁手。我虽然痛恨胡虏，但对仕途早已心灰意懒。”

一番话，更坚定了罗贯中像司马迁那样著书立说、不走仕宦道路的决心，于是他严肃地说：“先生的教诲，学生永远铭刻在心。”

师生正在促膝谈心，一个武将打扮的大汉笑嘻嘻地跨进门来，施耐庵定睛一看，惊呼道：“啊，我的老表弟光临，难得难得！”便让罗贯中告诉申氏，准备酒饭招待。

来人姓卞，名元亨，原是南宋参知政事卞济之的孙子、卞仕震的儿子。他武艺高强，曾经在东海边赤手空拳打死过猛虎，为人又十分直爽，讲究信义。施耐庵赴京赶考那年，还取道扬州，看望过卞元亨。不想一别已是几年了，今日见面，两人显得格外高兴。施耐庵问明卞元亨在白驹场参加了张士诚的起义部队，并已成为其得力部将，感到十分高兴。

谈了一会儿，卞元亨直截了当地说：“目下张士诚正招贤纳士，筹兴邦宏图。表兄博学多才，文武兼备，正是建功立业的极好机会，何不出山辅佐吴王，荣立开国元勋之功呢！”

施耐庵知道了卞元亨的来意，便笑着说：“贤弟你身披战甲，驰骋疆场，愿为百姓出力，生死在所不惜，可敬可佩。但愚兄没有济世之才，实难从命！”

卞元亨十分敬重施耐庵的持重、刚直，一看施耐庵不想出山，也就不便再提及。当日，卞元亨受到了施耐庵夫妇的盛情款待，带着酒兴，回去了。

第二天，卞元亨进宫，还是向张士诚陈述了施耐庵的博学和才智，主张任用施耐庵，共图大业。张士诚虽不通文墨，但也十分懂得，要建国兴邦，没有施耐庵这号人是不可能的。便高兴地学起刘备的“三顾茅庐”来，也身穿便服步行来到施耐庵家中。张士诚径直闯入书房，见施耐庵正在埋头写作，便自我介绍后，劝说起施耐庵来：“大丈夫为何不趁乱世之际，建立奇功，以创大业，却闭门舞文弄墨？先生不觉得这是在虚度年华吗？”

施耐庵谦和地笑着说道：“在下胸中并无文墨可言，不过练笔消遣时光而已，怎比得大王你豪气横溢，威震四方呢！”

张士诚听了，高兴地说道：“先生不必为谦谦君子，我专程造访，请先生出山助我一臂之力。”

施耐庵见张士诚开诚布公，便婉言推让：“大王如此礼贤下士，我当感激流涕，但……”

“如有要求，但说不妨。”张士诚自信地打断了施耐庵的话，又接着说，“古人曾将‘三顾茅庐’传为佳话，我步行到这儿来求贤，不也是顺理成章的吗？”

“大王盛情施某铭记在怀。”施耐庵停了停，不得不亮出自己的主见来，“壮士立功，贤臣保主，历来如此。可是我算不了什么，文不能安邦，武不能定国。且因家中多变，不易脱身，实难服侍大王，请大王明察。”说完，施耐庵深作一揖，微笑着再也不语。

张士诚万万没想到施耐庵如此对待他，顿时面带怒色，拂袖而去。

过了几天，卞元亨又一次来到施耐庵家，仍有劝他辅佐张士诚的意思。施耐庵着实有些感动。说心里话，他是支持张士诚造反的，说：“我有一纸，请表弟带给吴王，以报他一顾之恩。还有，我的孙儿施述元，能文能武，愿送入军中，报效大王。”

卞元亨回宫，将书信呈给张士诚，张士诚看了既恼怒又欣喜，便呵斥卞元亨：“你就给我推荐了这么个古董，什么了不起的人物！不过他还是支持我的事业的。”

张士诚任命施耐庵的孙子施述元一官半职，并拨给了一班人马。现在，兴化境内仍有一个叫大营乡的地方，就是因当时施述元在这里扎营而得名的。

后来，张士诚又一次登门礼聘施耐庵出山，施耐庵被张士诚的真诚热情所感动，遂加入张士诚幕做军师。草创时期的张士诚多亏施耐庵的辅佐之功，连连取得战场大捷。

刚开始起义时，如何进军，有人劝张士诚赶紧打兴化、高邮，也有人说先打通州、泰州，占个大些的城池，好点将称王坐天下。张士诚觉得人手单薄，又没有刀枪，不敢轻举妄动，就找大将卞元亨商量。卞元亨向张士诚推荐施耐庵。张士诚向施耐庵请教刀枪不够如何攻打高邮城，施耐庵不慌不忙，密谋策划，张士诚听了连连点头称妙，赶紧派卞元亨按计去做攻城的准备工作。

第二天夜里，天空漆黑，张士诚同他的两个弟弟，各领一支人马，半夜里爬上高邮城墙头，人人手里舞一把大刀，杀声四起，那些大刀在黑夜里闪闪发光，把守城的元朝官兵吓得屁滚尿流，跑不掉的也只好跪在地上求饶。

天亮了，元军俘虏才发现：原来张士诚的部下大部分手无寸铁，每人手里只有一条毛竹扁担，扁担梢上绑着一条大鲫鱼，权当大刀。张士诚占了高邮城，打开城里的武器库，把真刀真枪发给了穷人，张士诚的队伍一下子壮大起来了。后来，张士城打了胜仗，也欢喜用刀子鱼犒劳部队，刀子鱼烧汤鲜溜溜，油煎香喷喷。

“刀子鱼”绑在毛竹扁担上当大刀是施耐庵的妙计，所以民间有歌谣传诵：

刀子鱼，当刀子，

施耐庵出的点子，
吓跑高邮的鞑子，
城头竖起张王旗子！

这是苏北地区民间将鲫鱼又叫作刀鱼、刀子鱼的来历。

揭傒斯有诗《高邮城》，诗云：

高邮城，城何长。城上种麦，城下种桑。
昔日铁不如，仿为耕种场。
但愿千万年，尽四海外为封疆。
桑阴阴，麦茫茫，终古不用城与隍。[①]

张士诚占据高邮、宝应一线后，控制了里运河，掐断了大运河的漕运，也就掐断了元王朝的经济命脉，引起了本已国库空虚的元朝廷的极度恐慌。这年九月，元顺帝诏命太师、中书右丞相脱脱统领号称百万精锐大军围剿张士诚。十一月，“旌旗累行千里，金鼓声震原野”的脱脱大军气势汹汹，直指高邮、兴化、盐城一带。

由于义军是灶户、渔民和农民，没有实战经验。虽然人员不少，但毕竟不敌正规的政府军，受挫的义军分驻在大纵湖、得胜湖两湖水寨之间，利用湖荡港汊、芦苇浅滩的复杂地形与敌周旋。被脱脱委以重任主攻兴化、盐城的是其心腹大将董抟霄，面对“芦花深处屯兵士，荷叶荫中泊战船”的两湖义军，董抟霄老谋深算，结南北芙蓉二寨，义军死伤很多。

① 见顾嗣立《元诗选》初集。

脱脱大军用全力攻高邮，城中想投降又怕朝廷不肯赦罪，正在两难间，外城又被攻破了，张士诚急得团团转，准备城破时突围下海。

正当脱脱、董抟霄踌躇满志，拟一举荡平义军之时，丞相脱脱因遭政敌弹劾，而被元顺帝颁旨罢黜。

元顺帝责怪脱脱，说他："往年征徐州，仅复一城，不久又丢掉了。这次再当统帅，劳师费财，过了三个月，还不见功效。可削去兵柄，安置淮安路，弟推御史大夫也先帖木儿安置宁夏路。如胆敢不接受命令，即时处死。"

脱脱奉命交出兵权，被押送西行，鸩死于吐蕃境上。

临阵换将，引起军心恐慌，脱脱所统之军一时四散，大部分投到红巾军。张士诚乘势组织全线反攻，大败元军。

张士诚队伍"张"字旗帜迎风招展，猎猎作响。行进队伍中歌声如潮。

天下苦人千千万，最苦是盐民。
十八扁担杀出来，盐民心连心。

天下花儿千千万，最美三月杏。
一路杏花树树开，穷汉造了反。

天下大路千千万，大河水流东。
天下穷人挺直腰，日出乌云散。

三、天枢北极

《中国小说大家施耐庵传》记载："谁谓元亡非亡于《水浒》？……张士诚，一《水浒》之产儿；……不数十年，淮南豪杰并起而亡元族矣。"

大丰市草堰镇原有一座古刹北极殿，早在唐代末期就已成殿宇格局。此殿规模宏大，山门前为飞檐琉瓦照壁，山门上嵌有白玉石横额，上镌"天枢北极"四个贴金大字，相传这凌云健笔为施耐庵所书，内供四大金刚塑像；穿过天井是正殿，中间供奉北极真武大帝，东厢供雷祖，西厢为僧房，殿后为上下两层藏经楼。

元末张士诚起义时，北极殿成了大本营，张士诚住在该殿二楼处理军机大事，并把该殿作为起义首领聚会之所。施耐庵任张士诚的军师，常常应张士诚邀请到北极殿的二楼与张士诚共谋进军路线及建国方略。

张士诚的首义之地就是北极殿。

一三五三年正月，张士诚与其弟士德、士信、士义及盐丁李伯升、潘元明、吕珍、徐义、徐志坚、蒋辉、史文炳、张天骐、潘元绍、卞元亨、莫天佑、朱暹、赵子雄、杨启宗等十八人在北极殿揭竿起义，史称"十八条扁担起义"。他们燃香结拜、歃血为盟，扯起造反大旗。聚义堂前，缭绕的香烟，摇曳的烛光，又给结拜仪式蒙上了一层神秘的宗教色彩。长方形的案几上摆设猪羊，两边还插了十八把大刀，十八只注酒的斗碗，当场杀十八只肥大的公鸡，将殷红的鸡血滴滴注入十八只酒碗中。

张士诚红光满面，目光如炬，走上点将台，声若洪钟地慷慨陈词："弟兄们，当今天下大势，盐纲混乱，元朝气数已尽。我们弟兄共举大业，与元军决一雌雄！”“官府压榨我们百姓，我们与官府势不两立！弟兄们，我们要大碗喝酒，大块吃肉，大秤分金银，成套穿绸绵。只有奋起造反，才有活路；只有奋起造反，才能出头！”

众兄弟平时与张士诚一起煎盐，一起运盐，受够了盐霸和官府的欺侮，早有造反之心，只盼着有个出头的人。今天听张士诚这么一说，无不群情激昂，摩拳擦掌，跃跃欲试。

但见：张士诚虎背熊腰，力拔山势；张士德目光深邃，英气逼人；张士义肌腱突出，血气方刚；张士信风流倜傥，潇洒健朗；李伯升侠骨仁心，豪气四射；吕珍青筋暴起，意气风发；卞元亨青年老成，稳健坚韧；莫天佑身高七尺，容貌耸拔；张天骐面如红枣，气壮如牛；杨启宗面呈酱紫，勇如金刚；潘元明擎天一柱，势如蛟龙……

十八壮士仰脖将十八碗酒一饮而尽，然后拜谒北极帝君。接着，李伯升说：“士诚哥是我们的主公，请哥哥上坐。”一把太师椅权作“御座”。一呼百应，不到一个月，队伍扩大到数万人。他们手持刀杖、扁担，杀官府、烧富家，在草堰聚集灶丁数百人攻打丁溪，被地方刘子仁武装阻击，士义中箭身亡。张士诚奋力击溃刘子仁的武装后，一不做、二不休，率领数万人的起义队伍起兵反元。

栖身白驹场的施耐庵，耳濡目染了盐民的悲欢离合，见识了一代豪杰的怒发冲冠，他不能不奋笔疾书，在《水浒传》中把张士诚农民起义隐晦曲折地写入书中，书中曾多次出现“小人姓张”“张大哥”等张姓细节。

施耐庵在《水浒传》第二回中，庄主“太公问道：‘你们是那里来？如何昏晚到此？’王进答道：‘小人姓张，原是京师人。……’”

在《水浒传》第十一回中，“那汉道：‘你不是豹子头林冲？’林冲道：‘我自姓张。’”

在《水浒传》第四十五回中，官府贴着布告，正捉拿李逵等人，而李逵不识字也正在看热闹，旱地忽律朱贵拦腰抱住，叫道："张大哥，你在这里做甚么？"等等。

如果偶然写一个假冒张姓也罢了，张三、李四、王五、曹六，但为何《水浒传》中至少七处写了张姓，而没有写其他李、王、曹等姓，说明施耐庵是有意识地将张士诚隐晦曲折地写入《水浒传》中。

在《水浒传》楔子一回中更是将"北极殿"安插在龙虎山上。《水浒传》的故事明写宋江，实写张士诚。宋江起义实际仅一两年时间，并没有《水浒传》上的十多年时间，而张士诚从起义到失败是十四年，与《水浒传》中宋江起义时间正好一样。张士诚的女婿潘元绍及其兄弟潘元明，在起义事业的关键时刻背叛了张士诚，施耐庵是站在同情张士诚起义的立场上写《水浒传》的，所以在《水浒传》第二十五、四十五回中，写潘金莲、潘巧云两个淫妇的结局都是被"挖开胸脯，抠出心肝五脏"。何以对两个潘氏女人如此狠毒？乃施耐庵影射潘氏二兄弟也。白驹镇耆老中流传一对联："紫石街前新世泽，翠屏山下旧家风。"说明家乡人民对施耐庵所塑造艺术形象的含义有所领会，而以对联形式对二潘加以鞭挞。

关于北极殿的故事，后来的人们还有一段附会，那就是东台市安丰镇也有一座建于明代中期的北极殿。现范公堤旁的安丰镇下灶村已无北极殿，只有原北极殿前的古银杏。史书说的星月桥，当是今天的北石桥，桥堍的石块是古旧的，从南石桥到北石桥正是七里长街。桥北即是古银杏，树下一石碑刻字，老百姓用红绳绕树，祭祀用的有蜡烛台、瓷瓶等，东有壁陵，陵前有香炉。银杏树二十多米高，树围二米五一，依然挺拔伟岸。

《东台掌故》记载着无心银杏树与张士诚的关系，颇具传奇色彩。

明万历二年（1574），安丰场在星月桥北（今安丰镇下灶村）修建了一座庙宇，供奉北极真武大帝，故取名北极殿。北极殿共有屋宇五十八间，分东、西两寺，东为镇龙寺，西为广福寺，其规模宏伟壮观。其中有一棵银杏树，所结白果内里无心，人人称奇。古人留下“北极殿前更奇绝，剥开果皮独无心”的佳句，经有关专家考证，此树有四百年以上的历史，但栽于何年何月，何人所栽，无确切依据，民间也众说不一，有说是当年建北极殿时栽植的，也有说为张士诚所栽。

相传在元末农民起义的角逐中，张士诚被朱元璋打得连连败退。一次，张士诚带着一支军队撤退到江北。过江后，他站立江岸，眺望江南，痛心疾首，百般悔恨，心更不甘，立誓有朝一日，还要反戈江南。为了日后能按原路打回，张士诚率部北撤途中，每到一处即栽一棵俗称长命树的白果树（银杏树），以作路标。先后在靖江、泰兴、姜堰、海安、富安等地共栽了十二棵。这天，张士诚部刚刚在安丰场的星月桥北首安营扎寨，忽然听报，明军已渡江追击而来。军营里一阵骚动，张士诚孤注一掷，鼓舞士气，奋力抗争。可接连损兵折将，又吃了败仗，身边仅剩下几十名贴身护卫。张士诚不禁自叹道：“我张士诚大势已去矣！”他自然也就无心再栽树了，但手下人还是为他在星月桥首栽下了第十三棵白果树，据说，因张士诚无心栽此树，故而此树长大后，结出的果子是无心的。

历经数百年的沧桑岁月，这棵独特的无心白果树越发挺拔，树身虽多处留有雷电烧伤的痕迹，但却依旧郁郁葱葱。

相传，刘伯温本想保张士诚的，但他看到张士诚的母亲曹氏吆赶晒谷场上的麻雀，断定张士诚成不了大器，就转而弃张保朱元璋。刘伯温会堪舆，识阴阳，认定张士诚所在的草堰是真龙宝地，一心想破掉它的风水，便在草堰掘了七十二口井，据说每口井都掘在龙爪上，开始的井水都呈鲜红色，说是龙血。可刘伯温来到北极殿后，隐隐感到这里紫气东来，知道草堰的龙气破不掉，就转而劝张士诚离开草堰，迁都苏州。獐（张）不离草（堰），草不离獐（张），獐上枯树（姑苏），十树九枯。张士诚的失败就与离开草堰大有关系了。

四、水战盐城

里下河水乡地势低洼，“四面皆高，形如釜底”，即“锅底洼”。所谓里下河地区，并不是指一条河，而是指江苏省淮河故道（苏北灌溉总渠）以南、里运河以东、范公堤以西、通扬运河以北地区。运河自淮安至长江称为里运河。因里运河简称里河，范公堤旁的串场河俗称下河，平原介于两条河道之间，故称里下河平原。盐城大部分地区就是处于里下河地区，历史上周以前为淮夷地，周时属青州，春秋时属吴，后属越，战国时属楚，秦代属东海郡。西汉初为射阳侯刘缠（即项伯）封地。汉武帝元狩四年（前119）建盐渎县，见之于文字记载的第一任县令是吴王孙权的父亲孙坚，东晋义熙十一年（417）因环城皆盐场，得名盐城。盐城是东方水城了，本身叫瓢城，浮于水上，城内就称“百河之城”。明代知县杨瑞云有诗：“盐渎不堪问，萧萧风苇间。绕城皆见水，临海不见山。”

盐城市盐都区与兴化市接壤的大纵湖是里下河地区中最大、最深的湖泊。湖略呈椭圆形，东西长六公里，南北宽五点五公里，总面积二十六点七平方公里，在盐城境内面积为十四点一四平方公里，占大纵湖总面积的百分之五十三。大纵湖距今约有近千年历史，据《盐城县志》

记载，缩头湖（后名得胜湖）、大纵湖一带为张士诚起义军所占，官府派兵进剿，起义军奋战于湖荡水乡，后南撤。《元史·董抟霄》记载：一三五四年，董抟霄“俄降枢密院判官，从丞相脱脱征高邮，分戍盐城、兴化。贼巢在大纵、得胜两湖间，凡十有二，悉剿平之一。既其地筑芙蓉寨，贼入，辄迷故道，尽杀之，自是不复敢犯”。大纵湖镇北宋庄《宋氏家谱》一九〇三年刻本也有记载。要说大纵湖得名的来历，却有了一些神话色彩，据说大纵湖身底是一座繁华的东晋城，城池下卧着一条几千年的老鳌鱼。有一年鳌鱼醒来翻了个身，顿时地动山摇，地面下陷数尺，一片汪洋，形成了湖泊，湖身东西横十五里，南北纵三十里（包括今兴化市境内的中堡南湖），后人因此取名称“大纵湖”。

大纵湖湖荡明净，湖中天光云影，月白风清，那种“天上月、水中月、意中月”，水天一色，如银白色玻璃世界，无不令人诗涌心头，歌吟喉上。“大湖秋月”是盐城古八景之一，清道光年间邑人高岑作《盐城八景诗》，其中有赞大纵湖的《大湖秋月》，诗云：

扁舟一棹泛秋波，月色平铺似画图。
红蓼花疏波滚雪，白苹叶细露凝酥。
一天星斗凉如洗，两岸人烟泼欲无。
最是夜深风浪涌，水晶盘里走龙珠。

大纵湖景色宜人，在和平岁月里，还有百里藕池、十里荷香让人流连忘返，驻足品茗，恍入瑶池仙境。而在战争年代，这里是青纱帐、芦苇荡，是开展游击战、水战的好地方。

袁吉人《耐庵小史》记载：“耐庵生于元，与张士诚部将卞元亨相友善。士诚缮甲兵，将窥伺元室，以卞元亨为先锋。”

张士诚聚合盐民参与戎事起义后，盐城巡检十分惊慌，水陆两路都作了防备。那时，盐城四周都筑有土城，城池像一只瓢，攻城颇为不便。登瀛桥在古瓢城的城西，是进出盐城的水上大门，元朝官兵加派了重兵日夜盘查过往船只。

此时的张士诚是一个爱兵如金、惜将似珠的统帅，张士诚、卞元亨请来施耐庵，商量计策。施耐庵自有一套引蛇出洞、撒网拉鱼的计划，经他一番点拨，张士诚、卞元亨都点头称妙。到了第三天，卞元亨按施耐庵的计谋，率领了一百多条船从便仓出发，顺着串场河往登瀛桥行进。船舱上面，一个个麻袋堆得很高，扎得不紧的袋口可见白盐泼洒出来。到了登瀛桥下，守桥官兵不让船只靠岸，要一条条船拢岸搜查。第一条船上，打开包来，是白花花的淮盐，放了过桥洞；第二条，打开包来，官兵都看得发呆了，原来是白灿灿的银元，还有叮叮当当的响声。他们喜出望外，争先恐后跳上船去抢银元，把几麻袋的银元背上了岸。消息传开，城里的官兵都跑过来，争着夺钱袋，抓银元，刀枪丢了一地无人管，起先，东一团、西一堆，你拖我夺，又叫又骂。后来，竟动了拳头，大打出手，有的被推下了河。

正乱作一团时，第三条、第四条、第五条……这百十条船都悄悄地靠了岸。只听得半空中一声爆竹震天响，船上千余人呐喊着冲上岸，飞快地拾起散在地上的刀枪，向那些抢钱的官兵没头没脑地砍去，没有几个人能逃出性命。

盐城巡检知道了，急忙调来卫兵去抵抗那些船民。卞元亨看来势汹汹，手一招，千余人登上船，掉头就往便仓方向跑。巡检带着卫兵登上大船跟在后面追，眼看快要追上了，卞元亨便叫船民把早已准备好的麻袋一包包地往河中心扔。巡检的船被河里的麻袋搁浅了，进退不得，很快被卞元亨团团围了起来。见盐城巡检做了落水鬼，卞元亨又率领船只回到了登瀛桥，乘势攻下了盐城。

事后，张士诚感慨地说："耐庵先生不仅精于兵法，有神出鬼没之战术，而且呼风唤雨，有天地造化之神通，得军师锦囊妙计，士诚无患矣！本万户代全体军民谢博士！"张士诚当即向施耐庵拱手抱起双拳。

施耐庵连忙还礼道："万户言重了。夫阴阳术数者，小技也，只可救一时之难，不能退万众之师。"说完与士诚再议明日之战事。

五、獐不上树

元至正十四年（1354）五月，张士诚占据高邮后，建国号曰周，自称诚王，改元天祐。

当初，张士诚与施耐庵商讨进军路线后，张士诚主张就近先攻取泰州、通州等地，然后乘胜南下，直奔苏州。施耐庵却提出了相反的见解："出师很重要，打胜了即可大长我方士气，大灭元鞑子的威风。通州、泰州诸诚，元鞑子均驻有重兵，又靠范公堤，元鞑子骑兵驰援迅速。目前，我们力量单薄，攻打这些重镇，一时恐难取胜。我主张以草堰为基地，挑选精壮弟兄，先拿下戴家窑，再招兵买马，挥师再奔兴化、高邮。那里全是水乡，元鞑子增援不便。我想西进定能取胜。"一席话，说得张士诚口服心服。

如今，西进胜利休整后，诚王"遣弟士德由通州渡江入福山港陷常熟"，张士诚的队伍一路捷报频传，踏上江南的土地，张士诚兴高采烈地说："这就是我张家的啦！"张家港由此得名。但不久朱元璋夺得天下，这张家港就不是谁能随便说的了。直到清朝康熙以后的地方志书中记载，泰州张姓在长江边上的沙地开垦，并疏浚张家埭，一九六一年江阴、常熟各自划出数个公社建立沙洲县，一九八六年设立张家港市。

张士诚率军渡江南下，势如破竹，迅速攻占了常熟、湖州、松江、常州等地，受到了江南人民的欢迎。由于张士诚的起义军锋芒针对官僚、豪绅大地主，所以当时也称他为红巾军。在破松江府之前，相传施耐庵使用舆论战编了童谣《松江谣》，童谣唱道：

满城都是火，府官四散躲。
城里无一人，红军府上坐。

张士诚的部队进入苏州，没有经过太大的战役，经济秩序没有受到大的破坏。张士诚在苏州建立政权，田赋制度沿用元朝旧制，还免除了积年欠税，并且用当年收到的田租的十分之四和库存的粟、帛救济贫民。他设立了郡劝农吏、县农尉，表明了他重视农业生产。他重视修水利，疏通了常熟白茆塘。他重视发展海外贸易，在太仓设立了市舶司。这些对发展经济十分有利。

张士诚的部队开始时是比较得人心的，但他急于称吴王，定都苏州。施耐庵得知后，立即找到张士城："听说主公意欲定都苏州？"

"是的，你以为如何？"张士诚说。

"不可，不可，主公姓张，獐（张）得草（草堰）才能活，扣在枯树（姑苏，今苏州）必死。鄙人观天时地利，认为应以草堰为基地为好，然后逐步用兵，夺取天下。现在，朱元璋采纳谋士朱升的建议'广积粮，高筑墙，缓称王'，在集庆府（今南京）招兵买马打天下，哪容得下有人在他眼皮底下称王。何况一旦称了王，名声就大了，对自己的发展不利。"

施耐庵的这些话，张士诚一点儿也听不进去。

施耐庵叹了一口气说："可惜当年项羽不听范增劝告，落得乌江自刎的下场。今天我纵有满腹经纶，奈何不遇明主，又有何用呢？"

元至正十七年（1357）秋，张士诚的大弟张士德在常州被俘，他从朱元璋的军营中写信回来，要张士诚投降元朝，抗衡朱元璋。

元王朝使者送来御酒、龙衣，张士诚为此在苏州子城内举行群臣宴会。在宴会上，文士杨维桢力谏阻止降元，用手指蘸酒，写了一首《席上作》诗：

江南岁岁烽烟起，海上年年御酒来。
如此烽烟如此酒，老夫怀抱几时开？

当时有人写诗道："御酒息烽火，龙衣降英豪。"杨维桢借用此典。

坐在杨维桢旁边的罗贯中十分赞赏，并有同感，当即依韵和了一首诗：

吴宫处处笙歌起，边邑时时羽檄来。
但闻笙歌休管檄，昌隆国运几时开？

张士诚非但不听有识之士的建议，还要加罪于杨维桢。不得已，杨维桢因此离开，罗贯中也受到了冷落。

至今，苏州北寺碑公园内耸立着一座张士诚纪功碑，此碑没有文字，只有图案。反映的是元至正十九年（1359），张士诚宴请元使伯颜的情景，上面一百一十八个人物栩栩如生，是不可多得的元代石刻艺术品。

杨维桢（1296—1370），字廉夫，号铁崖，为元末"文章巨公"。杨维桢一生以五十岁为界，前期做官，汲汲于拯时济世，卓有政绩；后期闲处，隐居于江浙一带，张士诚据姑苏，召他前往，他不肯接受官职，献上《五论》，斥其种种不当之举措。杨维桢在游河阳山内八景之一的秀峰时作诗一首，诗句中有“玉鱼金碗埋黄土”之句，施耐庵在《秋江送别》元曲中也用了“玉洗鱼”的典故。《游秀峰》诗云：

河阳山色画图开，绝壑悬崖亦壮哉。
华表不闻仙鹤语，醴泉曾引凤凰来。
玉鱼金碗埋黄土，石兽丰碑长绿苔。
独有桓桓丘陇在，秀峰相对读书台。

张士诚失败，施耐庵一直耿耿于怀，觉得自己也有一份责任。后来，施耐庵写《水浒传》时，特地依据《大宋宣和遗事》将军师“智多星”吴加亮改名叫做“吴（无）用”，意即责备自己没有能力帮助张士诚平定天下，军师也无用啊。

就这样，“梁山上的军师——吴（无）用”成了一条人们口头常说的歇后语，一直流传至今。

六、军中见闻

张士诚政权与当地知识分子保持了很好的关系。他在建立政权之初，设学士员，开弘文馆，使将士子弟和民间优秀青年入学；又设礼馆，招聘儒士。他和当时苏州许多著名知识分子有很好的交往，如元末明初有吴中四杰，他们是高启（1336—1374）、杨基（1326—1378）、徐贲（？—1379）、张羽（1333—1385），他们或多或少在元末的文学与社会舞台上，与当时在苏州称王的张士诚有过关系，想必也当与施耐庵有过联系。

高启，字季迪，号槎轩，长洲（今江苏苏州）人。因在元末隐居在吴淞青丘，故又号青丘子。著有《高青丘集》。因为他不满社会现实，所以隐居。“不问龙虎苦战斗，不管乌兔忙奔顾。”是说元末义军蜂起，争城掠地，战乱频繁，他隐居不管。有一首《筑城词》是借乐府的古调，揭露残酷的现实。“去年筑城卒，霜压城下骨；今年筑城人，汗洒城下尘。大家举杵莫住手，城高不用官军守。”元至正十六年（1356）七月张士诚攻破杭州，十九年七月，又大发浙西诸郡民众筑杭州城，民众劳累饥饿，苦不堪言。诗人用投枪匕首似的诗篇，对此进行了揭露和鞭挞。

杨基，字孟载，号眉庵。原籍嘉定（今四川乐山）人，生于吴县（今江苏苏州），曾经任过张士诚记室。著有《眉庵集》。当元末群雄并起，未知鹿死谁手，诗人以邓禹之杖策入关、孔明之高卧隆中自比，表示要择主而事，要守身如玉，其胸襟气概，绝非常人可比。他以《感怀》诗述怀。杨基在一三五六年张士诚攻下苏州自称吴王之后，曾被聘入张士诚幕府记室，后入饶介幕中，其间与高启等人有诗文之交。朱元璋平吴后，杨基因“政历问题”下放临濠（今安徽凤阳东），再迁河南开封。洪武二年放回后，一度起用为知县。三年后出任行省幕官，又因上司出事而连累落职。洪武六年（1373）又起用为山西按察使，因遭谗丢官，被罚做修城墙的苦工。杨基体弱，不胜劳役，死于南京筑城工地上。他的诗文今存入选集中的多为明初的作品，元末的作品极少。元末，他也隐居外地，情景与施耐庵差不多，唯没有看到与施耐庵的关系。有《倪云林画竹》等，多叙人间友情。

张羽，字来仪，更字附凤。祖籍浔阳（今江西九江），侨居于吴中。

工诗、擅画、能书，元末受聘于安定书院山长。

徐贲，字幼文，祖籍西蜀，徙居平江（今江苏苏州）。著有《北郭集》。张士诚据吴，辟为僚佐，谢不就，避居湖州。吴平，徙谪临濠，他与高启、杨基等交谊甚厚。

吴中四杰的共同特点，是出生于或侨居于苏州一带，又喜隐居，就是在张士诚麾下做官，对他们来说也只是混口饭吃。他们中有的在明朝开国后也曾在朱元璋手下做过事，但下场多不佳。徐贲洪武以后曾任刑部主事，迁广西参议，大军征洮、岷，坐“犒劳不时”，下狱瘐死。杨基洪武年间曾任山西按察使，后被谗夺职，死在南京筑城工地上。吴中四杰最富才华的高启遭遇最惨，因为《题宫女图》一诗得罪朱元璋，被朱元璋假借其曾为获罪处死的魏观写《上梁文》的罪名，腰斩于南京，年仅三十九岁。魏观任苏州知府，欲在张士诚王宫废基上新筑府衙，被御史张度污为“兴灭王之基，开败国之河”嫌疑而处斩。今苏州王府基的小巷，当地人称皇废基，即苏州体育场一带，这儿曾是张士诚王宫所在地，亦即张士诚的子城。

尽管笔者还没有正面的一手资料介绍施耐庵与吴中四杰的交往，但施耐庵生活于苏州一带时与张士诚队伍中很多人有过联系，这段经历对撰写《水浒传》是不可或缺的。

来自施耐庵、张士诚家乡的花老爹，见多识广，与施耐庵十分投契，无话不谈。一天花老爹提着一壶酒和一条鱼，兴冲冲地来找施耐庵。施耐庵忙叫家人烹鱼炒菜，与花老爹对酌。施耐庵尝了一小块鱼，便称赞道：“好鲜！”接着打趣道：“鲤鱼跳龙门，如果都跳了龙门，我们这儿就吃不到鱼，没有口福了。”三杯酒下肚，花老爹话匣子打开了：“这是白条鱼，吴方言有称‘扁丝条’的。在水中游速很快，称‘浪里白条’。”花老爹告知，里下河水乡这种鱼极多。从鱼又谈到人，“宋朝淳熙年间，楚州义士晏先为打抱不平，杀了一名土棍，官府告罪下来，把晏先发配辽阳，途经荒山野岭，解差的得了土棍家人的好处，准备在荒郊中杀害晏先。正要动手杀的时候，被一个游方和尚救下。据说那荒山野岭的恶树林子，叫野猪林。”

“野猪林？这名字好！”

花老爹又连喝了三杯，哼起了小曲。

施耐庵说：“喝酒解解闷，还能成神仙了？”

花老爹一听就顶真起来，说：“神仙真是有，你没有碰上，被盐城张俨碰上了。他一年到头替官府送信，那差事苦透了，全靠两条腿跑。信送慢了要挨板子，弄不好还要掉脑袋。”

“当差的命就捏在官府手里嘛！”

“可后来，张俨走运了。有一次，他奉差送信到大都，足足有两三千里，又是烈日当空，眼看要误日子，只有拼命跑，他遇到一个神仙——”

花老爹又夹了一块鱼往嘴里送，看看酒杯，酒杯空了，提起酒壶，酒壶也空了。

施耐庵才发现自己听得入神，忙从里屋搬出一坛酒，敲掉封泥，“喝吧，这是自家酿制的。”

花老爹端起杯子，呷了一口：“好酒，真是好酒！刚才讲的那个神仙，看张俨跑得苦，就给张俨腿上缚了纸画的马，教了几句口诀，说来也怪，顿时张俨感到身轻如燕，逢山过山，逢水过水，毫不费力，一天就走了八百里，当天就到了大都。扳开手指一算也提前了三四天，哈哈！”

施耐庵听了这样有趣的故事，深深思索起来，忽然脱口而出：“真是神行太保！”

“对，后来人家就叫他神行太保。”

说话间已是月挂树梢。花老爹酒已酣，起身告辞。施耐庵送别花老爹，趁着酒兴，铺纸写下“鲁智深大闹野猪林”、“梁山泊戴宗传假信”两回目。

张士诚在苏州建立政权后积极兴修水利，提倡养蚕煮茧，发展农桑，如农民兴垦，免赋一年；繁荣经济，发展工商业，兴办手工业和纺织工业，在发展社会生产力上起到过进步作用。但不久便割据称王、偏安江南，热衷于建立一个封建小王朝。①

于是立省院六部百司，建万岁阁，设枢密院，开弘文馆。一三六三年，张士诚又自称吴王，王府由承天寺迁入吴宫②，并对封建地主采取庇护、利用和勾结的政策。同时，与历代称王的皇帝一样“懈于政事”，把政务大权交给了他的弟弟张士信。张士信则昏庸无能，名义上为丞相，实际大权旁落在黄敬夫、蔡彦文和叶德新三个奸臣手中，当时民谣就说：“丞相做事业，专用黄菜叶，一朝西风起，干瘪！”

应该说，张士诚本人的品德还可以，当时著名的文人杨维桢在给张士诚的信中这样评论他：“以阁下之所为，有今日不可及者四：兵不嗜杀，一也；闻善言则拜，二也；俭于自奉，三也；厚给吏禄而奸贪必诛，四也。”但张士诚的缺点也是明显的。他胸无大志，满足于占领了江南这一富庶之地，很少管理政事。他待人宽厚，对下属的腐败行为也听之任

① 《明史·张士诚传》记载：“士诚为人，外迟重寡言，似有器量，而实无远图。既据有吴中，吴承平久。将帅亦渐奢纵，怠于政事”。清代徐渭仁《徐鋆所绘水浒一百单八将图题跋》记载：“罗贯中客伪吴，欲讽士诚，续成为百二十回。……当至正失驭，甚于赵宋；士诚跳梁，剧于宋江。”

② 吴宫，即原吴王夫差的宫址。

之，打了败仗不仅不追究，还照升官不误。所以，杨维桢批评他说："阁下信佞为忠，则臣有靳尚者用矣；信诈为直，则臣有赵高者用矣；信贪虐为廉良，则蹠、蹻者进，随、夷者退矣。……是非一谬，黑白俱紊，天下何自而治乎！"这已预见了张士诚集团的失败。

杨维桢《蔡叶行》诗云：

刺佞幸臣蔡文、叶德。张氏亡国，由大弟，致此，实由二佞。丁未春，二佞伏诛于台城、风干其尸于秤刑者一月。

君不见伪吴兄弟四六七，十年强兵富金谷。
大兄垂旒不下堂，小弟秉钧独当国。
山阴蔡药师，云阳叶星卜，
朝坐白玉堂，暮宿黄金屋。
文不谈周召，武不论颇牧。
机务托腹心，边策凭耳目。
弄臣什什引膝前，骨鲠孤孤内囚牿。
去年东台杀普化，今年南垣杀铁木。
凤陵剖棺取含珠，鲸海刮商劫沉玉。
粥官随在进妖艳，笼货无时满坑谷。
西风卷地来，六郡下破竹。
朽索不御六马奔，腐木那支五楼覆。
大越先罪魁，余殃尽孥戮。
寄谢悠悠佞幸儿，福不盈眦祸连族。
何如其门市，卖药卖卜，饿死亦足。[①]

① 《杨维桢诗集》，浙江古籍出版社 1994 年 12 月第 1 版第 309 页。

从杨维桢此诗可见佞臣蔡彦文、叶德新的丑恶嘴脸。

“江南首富”沈万三，替张士诚大造王府宫殿，扩建前代有名的景云楼和齐云楼，让张士诚同他的娇妻美妾住在里面寻欢作乐。又在城东桐芳巷建造了香桐和芳蕙两座楼阁，里面住着张士诚最宠爱的两个美女——香香和珍珍。御花苑里日日灯红酒绿，马嘶人喊，群魔乱舞，张士诚整日整夜沉迷其中，身处在娇娇滴滴的声调、甜甜蜜蜜的话语、拉拉扯扯的动作之中，不问军情大事，这样把卞元亨和施耐庵给急坏了。

施耐庵说：“色腐无志人，虫蛀病体脚。首领志天下，大树挺天立！”一天，卞元亨找施耐庵商量，如何才能使张士诚回头。施耐庵想了一计，并对卞元亨比画了一下，卞元亨心领神会，忙叫自己的几个心腹将官去按计行事。过了几天，卞元亨闯进御花苑禀告军情，请张士诚亲去督战。到了军营，卞元亨又强留他住了两天。张士诚一回到苏州，马不停蹄来到御花苑。老总管见张士诚回来，抖抖颤颤地上前启奏：“大事不好！这两天夜里，后花园听到狐狸的叫声，今早起来，不见了两位娘娘，四处寻找那只死狐狸，地上都是鲜血……”张士诚听了，十分纳闷：好端端两个如花似玉的美人，难道会是狐狸精吗？他赶紧派人请来施耐庵，叫他卜问这事的吉凶。施耐庵双手合十对张士诚说：

“恭贺主上，神明保佑，此二女乃百年狐精，已被天神剑斩，从今祛邪消灾，主上可率领将士南征北战，早成大业。”

施耐庵见张士诚并不高兴，只好起身告辞。

“捉双娇，治色症”。香香和珍珍这两个美女哪里去了？原来，卞元亨按照施耐庵的妙计，派人捉了两只狐狸，夜里带到后花园吼叫，第二天夜里一刀一只，杀死后丢在假山上。同时，用迷魂香熏倒两个美女，将她们两人连夜送到了外地乡下。这两人原是良家妇女，是被征送到王府里的，离开御花苑也是很高兴的。

七、秋江送别

马蹄声声，江风拂拂。

由于张士诚部队政治腐化、生活堕落，也就不可避免地导致了军事失败，官兵们“步骑不敢出，舟师不敢溯大江”，面对朱元璋军事力量的逐步强大，张士诚为了借元朝的力量保住自己的荣华富贵，便派人到元朝请降，甘心向元朝统治者称臣。

一三六三年九月，鲁渊、刘亮谏阻张士诚称王不听后，辞官出走。

施耐庵与好友鲁渊、刘亮相识相知在张士诚军中五年，如今战友离别，心情难抑，离愁别绪，百感交集。

在许恕家的沧江别墅之中，施耐庵吟诵李易安的《声声慢》：

> 寻寻觅觅，冷冷清清，凄凄惨惨戚戚。乍暖还寒时候，最难将息。三杯两盏淡酒，怎敌他晓来风急。雁过也，正伤心，却是旧时相识。
>
> 满地黄花堆积，憔悴损，如今有谁堪摘？守着窗儿，独自怎生得黑！梧桐更兼细雨，到黄昏点点滴滴；这次第，怎一个愁字了得？

并写道：“李易安《秋词·声声慢》，起头七字连叠，以一妇人，能自创意出奇，此乃公孙大娘舞剑手也。吾等男儿，今在秋江却亦别种愁绪满怀，昂藏丈夫勿学莺莺燕燕都一泻而出。虽然字无重叠，却亦错落如珠。”

施耐庵毕竟是熟读经史的，“覆巢之下，岂有完卵”这句话他深有体悟。如今鲁渊、刘亮要辞官而去，他赋诗相赠送别。“兵败如山倒，家败如决堤。”他自己同样看不到希望，也欲出走。

“我乃子安，读王子安有诗《秋江送别》，我也一阕同名套曲。”在长江边上，施耐庵遂作《秋江送别·即赠鲁渊道原、刘亮明甫》[①]散曲一首：

［**新水令**］

西窗一夜雨濛濛，把征人归心打动。五年随断梗，千里逐飘蓬，海上孤鸿，飞倦了这黄云陇。

［**驻马听**］

落尽丹枫，莽莽长江烟长空。别情一种，江郎作赋赋难工。柳丝不为系萍踪；茶铛要煮生花梦。人懵懂，心窝醋味如潮涌。

［**沉醉东风**］

经水驿，三篙波绿；问山程，一骑桯红。恨磨穿玉洗鱼，怕唱彻琼箫风。尽抱残茗碗诗筒，你向西来我向东，好倩个青山互送。

［**折桂令**］

记当年邂逅相逢，玉树蒹葭，金菊芙蓉，应也声同。花间啸月，竹里吟风；夜听经趋来鹿洞，朝学书换去鹅笼。笑煞雕

① 施耐庵这套千古绝唱散曲《秋江送别》已被收入隋树森主编的《元曲鉴赏辞典》。

龙，愧煞雕虫。要论交白石三生，要惜别碧海千里。

［**沽美酒**］

到今日，短檠前，倒碧筒；长铗里，掣青锋，更如意敲残王处仲。唾壶痕，击成缝，蜡烛泪滴来浓。

［**太平令**］

便此后，隔钱塘南北高峰，隔不断别意离宗。长房缩地恐无功，精卫填海何有用？你到那山穷水穷，应翘着首儿望侬。莽关河，有明月相关。

［**离亭宴带歇拍煞**］

说什么草亭南面书城拥，桂堂东角琴弦弄，收拾起剑佩相从。撩乱他落日情，撩乱他浮云意，撩乱他顺风颂。这三千芥子，多做了藏愁孔。便倾尽别筵酒百壶，犹嫌未痛。那堤上柳、赠一枝；井边梧、题一叶；酒中梨、倾一瓮。低徊薜荔墙，惆怅蔷薇栊；待他日鹤书传奉，把两字儿平安，抵黄金万倍重。

——耐庵施肇瑞谱于秋灯阁

直到张士诚兵败苏州，相传施耐庵有诗咏叹：

事业生产蔡叶黄，青田杨柳怨斜阳；
空中鸣雁哀何事，纸上闻猿欲断肠。

《秋江送别》的发生地当在今张家港市的沙洲公园一带。许氏为元明间杨舍望族，在斜桥里建沧江别墅，内有沧江书舍、秋灯阁，俗称后园。又在东横河南侧建园，俗称许氏前园，今为沙洲公园。[1]

朱元璋与张士诚的最后之战是围苏州。朱元璋的部队兵临苏州城下，刘伯温在城外喊话：“张士诚投降吧，你们会饿死的！”

城内的张士诚将士得到施耐庵的锦囊妙计：让大家拿出所有的大米烧饭，再烤成饭粢，做成饭团，然后丢在外城河里，意思让城外的朱元璋看看，城里的粮食多得吃不了，许多的饭粢团被丢掉。城外果然按兵不动了。这就是施耐庵从城外带来的锦囊妙计——有名的施饭粢计。

刘伯温非常聪明，他一算城里有多少人马，有多少田地，马上识破“内中有诈”，所以集中兵力准备攻城。城内见城外没有动静，知道军师的饭粢之计败露了，士兵们马上又根据命令，在各个城头用大铁锅将做饭粢剩下的米饭，全部熬成薄粥。粥熬好后，上级又吩咐下来：“继续加火熬粥。”就是这一天，时近中午，朱元璋又发起攻势，士兵潮水般涌向城墙，城头上的士兵一齐动手，将大小锅子里的粥全部朝城墙外倒去。

这一倒不要紧，士兵们个个喊爷喊娘乱成一团，烫伤的、烫死的不计其数，朱元璋无可奈何，只好退兵十里。

苏州一战，朱元璋整整围城十个月，才最终胜利。

张士诚虽然失败了，但由于他的经济政策没有破坏江南地区商品经济发展过程，所以在他统治的十年中，这一地区一直是繁荣富庶的。一三六七年朱元璋打败了张士诚，张的政策也就全部被推翻：富豪被驱逐；赋税制度改变了南宋时期的老办法，大量增加税收；对外贸易也基本停止了。这样，商品经济的发展萎缩，富庶的江南陷入经济破产的危

---

① 参见《杨舍堡城志》。

机之中，直到一四三〇年前后明宣宗时，周忱、况钟治理江南地区，进行了经济改革，这一地区的经济才重新恢复了生机，苏州才有明代中期以后的繁荣。

张士诚从起义到失败，前后十四年时间，其势力范围大体为：北逾江淮，直抵济宁；南至绍兴，占有长江下游的富庶地区。城破前他把征收赋税的鱼鳞册全部烧毁。平江固守十月，朱元璋恨沈万三等当地人为张士诚坚决据守，取沈万三家租簿定额，格外加赋，每亩完粮七斗五升[①]。六百年来，苏州人每年农历七月三十烧九四香，民间讹为“狗屎香”，托名地藏王，谐“祭张王”，九四是张士诚的小名，七月三十是张士诚的生日。

张士诚虽然败亡了，但苏州等江南地区的人民还是怀念张士诚，至今苏州一带还把大家围在一起议论、谈话叫“讲张”。

---

① 源自《梅圃余谈》的记载：“张士诚称王，勒万三军犒资。又娶万三女为妃。”《吴门表隐》也记录：“三家村在平江路北。张士诚时，止存仰、胡、沈三姓，聚族死守娄门。”据顾颉刚考证：“沈”即沈万三。

第五章　著书劝世

一、天罡地煞

张士诚大势已去，施耐庵也只得退隐，后来到常熟河阳山。河阳山因其地处凤凰、西张、港口三镇交界处，西北至东南走向，犹如丹凤展翅，故称凤凰山。河阳山南麓有一古刹名叫永庆寺，为江南佛教名刹之一，曾与杭州灵隐寺、镇江金山寺齐名。《水浒传》中曾有“河阳风月”的说法。

永庆寺始建于东吴赤乌年间（238—250），为南朝四百八十寺之一。梁大同二年（536）侍御司陆孝本舍宅扩建，名声大振。寺内设有大雄宝殿、观音殿、三圣殿、东岳庙、文昌阁等殿堂，是佛教信众朝圣参学的圣地。寺中杨惠之彩塑，吴道子绘画的唐塑罗汉，系江南二堂半中一堂。寺内外有风景数十处，以及人称“三绝”的千年古桧、肉身菩萨和自然石井。唐天宝十二年（753）十二月，高僧鉴真和尚最后一次东渡日本，行前参礼此寺，再从黄泗浦登船东渡日本。宋初敕赐大福寺，原有内外八景。一九六八年，永庆寺全部拆除，现有青石墩和古银杏两株。

这群建筑，要算罗汉堂最有名。在五间大厅里，雕有一百零八个罗汉，罗汉列成两排，分上下两层：上层大罗汉三十六尊，比人高一点点，姿态各异，生动逼真；下层小罗汉七十二尊，比人矮一点点，喜怒动人，变化无穷。加上众罗汉背面，衬着多姿多彩的壁画，使人看了如入仙境。

那罗汉堂后的天王殿左侧便是文昌阁了，文昌阁楼两边有厢房备游客借宿之用，施耐庵就住在东厢房写过《水浒传》。文昌阁前的两棵唐桂中间，有座小石坛，石坛东边的池塘叫北潭。北潭边上摆的是黄河石，半块在水面上，半块在水下。因为施耐庵曾在这石坛上读过书，在黄河石上磨过刀，在北潭里蘸过水，后来的人们便把它的名字分别命名为施耐庵的读书坛、磨刀石、蘸水潭。

民间传说中还说过施耐庵的下酒菜，就是蘸水潭里的小鱼小虾小螺蛳，与其他地方不同，小虾是红色的，小鱼没有鳞，小螺蛳没有屁股。

一天傍晚，施耐庵从河阳集市带回一壶酒和三包下酒菜，就在石坛上吃起夜酒，因为晚上还要挑灯夜战。这三包下酒菜是盐卤大爪虾、酱醋螺蛳、油爆小白鱼。酒是河阳酒坊酿制的户部漕酒，叫“醴泉圣酒”。他看见两个小和尚，也招呼他们“一起尝尝”。小和尚说：“不不！大师父不让我们吃酒的。”“没啥关系，你家大师父正在河阳市做佛事，起码要到半夜才能回来。唉，这山上醴泉水做的酒，要送到皇城，我买了点，你们来尝尝。”

“那是御酒吗？户部酒坊造的，我们就更不能吃了。阿弥陀佛！”

小和尚再三推让。

施耐庵笑着说："吃酒不犯戒，尝尝看。再说你俩小师父天天帮我打扫房间，也该我来酬劳酬劳你俩。"

"真的，不算犯戒？"

"当然，你们大师父也常吃酒的！"

"谢谢先生了，阿弥陀佛！"两个小和尚各吃了一口酒，说，"味道比麻油汤好喝。"

施耐庵又说："这盐卤大爪虾是让塘名产，又嫩又鲜，没有血，不属荤腥，尝一只。"

"好好，阿弥陀佛！"小和尚各吃了一只，说，"味道比豆腐好吃多了！"

"来来来！这酱醋螺蛳，也是没有血的，更不是荤腥，尝一粒。"

"好好！阿弥陀佛！"小和尚各吃了一粒螺蛳，说，"味道比萝卜干鲜美！"

"来来来！这是油爆小白鱼，又香又脆。"

"好好，阿弥陀佛！"小和尚又各吃了一条小鱼，说，"真好吃，我们今生今世第一次吃到这样好吃的菜。"

施耐庵笑笑说："我每天夜里写书要点灯，你们每天能帮我带点蜡烛头，我就感激不尽了！我已吃饱，你们吃吧！"

正在这时，两个小和尚一听有咳嗽声，不好了，大师父回来了，小和尚聪明地将剩下的三包下酒菜往磨刀石边上的石缝里一塞，去迎接大师父了。

第二天清晨，两个小和尚又来打扫卫生，蹲下在石缝里一摸：啊呀，三包下酒菜不见了！再一看，大爪虾在水里一跳一跳的，身子还是红色的；小鱼在水里游来游去，就是身上没有鳞；再看看螺蛳，满身乌亮，全吸在石条上，还在爬呢，就是屁股没有了。

从此以后，小鱼、小虾、小螺蛳，在蘸水潭里繁殖后代。凡是到永庆寺进香的人，都要到这里来见识见识这些奇怪的小动物——施耐庵的下酒菜。

这民间故事有夸大的成分，但谁也挡不住人民群众对施耐庵的喜欢。

元至正二十六年（1366），明军攻克江阴。吴王张士诚伺机与明军决战，朱元璋率兵督战追至巫子门，大破张士诚。这就是有名的巫子门之战。

离开张士诚后的施耐庵，怀着著书劝世的心愿，云游四海。他原想回江北的白驹场，可他续娶的申氏夫人是平江（苏州）人，且是富家小姐出身，吃不惯苦，所以他只得选河阳山麓隐居。这里既有古寺名刹，又有河阳大集，离平江只两天水路，但地势偏僻，官府人轻易不来。

“五年随断梗，千里逐飘篷。”施耐庵还曾在河阳山麓老友徐捷家坐馆，还在江阴市祝塘徐家、华士徐家、张家港市杨舍许家、塘市陶家坐馆，一边轮流授教，一边写书劝世。

施耐庵懂天文地理，明阴阳八卦，他曾给徐家看过两块地，一块是香山（祝塘北三十里），一块是砂山（祝塘东北十多里）。香山出才子，出了个徐霞客；砂山出人丁，所以徐家人丁兴旺，现在祝塘一带的徐家就有一万多家。

在河阳山，施耐庵白天在寺门口摆摊测字，夜里关门登楼写《水浒传》。在阁楼壁上，挂了不少幅画像[①]。画像有官有民，有僧有道，其中有凶有善，有美有丑，有胖有瘦；有彪形大汉，有白面书生；有英俊少

① 参见清代邱炜萲《菽园赘谈》记载：“相传耐庵撰《水浒传》时，凭空画三十六人于壁，老少男女，不一其状，每日对之吮毫，务求刻画尽致。”

年，也有黑脸武夫，面孔与罗汉堂里的罗汉相差不多。原来是《水浒传》里的三十六天罡、七十二地煞。施耐庵常常伏案到天亮，一边写，一边还自言自语。有一天后半夜，一个小和尚出来解手，看见文昌阁楼厢房里烛火锃亮，就偷偷摸摸爬上去，从门缝往里看，只见壁上的画像仿佛都变成真人了：有的坐在桌前，施耐庵在帮他看相。小和尚突然看见一个人脸面雪白，眼睛、鼻子都在活动，吓得他从楼梯上滚下来，奔到禅房，喊醒了老和尚，一同上楼去看，可东厢房里灯光全无，施耐庵正在打呼噜，睡得很沉很香。

《水浒传》开宗明义的第一回就写了三十六天罡、七十二地煞星由神变人的过程。天罡星、地煞星都是道教信奉的神灵。施耐庵的可贵之处在于把梁山英雄说成是天上的星宿。按照封建统治阶级的宗教观，天上的星宿都是帝王将相，普通百姓是没有份的。可是《水浒传》推翻了这一“传统观念”，普通的渔夫、樵夫、仆人、泥瓦匠、狱卒、种菜园子的、开店的农妇等等，也是天上的星宿。卑贱者是天罡。罡，四正者也，罡星们分布在天上是为了使天四正八平。“罡”通“纲”，既然是上应天象，是天上的星宿下凡，又是奉九天玄女的指示，那么他们是“替天行道”，他们的事业是“天经地义”的。

二、坐馆徐家

江阴市祝塘镇在宋代时属西顺乡，古为直塘里（现称祝塘河），沿岸的芦苇塘滩，历经筑堤围墙，至宋时形成小集市，名“筑塘”，明代称筑塘市，清初建祝塘镇。祝北大宅村，相传元末明初，施耐庵因避战祸在徐麒家当塾师并写《水浒传》。[1]

江阴教育素称发达，宋初即设军学，后又创建贡院取士，庙学也规制齐备。元至元二十八年（1291），军学改为州学。知州张献、李师善、翟谅相继更新学宫，设儒学教授。大学、小学训导，蒙古字学教授。

江阴的义学[2]，始于元代。江阴的私塾[3]，也源远流长，且相当普遍。有塾师自己设塾团馆，招收附近学童入塾授业；有借会馆、公屋、宗祠聘师设塾教学；有小康人家约同邻居亲友请师教读；有官绅为子女单独延师来家坐馆。私塾学生少者三四人，多者几十人不等。一般只塾师一人，由学生供奉束脩、膳食。学生年龄、程度差距较大，由塾师个别教授。

教学分“启蒙”和“天讲”两种，讲经学文内容与义学相同。

秋天，谷物登场，祝塘大宅里徐家主人看着多得无法堆放的粮食，想到造房，同时，想到了帮他择地的测字先生。徐公决定再去找测字先生，一方面感谢指点之恩，一方面再请他择个建房吉日。

这天下午，徐公揣了些钱，打点好行装，准备启程上路。突然，屋外传来了“腾腾”的脚步声。是谁到这陌生之地来？他走出一看，来的竟是自己要找的测字先生。

徐公不由得大喜，一把拉住了施耐庵的衣袖，说：“我正要找你，你倒来了。”施耐庵笑了笑说：“你找我是想择个造房吉日是吗？可你要知道，造房最重要的还是选择一块风水宝地。”

听其言，徐公惊得睁眼傻笑。他弄不懂施耐庵是怎么知道自己心思的，只好直说：“先生真是神仙，真是神仙！”

---

① 引自《江阴市志》。

② 义学，又称义塾。

③ 私塾，又称家塾。

施耐庵蹲下身来，用树枝在地面上画了一个“乾”字，又随手从乱砖堆中翻出了块残砖，用力在黄石上摩擦了几下，表面黑灰顿消，露出了金光耀眼的黄色。

“是块铜！”徐公在一旁叫了起来。

“不，是金砖！”施耐庵将金砖往黄石上敲了几敲，发出“扑扑”之声，然后将金砖塞到了徐公手中。徐公觉得沉甸甸的，确是一块金砖。他对金砖看了一阵后还给了施耐庵：“先生，恭喜你发财！”

“你说错了。”施耐庵正经地摇了摇头，“我没福分得这金砖。这金砖是上天赐给你的。”

徐公简直不敢相信自己的耳朵，天底下竟有这样的好人，拾了金砖去送给人家！施耐庵没有多加解释，又从砖堆里拾起了几块残砖，经过摩擦，同样露出了金色，然后道：“这些金砖躺在这好久了，如果我要发财，我为什么不自己一个人来？我指点你到这里来，就是让你得到这笔财富，轰轰烈烈干一番事业，创一个新天地！”徐公没有听懂施耐庵的话中之话，只是问：“先生，这里怎么会有这些金砖的？”

施耐庵娓娓道来，讲述了金砖的故事。

元至正十六年（1356）的春天，张士诚率领起义军渡过长江，打下江阴后，紧接着向苏州挺进。

这天，张士诚行军来到一条河边。这河水清如镜，缓缓向东流淌；一个长长的土岗由此而南蜿蜒伸向河心，活像一条巨龙在默默吸水。“好一块龙地！”张士诚看着，好一阵不肯起步，“待孤王登了基，一定要在这块宝地上造一座宫殿。”

军师见他仍没动身的意思，不由得急了，便灵机一动，想了个计策：“将军，据下元亨探报，朱元璋率部也在向苏州进发，我们快些走吧，一定要抢在朱元璋之前攻进苏州。”

这话真灵。吃过朱元璋几次亏的张士诚猛地回过神来，挥鞭催马，率部向苏州方向飞奔。

不日，张士诚攻下了苏州。紧接着又攻下了松江、湖州、常州诸府。陶醉在胜利中的张士诚，做起了皇帝梦，穿起了衮龙袍，自封为吴王。做了王，就想到应该有个藏娇的后宫，因此也就想到了江阴那块宝地。在称王的第一百天，他即叫军师派兵五百，往江阴建造宫殿。

军师对张士诚急于称王本有看法，现见他又急于要造宫殿，心中十分不快，冒险劝谏："大王，目下兵荒马乱，战事未定，造宫殿之事能否暂缓？"

张士诚听了极其不悦："孤意已决，宫殿照造。"

军师无奈，只好照办，便派大将卞元亨把建造宫殿的物资日以继夜运往江阴祝塘。宫殿很快动工了。为了显示气魄，张士诚密令军师打造数百块金砖，砌进了高大的围墙。上梁之日，张士诚亲自来到了祝塘，心里乐不可支，眼前仿佛出现众宫女在翩翩起舞，一个个佳丽朝他媚笑的情景。他醉了。

就在此时，卞元亨气喘吁吁奔上岗来，"大王，不，不好了，朱元璋带领大队人马杀来了！"

张士诚自知此时不是朱元璋的对手，便跨上红鬃烈马，呼啦啦向南逃去。士兵和匠人也各自舍房逃命。

待朱元璋到时，工地上已空无一人。他心中大怒，指着即将完工的宫殿嚷道："烧！给我烧！"

徐公听罢这个故事，觉得面前的测字先生绝非凡人，忙打躬作揖，恭敬相问："请问恩人尊姓大名。"

施耐庵坦然回答："老朽施耐庵也！"

听到施耐庵三字，徐公愣住了，过了半晌回过神来，"扑通"双膝跪到地上："先生原来是施大人，小人真是有眼不识泰山！"

原来，那时的施耐庵早已名扬天下、妇孺皆知了。徐公凝视着施耐庵的苍苍白发，眼前出现他栉风沐雨辛苦测字的情景，心中一阵酸楚，道："恩人，你年岁甚高，今后不要再漂泊测字了，还是留在我这里，我一定好好侍候你。"

施耐庵说："元帝荒淫无耻，官府横征暴敛，加之灾荒连年，妖异时见，看来元室气数已尽。眼下各路英雄奋起，纷纷举起义旗，征讨元帝，创立新朝。现在已经称帝的，有以蕲水为都的徐寿辉，有以平江为首府的张士诚，有以亳州为据点的刘福通，还有威名显赫大江南北的朱元璋。乱世出英雄，你也可举义旗，同他们竞争一番，将来的天地也许是你徐家的。"

徐公惊呆了："先生，世间已有这么多英雄崛起，天地还轮得到我吗？"

施耐庵分析道："徐寿辉虽然称帝，但兵力薄弱，只能囿据一方，不久便会消融；张士诚兵强马壮，土地辽阔，但他目光短浅，缺乏一统天下的雄才；刘福通实力不小，但他眼下还以韩林儿为傀儡，而韩也在培植亲信，发展势力，难免有一场内战将使他们两败俱伤；最危险的倒是朱元璋，但眼下还是一支嫩笋，能否成器，还要经受风霜雨雪。你目前虽无一兵一卒，但你足立福地，身怀巨财，只要你有鸿鹄之志，定能创其大业。徐公，你也另树一帜吧。"

徐公看施耐庵劝得真切，说得有理，不好再推辞，便问："那，什么时期举义旗呢？"施耐庵说："目前还不能亮出旗帜，以免招来兵戎之祸。以我看，你先建一个大庄院，作为聚义之所；再广置田地，囤足粮草，招募天下贤士豪杰，待到时机成熟，再行起义。"

徐公点了点头："一切听从先生安排。"

施耐庵在祝塘的故事至今仍在流传，徐铧耕记述的童子稻治马疾的传说，与张家港流传的内容大同小异，但又有异曲同工之处。

施耐庵博古通今，还懂天文地理。他一边在徐家教书，一边当徐家的军师。徐家每年田里种什么，都凭施耐庵一句话。他吩咐多种水稻，那年必雨水充足；吩咐少种旱稻，那年必雨量稀少。

那是元至正年间的一个夏天，按照季节，该插秧了。这时，家家户启都忙着做插秧的准备。

又逢落谷育秧之时，一天中午，施耐庵来问徐公："不知徐兄今年将种植何种庄稼？"

徐公见施耐庵动问农事，微笑着说："按照往年习惯，当然是种植水稻了。"

"哦，"施耐庵沉吟了一下说，"我劝老兄还是改种其他庄稼比如荞麦为好。当然啦，还有第二策略：把粳、籼、糯稻种等量混合浸种。"

施耐庵解释说："雨水变化是有先兆的。去年中秋节未能见到月光，俗话说，中秋月亮云里拱，来年鱼虾绝煞种。再看今年，一直多霜少雾，而且在立夏时，东南天出现火烧云，还刮西北风。据此种种迹象推测，今年夏秋雨水一定偏少，很可能出现大旱。水稻生长全靠水，天旱哪儿来水？就是水稻勉强结穗了，稻粒也绝不会饱满，所以不种水稻为好。至于荞麦，那是耐旱庄稼，一旦结籽，便可收割储藏。当然，如果割童子稻也是不错的，还可治病，天大旱，人畜遭瘟，说不定它还能起大作用哩！"

徐公听了，佩服得五体投地，连声说："好好好，依先生高见，我想先种水稻，但如果干旱就割童子稻！"

"不，非但徐兄家这样，还得请你劝说乡邻也一起仿效，否则，到冬天闹起饥荒来，不光众人日子不好过，你老兄的日子也不会好过的。”

徐公非常佩服施耐庵的远见卓识，连忙点头称是。就这样，在徐家的带动下，祝塘一带这一年大多数人家照办了。

果然不出施耐庵所料，那年夏天大旱，种水稻的人家，日夜车水也无济于事。而施耐庵已嘱乡邻割青稻。不少人半信半疑，反正种田不会跟大帮，听天由命吧。而且车水也没有水，不如割个青稻。

第二年春天，朱元璋灭掉了陈友谅之后，便率兵还师南京，派徐达为大将军、常遇春为副将军，率师二十万，往苏州讨伐张士诚。

徐达部队抵达江阴，因天气干旱异常，军马一下子都得了瘟病，先是拉稀，接着便无力站立，不喝不饮，一二日后就纷纷躺下，一躺下便再也爬不起来了。几百匹战马，三五天后便都咽了气。徐达和常遇春急得无法可想，只得星夜派人往南京报告朱元璋。

朱元璋得知军情，连忙把刘伯温找来说：“先生，军马遭瘟病，不能出阵，这如何是好呢？”

刘伯温对这突如其来的军情，也感到十分伤脑筋，想了好久便说：“据臣所知，有一个叫施耐庵的人，不但精通天文地理，而且懂得医术，他的才能和见识均非一般人相比。想当初，他见元朝政治黑暗，便从钱塘挂印辞官而去，现在隐居江阴。依愚臣所见，只要寻访到施耐庵的下落，马瘟的事，也许就不难解决了。”

朱元璋听了大喜过望，立刻写信要徐达、常遇春派人在江阴地方尽力寻找施耐庵的下落。时隔一天，徐达、常遇春回报说，祝塘施耐庵于日前令当地百姓送来若干童子稻喂军马，马瘟当即消除。军马得救了，张士诚很快被打败。徐家的财库里，又增加了一笔金银财宝。

朱元璋听了十分高兴，非常敬佩施耐庵，于是与刘伯温商量道：“看来施耐庵果真是个奇才，应以厚金聘之。”

“不，他决不会因钱财而轻易出山的。”刘伯温说。

朱元璋听了颇为作难：“那可怎么办？我看还是请你辛苦一趟，务必把施先生请来。”

于是，刘伯温带着两个随从，匆匆赶到了祝塘。

施耐庵见刘伯温到来，十分高兴，倾其所有，备酒款待。席间，互诉京城话别之情。

施耐庵诚挚地说：“贤弟深得朱公信赖，将建立不朽功勋，愚兄甚是高兴。”

刘伯温听了，得意地说：“谈起朱公，确是人中豪杰，豁达大度，不贪美女，礼贤下士，可与历史上的汉高祖、唐太宗相提并论。”

“说得极是！”施耐庵频频点头，“当今元朝气数已尽，陈友谅被灭，张士诚只管割据，朱元璋得天时，占地利，有人和，朱家朝廷的建立，将是指日可待。”

“英雄所见略同，宏论有根有据！”刘伯温停了停，话锋一转，“老兄博学多才，天文地理，三教九流，无所不通，如能辅佐朱公，我敢担保，将不失封侯之位！”

施耐庵听了，不假思索地答道：“我不能与贤弟相比，你长期追随朱公左右，策划帷幄，屡建奇功，我无寸功可言，怎敢奢望封侯呢！”

刘伯温听了，微笑着拿出朱元璋的亲笔信说：“好说，好说，朱公久仰老兄大名，此次又解马瘟之危，故十分敬重于你，特令愚弟前来，请老兄出山。”

施耐庵早有所料，轻轻一笑：“承蒙朱公厚爱。我已不似在京会试时年富力强了，而是年逾花甲，老眼昏花，在祝塘苟延残喘，了却此生，已无他求矣。万望老弟回禀朱公，就说施某感恩戴德，但力不从心，不能效犬马之劳了。”

刘伯温起初满以为施耐庵不过是谦让而已，故极力相劝。施耐庵为明心迹，便指着门前不远处的一座小山说：“贤弟若能使此小山顷刻化为平地，我才能随你而去。”

“此话怎讲？”刘伯温不解地问。

“‘武力所致，不得不从。’若如此，我也只是出人而不出力矣，老弟请珍重，恕愚兄不能从命相伴，请复朱公。”

刘伯温叹了一口气，心想，怎么能用硬办法来使人屈从呢！又过了两天，看看无法说服施耐庵，便悻悻地回南京城了。

朱元璋听了刘伯温关于施耐庵说什么也不肯出山的话，心里很不愉快，认为这是施耐庵瞧不起自己，心想，“文招”不动，就用“武请”，看他还有什么办法！就这样，朱元璋暗暗有了主意。

明代杰出的旅行家、地理学家徐霞客的先人——江阴祝塘大宅里（过去称梧塍里）的徐氏，是东汉末年徐稚的后裔。徐稚为江西南昌郡人，号称“南州高士”。一世祖徐子锢在北宋末年曾任开封府尹，在金兵南侵、宋室南渡之际，带了大批“中原文献”，扈跸南来，随南宋小朝廷播迁于杭州。四世祖徐守诚在南宋宁宗庆元间曾任吴县尉，举家迁到苏州。此后散居宜兴、松江、常熟一带。元蒙入主中原后，徐守诚之子徐千十一始迁至江阴县梧塍里居住，立志“誓不仕元”，保持诗礼传家、耕读为业的南州高士之风，所以五世祖徐千十一实际上是江阴梧塍徐氏的始祖。九世祖徐麒曾以布衣应诏明廷，出使西蜀，招抚羌人。后辞官荣归故里，广置田产，成为拥有近十万亩土地、藏有数千卷书籍的富豪大家、文献巨室。从十一世祖徐颐始，到徐元献、徐经、徐洽四世皆有文名。到徐霞客的父亲十六世祖徐有勉时，虽家道已经中落，但夫妻努力经营，使“家业得以复振”。[①]

元末梧塍徐家有“文献巨室”、“书香盛家”的美称。

三、更名耐庵

大宅里东林庵原有私塾先生坐馆，但是难以镇住徐家的几位公子哥儿，谈起四书、五经、六艺，那徐家顽皮一问一答：

“何谓六艺呢？”

“六艺嘛，就是礼、乐、射、御、书、数。”

“何谓‘射’？”

“射者，就是射箭也！”

“那么就请先生教我们射箭！”

先生听了，红着脸说道：“我可不会射箭。”

“哈哈，先生不会射箭，我可善射，先生不闻‘能者为师’吗？从今日开始你拜我为师吧。”说罢大大咧咧地走出书室，索性拿起弓箭到广场上射起箭来。

这时，十几个伴读生也吵嚷着跟着走了出来。

那个先生直气得两眼发花，牙齿咬得“咯咯”响，心想，在这里还

---

① 源自《梧塍徐氏宗谱》。元末明初聘施耐庵为西席的是大宅里（即梧塍）徐家，并不是徐子锢。梧塍徐氏世系可证：徐氏一世为北宋末年开封府尹徐子锢，随宋室南渡至杭州——五世千十一，元末明初从苏州迁江阴梧塍——九世徐麒——十世徐忞——十一世徐颐——十三世徐经——十五世徐衍芳，从大宅里迁马镇湖庄里（即直砀岐）——十六世徐有勉——十七世徐弘祖即徐霞客。徐霞客故里《晴山堂石刻》所收八十八位名人的九十四篇诗文，不少是根据梧塍藏书楼所珍藏的手迹刻制。最兴旺时梧塍徐府有房屋五千零四十八间，府内水井十八口。

教得成书吗？于是拿起行李，在晚上悄悄地离开徐家走了。

徐公听说施耐庵文武全才，请施耐庵坐馆，施耐庵满口答应。因为他正想找个安静差事，以便从事写作呢！

“不知先生将何以教顽童？”徐公不放心，但又十分谦逊地问施耐庵。

“以不才之见，教人要教大义凛然，铁骨铮铮，先树人格，然后方可研究学问。”

“先生所言极是，不过犬子十分顽皮，如有冒昧之处，还望先生海涵！”

“不必客气，不才当尽力而为之。”

“那就一切拜托了。”

于是，施耐庵连妻带女一起搬到了徐家东林庵居住。

施耐庵在大宅里东林学塾，每天上午教孩子们读书写字，下午和晚上闭门潜心著《水浒传》。他的写作很是特别，写书之前先画画，把心目中的英雄一个个画成人像贴在书房壁上。每个人像服饰不同，貌相各异，手中的兵器也无一相似。人像上还标有各具个性的诨号：智多星吴用、黑旋风李逵、鼓上蚤时迁、浪里白条张顺……

书中写到哪个人物，他总要先对壁上人像凝视许久，直到这个人物在脑海中“活”了，他才落笔，写不好决不甘休。

长寿东与祝塘镇交界处有十字坝村，元末明初这里人烟稀少。坝上开有一家夫妻酒店，酒店秦老板胆小怕事，老板娘孙二娘泼辣豪放。正在祝塘大宅里徐家教书的施耐庵致力于写作小说《水浒传》，他想塑造一个见义勇为、个性泼辣、不惧权势、敢反官府的女英雄，但苦于生活中难以找到这样的人物原型，于是他经常外出走访。有一次，他散步来到十字坝，看到孙二娘与丈夫正在痛打一个欺负民女的地头蛇恶棍。施耐庵回去以后，把这个酒店写进了正创作的《水浒传》中，把地名十字坝改为十字坡。

为避朱元璋、刘伯温的造访，施耐庵隐居到江阴祝塘镇大宅里富商徐家。施耐庵自有主见，公开言明："坐馆为职，教书为业，安分守己，留在徐家。"徐家之子徐麒，字本中，号心远，是个很有才学识见的人。明洪武中期，徐麒为明太祖使蜀有功，得一品朝服，不愿为官，告老还乡。施耐庵在大宅里教书据推测是元至正二十五年至二十七年，其时徐麒六岁左右[①]。清朝光绪年间贡生奚黼恩曾为徐家写过一副对联：

读宋学士赞言高风世仰；
观施耐庵卜兆大地名扬。

上联是说明初大学士宋濂为徐家作过象赞，下联是说施耐庵为徐家卜地的事。

宋濂（1310—1381），金华府浦江人，被朱元璋誉为"开国文臣之首"，江阴徐霞客故居《晴山堂石刻》有宋濂《送徐生》碑文，叙曰："生，江上故族也。学古储今，以诗文从余。今为郡举送之京，均贡成都，诗以送之。"诗云：

文辞又睹如西京，马影凌风逐宦尘。
新都定见文翁问，为说颠毛白似银。

① 根据徐氏家谱记载，徐麒生于元至正二十一年（1361）十二月二十二日，卒于明正统十一年（1446），享年八十五岁。推测施耐庵在大宅里教书应为元至正二十五年至二十七年，其时徐麒六岁左右。

“读宋学士赞言高风世仰”，即出此典。

至于施耐庵懂地理，曾给徐家看过两块地：一块是香山，一块在砂山。香山出才子，出了徐霞客；砂山出人丁，所以徐家人丁旺。“观施耐庵卜兆大地名扬”，即出此典。一副楹联实物，将当地望族徐麒，与宋濂、施耐庵两位历史人物挂上了钩。前者有碑帖为证，当为信史。后者亦非虚言，口碑载道，有时比石碑更有力量。

施耐庵原名彦端，为什么后来又“字耐庵”呢？说起来这有一段鲜为人知的逸闻。

在今无锡市苏家弄东林小学内有一东林书院，建于宋徽宗政和元年（1111），北宋末年是福建学者杨时（号龟山先生）聚徒讲学之所。龟山有次去找著名理学家程颐和程颢老师时，适逢大雪，他站在堂前阶下一尺多深的雪地里，静候到老师午睡醒来，才入室请教，这就是“程门立雪”的历史故事。名儒杨时聚众讲学至南宋高宗建炎三年（1129），前后共十八年之久，这对于无锡一带学术的兴盛起到过一定的作用。

到元至正年间，东林书院一度废为僧庐。至于晚明一批正直的知识分子聚集东林书院讲学，议论朝政，得到朝野许多人的支持，被称为“东林党”而名噪全国，那是后话。

在元至正年间，江阴祝塘大宅里的徐家，府第规模之大，实属罕见，四府十县里都有徐家的土地，收租簿厚达九尺九寸，家丁上千，婢女上百，官府大小官员见到徐公也得礼让三分。他家祖上遗产东林庵就占地六十余亩，原有尼姑朝拜观音菩萨，为徐家祈祷之用。

施耐庵来到大宅里坐馆，徐公叫儿子徐麒拜施耐庵为师。施耐庵看这孩子长得圆脸大耳，一副聪明伶俐的样子，心中也十分欢喜。徐公亲自陪同施耐庵去看坐馆的地方，他们走到大宅里前的东林庵时，施耐庵见这里三面环水，绿树成荫，十分幽静，高兴地说："徐公，恕我无礼，不必远去了，我选定这个好地方了。"徐公一听，立刻吩咐家人将东林庵打扫干净，并将一切用具布置停当，安排施耐庵在东林庵开馆讲学。

说来，这东林庵是徐麒祖上传下来的遗产。早先，徐麒祖上在宋朝为官，因两代单传怕绝了后代，便在祝塘镇的祖茔旁建造了这座东林庵，并增加祭田六十余亩，供庵堂开支费用。等到徐公回祝塘镇时，东林庵更落得庵门紧闭，一片荒芜了。现在一整修，竟成了祝塘的一所很好的学堂。

东林庵共三进两厢。第一进仍供奉着观音等数尊佛像；第二进为十几个孩子读书的书房；第三进是孩子们的习武厅。西厢堆放着零星家什，做仓库用；东厢六间为施耐庵居室并书房。施耐庵在茶余饭后，总是喜欢漫步庵内，观赏参天古树和各种奇花异草。

自此以后，施耐庵在东林庵一边讲学，一边写书，每当闲时，常与徐公一起论诗下棋，纵谈国事，宾主相处，甚为融洽。

一次，他在书中写到石秀智杀裴如海，头陀敲木鱼"笃、笃、笃"……一下子想到了东林庵的木鱼木槌，心中疑惑不解，便趁与徐公下棋的当儿问他："徐公，你这庄院里怎会有庵，一副木鱼木槌为何像宝贝那样珍藏？"

徐公忙叫家人取来木鱼木槌，告诉施耐庵："施先生有所不知，这庵里原先住着一位老和尚，法名叫慧能，三十年前我请他住到庵里，拜佛念经，超度祖宗亡灵，保佑子孙安宁。这个慧能和尚，用心极诚，潜心念经，无所牵挂。"说着，他用手指着木鱼的凹陷处道："你看，这就是敲了三十年的结果。我常带这孩子来看，想让他们懂得，做学问就是要专心致志，日积月累，功夫不负有心人呀！"施耐庵听了，连连点头，若有所思："滴水穿石，绳锯木断啊！"

徐公走后，施耐庵又接着写。写着，写着，忽然叹了一口气："真难呀！"接着暗暗思索道："我们办事也好，写书也好，都要有慧能和尚那种专心致志和刻苦耐劳的精神才行啊！"说着快步走到案头，提笔蘸墨，写了"耐庵"两个斗大的字，贴到门楣上面，意思是告诫自己要忍得庵堂，像出家人修行一样，潜心于书室之中，排除一切干扰，写好《水浒传》。时间长了，大家都习惯地称他为"耐庵"先生。此时的施耐庵一门心思写作，其他一切诸如功名之类，都被看作是"水底之月，镜中之灯，风外飞絮，波间浮萍"。

有一次，徐公问施耐庵说，人名怎好用"庵"字呢？施耐庵说："徐公，不必大惊小怪。前辈名公，人称'中丞'的陈草庵，字彦卿，号草庵；当朝文章巨公姚燧，字端甫，号牧庵。而我彦端，又何不可以叫'耐庵'呢？"

既然施耐庵觉得这个名字好，后来徐家就干脆改称"耐庵"。这就是"耐庵"之名的由来。

四、神机妙算

施耐庵能文精武，占卜医相。民间关于三教九流的话说："一流举子二流医，三流堪舆四流推，五流丹青六流画，七僧八道九琴棋。"可见在元代，知识分子中搞阴阳五行、堪舆（卜墓卜宅）、推背之学是相当风行的。上知天文、中接人情、下通地理，也是做军师必不可少的条件。

施耐庵晚年，常出门会友，下棋聊天，吟诗作赋，谈古论今。一日，他受几个友人之邀，在茶馆讲述他潜心写《水浒传》的经历和书中的一些故事。

这时，走进一个赴京赶考的举子，他见状以为施耐庵是个占卜的先生，心想图个吉兆，讨个好“口气”，便高声唤道：“诸位且退，让我先相，能否金榜题名？说得好，本公子重重有赏。”

施耐庵见来者如此高傲，便想奚落他一下，问：“请问公子，是文举还是武举？”

“文举怎样，武举又如何？”

施耐庵答道：“观你气色人品，这次赴考，我看会是：文如智多星下凡，武似玉麒麟降生。”

举子闻之大喜。谁知众人“哗”的一声哄笑起来，举子一愣，细细一琢磨顿时垂头丧气，悻悻而去。

施耐庵说的这个对联是谜语联，那举子大概也已猜出施耐庵的言外之意了，谜底：落地（第）。

此处说说施耐庵神机妙算的思维之花三朵。

先说看天测气象。

有一天，天气炎热。施耐庵特来邵舍拜访徐捷。徐捷原是元朝末年的龙虎上将军，实不忍杀伐造反义兵，便托病告老还乡，享田园之乐了。见好友施耐庵来，忙设宴款待。酒后，施耐庵说：“今天天气很好，正好晒麦。”徐捷听了，一面叫长工们开仓，一面与施耐庵在大树下弈棋消遣。突然，从西边天空推上来一片乌云，又黑又浓，紧接着狂风四起，电光闪闪，雷声隆隆，眼看就要有暴雨了。

这时，徐捷惦记着场上的麦子，再也无心下棋。而施耐庵呢，只当没啥事，照常棋兴不减。过了一会儿，电光越来越亮，雷声越来越密，风声越来越大，天空越来越黑。徐捷棋路紊乱，着着被动。施耐庵见了，忙对徐捷说：“大将军，今日有雷无雨，麦子照晒。”

徐捷听了，苦苦笑道：“如若下雨，我就倒霉了。”

施耐庵神态自若地说：“无妨，将军不必多虑。”

果然，过了半个小时，乌云过去，狂风随即停止，太阳照样热辣辣地照着麦场。徐捷佩服地说：“施先生胜似诸葛亮‘借东风’——识天时也。”

施耐庵仰天长叹说：“只识天时不够，但失地利，无人和，大事也难成呀！”

无独有偶。再说选择祭扫日、上梁日。

施耐庵观测天象，所择祭扫日五百年中不下雨。祝塘之北、大宅里之南，有大宅徐家的坟茔。面积近百亩，林木秀美，其中所葬皆大宅徐氏之裔。每逢清明，必来扫墓。

一天，徐家太夫人对施耐庵说：“施先生呀，我女人家小脚伶仃，上坟遇到下雨十分不便，你阿可以帮我选一个好天，上坟不下雨，让我伲好干干燥燥祭扫坟墓呢？”施耐庵一听，回答说：“好的。”但转念一想：这个题目不好做啊，一年三百六十五天，哪里会年年一样呢？有旱年，有水年，一年一个样，要选个不下雨的日子倒也蛮难的。可再想想，既然答应了，就算一算吧！于是他屈指一算，说：“三月上下五百年，只有三月初十适宜，天气最好，一般年景是不下雨的，有时虽然早晨下雨，中午一定放晴的。”

从此以后，徐家立下规矩，每年逢到农历三月头上，便把外地的小辈们全喊回来，初十上午一起上坟。

大宅里原名梧塍里，徐家主公按照施耐庵的吩咐，首先营造大庄院。院址即选在张士诚建造后宫的地基上。为加快速度，他雇来了数千民工，请来了上百泥木巧匠，日夜不息，奠基砌墙，打门做窗。一切就绪，只等吉日上梁。

这天，徐公来到施耐庵暂住的东林庵，请他择上梁吉日。

施耐庵仰首闭目掐指算了片刻，道：“上梁定在十一月初七。”听到初七，徐公有些不解，谨慎谦恭地说：“先生，听人说初七为忌日，这天上梁可好？”

施耐庵笑了笑道：“我选此日，自有道理。不过，上梁之时要放八千八百八十八个特号爆竹，再加一千一百一十二副鞭炮，合成万响。”

施耐庵说得认真，徐公也就默认了。但他胸中仍然疑雾一团，愁火一腔。

初七正午，当红日移到正南方时，徐家亲自点燃了第一个炮仗，“乒——乓！”紧接着百炮齐鸣，其声震天晃地，烟雾挡日蔽空……

谁知，鞭炮声惊动了两个人。

原来，朱元璋正在江阴，听说城东有个长寿小镇，那里的老人个个红光满面，长命百岁，觉得稀奇，便同军师刘伯温换了便服，骑马前往，察看民情。

到了长寿镇，刚刚登上街心的大桥顶，突然空中传来阵阵爆竹声，循声望去，只见东南方空中烟雾弥漫，纸屑如蝗。

“主公，要不要前去看看？”刘伯温忙问。朱元璋没有言语，拨转马头，向东南方飞驰。进入祝塘地界不久，便见爆竹响处黑压压一片，数百工匠正在建房上梁，从已竖起的道道山墙看，那是一个罕见的大庄院。他俩下得马来，将马系在附近的树林里，然后两人信步向正在建造的大庄院走去。

待到靠近大庄院时，一阵西北风卷过，新宅上空倏地出现一大片乌云，云雾中隐约可见许多龇牙咧嘴的怪兽，对准新宅猛吼狂蹦，其势震心荡魄。朱元璋和刘伯温都看到了这奇景。

刘伯温知道这是一个凶兆，他掐指算一下，悄悄对朱元璋说：“今朝是绝煞之日，不宜上梁，造屋人家立刻会遭到凶报。”

此时，几个匠人手端盛满糕馒的藤箩踏上了扶梯。他们一边登高，口中一边唱道：

脚踏金梯步步高，手扶杨柳采仙桃，
仙桃落在金盘里，王母娘娘献蟠桃。

待唱完，刚好正达正梁。他们稍稳了稳身子，便把糕馒向四处抛撒。地面的人迎着糕馒接呀、抢呀、拾呀，拥来拥去，嘻嘻哈哈，一片欢腾。

欢声笑语过后，一片安然，什么凶事也没发生。刘伯温不由得狐疑起来。自己算的，过去从来没有出过差错，今日怎么不灵了呢？他忍不住来到一位穿着考究的人面前，问道：“请问，这家庄院的主人是谁？”

那人看了一下刘伯温，回答道：“在下徐某便是庄院的主人。”

刘伯温直率地问：“主家上梁，可知今日是凶多吉少的煞日？”

徐家道：“知道。”

“既知是煞日，为何还要上梁？”

“给我择日的先生说，他自有道理。”

听罢此话，刘伯温突然醒悟，今日虽是煞日，但有紫微星朱元璋驾临，可以化凶为吉，平安无事。可是那先生怎么知道朱元璋今日会到此呢？于是又道：“主家，不知先生现在哪里，我想见他一面。”

未等徐家开口，背后传来一个声音：“刘军师，我来了。”

刘伯温回头一看，是施耐庵，他欣喜若狂地快步上前：“啊，是师兄，师兄！”

刘伯温和施耐庵久别重逢，分外高兴。“师兄，我来引见一下。”刘伯温指着朱元璋想做介绍，施耐庵和徐公却已跪倒在朱元璋跟前：“山野之人，叩见大王。”

朱元璋也是聪明之人。刚才刘伯温第一次叫“师兄”时，他就知道“师兄”即是自己仰慕的施耐庵。他连忙俯身扶起施耐庵和徐公，对施耐庵说：“先生英名，如雷贯耳。孤王意欲请先生出力，不知意下如何？”

施耐庵欠了身子，道：“老朽年岁已高，目花耳聋，头脑也不中用了。你看今日徐家上梁，我糊里糊涂选了个煞日，要不是大王驾临，祸端不可设想。”

朱元璋看他老态龙钟，当是说的实话，也没再说什么。一旁的刘伯温心中却十分清楚，师兄选煞日上梁，是一局一箭三雕的绝棋：既靠朱元璋冲了凶煞之神，又用煞日驱了朱元璋对徐家的疑心，还保护了施耐庵自己。

梧塍里为何改名大宅里？相传朱元璋与刘伯温要访施耐庵出山，途经长寿镇时，朱元璋问刘伯温：“吾城该是一座城吧？”刘伯温当时也没有到过梧塍里，不知如何回答，只是沉默不语。朱元璋到了梧塍里，见是一个大宅园，笑着说：“吾城原是一处村庄大宅。”朱元璋走后没几年就在南京称帝建立明朝，徐家为追思皇帝亲临梧塍里的金口所言，把梧塍里改名为大宅里。相传施耐庵还曾赋诗一首：

此是梧塍非吾城，洪武错授大宅门。
皇令一敕无敢改，后人尊呼大宅村。

花开三朵。再说说能预测数百年后之事。

祝塘有两大望族，一族姓孔，一族姓徐。街上有一处大房子，孔、徐二姓分住，徐东孔西，日子长了，子孙多了，也就引起了房屋产权之争。自从明朝开始，直到清朝末年，整整争了五六百年。但是两家都有证据，但又都理由不充分，所以官府无法判决，以至成为悬案。

到了民国初年，我国第一波城镇化浪潮袭来，孔、徐两家又为房屋产权问题诉诸法庭。此次的判官是个细心能干的人，他接到这个案子，首先让两家拿证据。孔家说：“我家有张笔据。”于是就拿出一张笔据，上面宣判这座房屋的地址、结构、间数，最后写了由徐、孔两家合住，却没有写明这是谁家的财产。

判官拿起笔据，细细一看，这是一张元代留下的笔据，从房主来看，确是两家祖宗的名字。再一看，这张纸的执笔人是施耐庵。奇怪的是，在施耐庵名下，没有盖章，也没有画押，却画了一个朱砂红圈圈。这倒难办了，于是宣布休庭，但把这张笔据留下了。

到了晚上，判官对着笔据仔细分析，无意中发现这张笔据里面有“关目三”，朱砂红圈圈中有很小很小的小字，他拿起放大镜仔细察看，红圈圈内写着十六个细密的小字：“祝塘大宅，同居两家，子徐孔婿，终归徐脉。”判官看后，恍然大悟。原来施耐庵写笔据时无法将产权明说，但施耐庵早已料到日子长了子孙必定会因为房屋产权产生纠纷，因此，在写笔据时做了一个小机关，暗示房屋的产权归属。

第二天，判官开庭宣布：“房屋产权应该归徐家。”判官揭开谜底，孔家也无话可说，人们盛赞施耐庵料事如神，能前算五百年、后算五百年啊！

五、嫁女赠书

徐家有个伙计，姓李排行第二，人们都叫他李二。李二生得身强力壮，十分勤快，为人又诚实，常帮助施耐庵家担水或者做些其他粗重活儿。李二还十分孝敬父母，在徐家做活，总是把好吃的省下来带回去给母亲。因此施耐庵一家都很喜欢他。施耐庵的独生女施娟，也很乐意帮李二缝个补丁、钉个纽扣什么的。这样，天长日久，两人渐渐产生了感情。这些，早被申氏看在眼里，可是很为难，因为一个读书人家的女儿嫁给一个小伙计，无论如何是要受到世俗的非议。所以，申氏不敢告诉施耐庵，只是经常有意地约束女儿。李二呢，虽然也对施娟有好感，但想到自己一字不识，又是一个小伙计，人家父亲当过县太爷，癞蛤蟆怎么能吃天鹅肉呢？所以，不敢往这上面想。

一个寒冬的夜晚，施耐庵正在书房里伏案疾书，女儿施娟匆匆地闯了进来，噙着眼泪说："爹爹，东家正在责罚李二呢，您……"

"你可知道为什么？"施耐庵放下手中的笔问。

"听说……听说是为了一条狗什么的，唉，我可说不清。"

"为条狗怎能如此动怒！"

"是嘛，嗯。"施娟讷讷地说，"要不，爹爹您去看看好吗？"

"好的。"见女儿如此恳求，施耐庵随即收拾好桌上的笔墨纸砚，来到了徐家客厅。

徐公见施先生来了，连忙起身让座："先生，这么晚了，不知有何见教？"

施耐庵坐下，看了看站在旁边泪流满面的李二，说："听说徐公在责备李二，愚弟想来问个究竟。"

"叫他自己说。"徐公板着面孔，指着李二说。

"李二，你因何事冒犯东家，好生讲来。"

李二嗫嚅道："我把东家一条看门的大黄狗打死了。"

"哦，你为什么要打死大黄狗呢？"

"我妈骨头酸痛，一到冬天就不能动弹，做孩儿的实在无法可想。

听人说，人睡在狗皮上病会好一些，所以我……”

施耐庵听了，便转过身子，对徐公说：“打死黄狗确是李二的不是，但念他一片孝心，徐公看在我的面上，且饶他初次，还望包涵了。”

徐公摇了摇头，苦笑了一下，说：“哪里只是为了打狗的事！我常对他讲，为人总要安分守己，非礼莫听，非礼莫视。哼，他可好……”

徐公欲言又止，停了停又接着说：“好吧，今天施先生在这儿，就不谈了。”说完，拿出几钱碎银子递给李二，“拿回去买瓶虎骨酒给你母亲吃，睡在狗皮上，是治不好骨头疼的。”

李二只是推托不要。

“拿去吧，将来在你工钱里扣除，总行了吧！”徐公诚恳地说。

施耐庵也附和道：“东家要你拿，你就拿去吧，又何必客套呢！”

李二接过银子，一声不响地走了。

李二走后，施耐庵便问徐公：“听你的口气，李二似乎还有什么越轨行为呢！”

“哪里，这孩子为人还算老实，也很勤快，不过……”

“有话请直说吧！”施耐庵追问道。

“嗯……还是不说吧！”

“如果徐公有为难之处，为弟的当然不必相逼了。”

“哪里哪里，先生不要误会。既然这样不见外，我就不妨直说了吧。”

于是，徐公便将李二和施娟爱慕亲近的形迹说了一遍。

施耐庵听了，沉吟片刻，说道：“诚然，李二目不识丁，且为雇工，可是没有一个人生来就是强者，也没有一个人生来就是弱者。”

徐公听了频频点头。

“再说，恕我直言，当今社会是为富者不仁，为仁者不富。当然，如徐公你这样的富户，为人，恐怕是打着灯笼也难找啊！”

“施先生过奖了。”

“不，我生性不善捧场。这样吧，此事待我和内人商量一下，改日奉告。”施耐庵站起身来告辞，接着又说道，“我相信，穷人也应该有相爱的权利。”

徐公无论如何也想不到施耐庵会说出如此豁达大度、铿锵作响、感人肺腑的话来，望着施耐庵远去的背影不由得说：“施先生为人真是独树一帜呀！”

没过多久，施娟要嫁给李二的消息传遍了祝塘镇。赞扬施耐庵的人们，伸出大拇指说：“看人家施先生，到底是从苏州城里来的，多么光明磊落，就是看得起我们祝塘人！”

小伙子们听说李二要成亲了，送来了犁头和梭子，祝贺新婚夫妇日后男耕女织，发家兴旺；姑娘们知道施娟要出嫁了，送来了绣花并头鸳鸯枕，祝贺新婚夫妇相亲相爱，永不分离。

这天，施耐庵对女儿说：“儿啊！你年龄不小了，男大当婚，女大当嫁，这是人之常情。可惜你没有生身母亲为你操心，有什么办法呢？”他一边说着，一边从床头捧出了一部书稿来，颤巍巍地交给了女儿：“这是我花了毕生心血写成的一部《水浒传》。我把它作为嫁妆给你，你可带着它到平江交给书坊老板，开价三百两纹银，缺一不行。”女儿把一堆旧纸捧在手里，怪沉甸甸的。她双眉紧蹙，半信半疑。为了筹钱用，姑且上趟姑苏吧。女儿把稿件用青布包袱裹着，第二天清早，告别了老父，独自上路了。

经过了两天的长途跋涉，总算到了繁华的平江（苏州）。她按照父亲的嘱咐，找到了书坊，站在柜台前朝一个穿长袍、捧水烟筒、上了年纪的人招呼了一声：“大伯，我奉家父之命，愿将这部书稿转让给贵堂镌版付印。”施娟把包袱打开，把书稿捧到黑漆柜台上，摞成了高高的几堆。捧水烟筒的老人边吸烟边翻阅着，看到封面题签《水浒传》，撰著人施耐庵，老人眉头一皱，心里想着：“啊！此人早已名播江南，是位有才华的进士老爷啊！他有书稿，一定是部好书。我得好好计较一下才是。”于是装作漫不经心的样子问道：“姑娘，这堆废纸你要卖几个钱啊？”

施娟开口道：“临行家父再三嘱咐，非得三百两银子不脱手。”

“好大的口气！三两银子都不值。”穿长袍的咕噜噜吸着水烟，半理不理地回答。

“我要见你们的老板。”施娟说。

“老板嘛——”穿长袍的两眼滴溜溜一转，“他到沪渎（今上海）办事去了，要个把月才能回来。姑娘啊，念你路途遥远，愿意的话，可将此书留在这里，等老板回来了再作商量，免得你路上背着怪沉重的。”

施娟一听埋怨父亲，一堆旧纸能值几文钱？徒劳往返，真不合算。不如就听人家的话，寄存在这里吧！穿长袍的察言观色，笑哈哈地讲：“放心吧！我们是平江有名的书坊，会替你保管好的。”

施娟一路上饥渴劳顿，回到家里，十分懊丧。见了父亲，心中埋怨但又不好出口，只是低头不语。父亲慈祥地问道：“去后怎么样？书呢？”

“留在那里了，背来背去怪重的。”施娟继续说道，“爸爸，老板不在家，去沪渎办事了，要个把月才能回来呢！”

父亲慢吞吞地说：“我是担心那部书啊！”

“有啥放心不下的，老伙计讲‘三两银子也没人要’。到时间我去取呗！”

一个月匆匆过去了，施娟又踏上了去平江的路。

这一次打听到老板在书坊里了。姑娘定睛一看，原来就是上次捧水烟筒的老伙计啊！心中着实狐疑起来了。

老板捧出那部书，装模作样地前后翻阅，毫不在意地说："你父亲是施耐庵吗？"

"是。"

"怎么他会做出这样的事来！"

"怎么啦？"

"剽窃，不，是整部书的抄袭！"

施娟面孔脱了色："他决不会做这样的事。"

"不信，你自己瞧瞧！我书坊里早已购到一部《水浒传》了，和你父亲的毫无差异。第一回，你看；第五十九回，你看，你再看，怎么样？都是一样的吧，不仅每回相同，甚至段落、句子都一样，字数也不多不少，难为你父亲好耐心，真有毅力啊！"

天真的姑娘眼见为实，怎么抵赖呢？老板假惺惺地说："姑娘你两次长途跋涉，我上次早说过，三两银子，现在送给你做盘缠，书也不要你的，带回去吧。"

一切被蒙在鼓里的姑娘心想："父亲怎么会变得这样？说这部书给我做嫁妆，还要叫我连来两次，诳骗，好狠心啊！"于是越想越愤懑，越思越烦恼，把沉甸甸的一包袱抄袭来的"著作"，又背回了家里。

施娟见了父亲，将包袱甩在桌子上，气呼呼的。父亲问道："见到老板了吗？他怎么说的？怎么把书背回来了？"姑娘不耐烦地说："爹爹，你欺骗我。老板说这部书早有人写的了，你是抄袭人家的，从头到尾，一回不错，一字不漏，他书坊里早已购得一部，准备付印。书退回来了，瞧！还给您啦！"

施耐庵知道女儿又上了老板的当，便安慰女儿道："快去歇息吧！我知道了，委屈你了！"

过了几天，施耐庵已经写好了一篇楔子，权作引子，并在第七十回末写上两首终卷七律[①]：

成水浒题后

太平天子当中坐，清慎官员四海分。
但见肥羊宁父老，不闻嘶马动将军。
叨成礼乐为家世，欲以讴歌寄快文。
不学东南无讳日，却吟西北有浮云。

大抵人生土一丘，百年若个得齐头。
扶犁安稳尊于辇，负曝奇温胜似裘。
子建高才空号虎，庄生放达以为牛。
夜寒薄醉摇柔翰，语不惊人也便休。

施耐庵连声叫唤女儿。女儿说："爹爹，干啥？"

"你再带了这部书去平江一趟，保管你成功了回来。"

女儿连连摇头："不上你的当了！"

"不，上两次，你是受了老板的欺骗，这次去，拆穿他。你先别把书给他瞧，只问他，他早购进的《水浒传》前面有楔子没有？如果说也有，是我施某抄袭人家的；没有，他会另作别论的。"女儿犹豫起来了，父亲究竟又在搞些什么名堂？

经不住父亲的再三催促，姑娘又动身了。

这次见了老板，姑娘心中有了底。按照父亲的教导，与老板对答

① 引自清代朱骏声《如话诗抄》。

如流。最后老板看了新写的楔子，哑口无言了，知道要玩弄花招欺骗施老，犹如孙悟空翻不过如来佛的手掌心，只好乖乖地听了姑娘的开价，羞愧地捧出了三百两纹银。

姑娘办成了事，就在金阊门一带，购买了自己心爱的部分妆奁，深深地感激父亲对女儿的一片真情，恨透了书坊老板阴险狡诈的用心。①

六、三打祝庄

江阴市祝塘镇，古为直塘河（现为祝塘河）沿岸的芦苇塘滩，历经筑堤围塘，至宋时形成小集市，名“筑塘”。祝塘镇有两个大户人家，

① 参见《江苏民间文学》1980 年第 2 期丁正华搜集整理的《著书赠女》：

施耐庵安慰女儿说：“孩子，别难过，爹爹自有法子对付他。我那部稿子只写了三十六天罡，才有六十回，还算不得一部完整的书。现在既然他骗去了，我再写六十回，把七十二地煞加上去，做成一部完整的书，那他骗去的稿子仍然没有用。”

后来施耐庵果然编成了一百二十回本的《水浒传》。此《水浒传》当是江阴梅氏藏本《古本水浒》。当兵打仗，施耐庵自感是“梁山上的军师——吴用”，但是写起书来，却能移山倒海，呼风唤雨，剪纸为马，撒豆成兵。这期间，施耐庵隐居于此，从七十一回到一百二十回，一直是造反到底的《古本水浒》，由于精力有限，前七十回，一般为九千字左右一回目，而在后五十回中每回目只有约四千五百字。写完后，卷首署“东都施耐庵”，东都是扬州古称也，白驹场一带元代时主要属扬州路。文末写上一首卷尾诗：

一声惊起蛰虫眠，端是云开又见天；
雨洗千山成净土，雷鸣四海靖狼烟。
草莽失身怜赤子，太平重造有高贤；
书生挟策终何济，负曝高谈理故编。

写下这首诗是施耐庵联系自己的实践，并且有所指的，一句“草莽失身怜赤子”，暴露了施耐庵曾在张士诚军中做幕僚的经历，这个吴王张士诚乃“草头王”，是草莽出身。真是猛虎归梁山，英雄出水浒。

一是祝家庄的祝太公，一是大宅里的徐家，他们是死对头，祝、徐两家曾交兵三次。施耐庵坐馆在徐家，曾目睹祝、徐两家的恩恩怨怨。

祝朝奉祝太公六十大寿之时，他吩咐庄上每家猎户限期献出三种野味：一是天上飞的，二是地上走的，三是水里游的。每种野味都要雌雄成双。期限快要到了，猎户们只好悄悄地跑到大宅里徐家领地上去打猎。等到徐家庄客发现向主人报告，猎户们已经捕获了大量猎物，走得远远的，追也追不上。徐家派了一个管家到祝家庄去评理，被祝太公打四十大板，割掉一只耳朵，赶了出来。

徐公气得哇哇直叫，立即带领二百个庄客，手执刀棍，腰系弓箭，准备把被祝家猎去的鸡、兔、鸭抢回来。正要动手，忽听得周围树林子和芦苇丛中，几声锣响，弓箭如雨一样射过来，只见祝家庄的人马冲杀出来。庄客们措手不及，除了中箭被捉、打死打伤的，跟着徐公逃回来的人只剩下了一半。

祝家庄打了胜仗，晚上大摆筵席庆贺，还要改“筑塘”为“祝塘”，庆祝的祝。徐公恨得直咬牙，与几个师爷一商量，决定等祝家庄的人喝醉睡熟了，夜里去偷袭。约莫三更时分，徐公又选了二百个庄客，轻手轻脚，摸进祝家庄，一声呐喊就朝祝太公的屋子里冲去。哪知道，前面的人“扑通”、“扑通”都掉进了陷坑。徐公赶紧叫回头，只见四下燃起了火把，锣鼓齐鸣，徐家兵勇仓皇逃跑。

两打祝家庄都未成功，徐家主公气得生了病，躺在床上不能动。在徐家大宅东林庵坐馆的施耐庵，听到徐家两次打祝家庄都告失利，便跑去看望徐公，并给他出了第三次攻打祝家庄的主意。徐家主公一听，欢喜得病都好了，一骨碌从床上跳下来，招呼心腹庄客按施耐庵妙计行事。

祝太公祝寿的前一天傍晚，江阴城来了二十辆大车，上面装着二十瓮酒。一个县吏打扮的人进来，送上知县的书信，说是明天前来给老太公祝寿，今天先派人献上寿礼。祝太公十分高兴，连忙搬出酒肉招待这些县差。而实际上，那个县吏是徐家一个师爷装扮的，二十个瓮里都装的河水，二十名脚夫都是徐家的健壮庄客。半夜时分，他们摸到了祝太公的房间，把喝得烂醉的祝太公嘴里塞上棉花团，五花大绑捆着抬了出来，走到庄子门口，徐公早就派人埋伏在那里，两下一夹攻，把祝太公顺顺当当地劫回到大宅里。

古时的祝塘，与《水浒传》中的祝家庄差不多，有巷门庄墙，凡遇紧急情况，巷门一闭，凭着厚实的庄墙，就可以抵挡一阵子。这段恩怨被施耐庵撰写在《水浒传》“吴学究双掌连环计，宋公明三打祝家庄”一回里，至今在江阴祝塘一带的民居前有小桥、围河，可看出小说中的情形。

《水浒传》的写作成功，固然与作者的生活体验有关，同时也因为作者写作技法的成熟。作为一个完整的艺术生命体，《水浒传》不仅在单元与单元之间、板块与板块之间刚柔相济、筋脉贯通，而且需要每个单元、板块内部的因果关系和时空配置，有生机蓬勃而又绵密周到的安排和照应。作为全书的一部分，三打祝家庄是写得最有叙事神理的一个战役。所谓叙事神理，乃是作者把零散粗糙的水浒故事底本加以高度熔裁，从而贯注于其间充满灵气和妙想的理路。本来三打祝家庄的事是简略的，但施耐庵写得跌宕起伏。

让我们回顾一下三打祝家庄的场面。宋江对手的形势诚若李家庄的管家杜兴所说：“此间独龙岗前面有三座山冈，列着三个村坊：中间是祝家庄，西边是扈家庄，东边是李家庄……这三村结下生死誓愿，同心共意，但有吉凶，递相救应。”杜兴受过杨雄的恩惠，引杨雄、石秀结交李应，驰书搭救时迁不果之后，李应又在交战中中箭，于是祝、李生死盟约破裂。在三打祝家庄中，扈三娘被林冲擒获而充了人质，使扈家庄不再救应祝家庄。即是说，在空间调度中施耐庵先按捺住三庄联盟的两头，除去祝家庄的羽翼，在错落有致之中逐渐把叙事焦点集中在梁山泊与祝家庄的决战。宋江虽然削去祝家庄的两翼，但在祝家庄的两次交战中连失了杨林、邓飞诸将。吴用带着新入伙的登州提辖孙立来助战，由于孙立是祝家庄武术老师栾廷玉的同门师兄弟，又与杨林、邓飞“至爱相识”，他到祝家庄诈降，就成了东方式的特洛伊木马计了。然而孙立的入伙，有一个与宋江初打祝家庄时发生在登州的“大劫牢”的故事，就像是说书人所谓“花开两朵，各表一枝”。这是《水浒传》折扇式列传单元和群体性战役板块的穿插折叠、巧妙融合。

为人算，为己谋，人生的道路上，这一次轮到施耐庵为自己“金蝉脱壳”了。

一天，施耐庵听表弟卞元亨告知，朱元璋要礼聘施耐庵出山，施耐庵深知朱元璋是个只能共患难不能同富贵的人，于是决定远走高飞——渡江北上，返回故里泰州海陵县白驹场。他深知，说走就走也不是个办法，朱元璋是不会放过他的，所以他设了一个假墓之计。

张家港河阳山上的石头，质地坚硬，颜色乌黑，是做砚台、刻碑文的上等材料，人称阳山石。山上的永庆寺门口就有一个卖砚台的老人家，大家都称呼其为“石公公”。

傍晚时分，石公公正在吃夜饭，突然走进一个人，石公公抬头一看，原来是过去在寺门口那个摆测字摊的阴阳先生，他赶紧让座端茶，问有何事。先生手提酒壶，往桌上一放，坐定就吃起酒来，吃了一会儿，开口问：“石公公，您能刻石碑吗？”

石公公一听，原来是这般事情，于是说：“能呀，我本来就是做刻碑生意的，但是刻砚台成本轻些，而且很能来钱，所以就改行刻起了砚台。”

“哦，我想刻一块墓碑，怎么样？”

“好说好说，先生什么时候要？”

“今天夜里就要，您看来得及吗？”

“来得及，这个我都习惯了，凡是刻死人碑的总是十分着急地等着用，先生要多长的石料？要是长的、大的，我就去山上选料。”

“不必了，不要太大，尺把长的就好了。”

“哦，那我这里刚好有！”说话间石公公就从床底下翻出一块二尺七寸长的阳山石，问：“这块如何？”

先生一看，磨得很光，于是拍腿一下：“正好！正好！”

石公公问：“先生，打算怎么个刻法？”

“哦，让我把样子写在石头上吧。”说着，就用手指蘸着酱油，把字写在了石碑上。

“那落款和日期呢？”

“这石头二尺七寸，那就写至正二十七年吧。”

于是石公公拿出钢钻、铁锤，点上一支蜡烛，把火芯拨亮，就开始刻碑了。先生倒是不着急，一面喝酒吃菜，一面看着，不到一个时辰，碑的字就刻好了，先生看完，爽快地说：“不错不错，有劳石公公了。”他抱起石碑就要走，刚要转身时，说：“这石碑可做二十七块砚台，工钱料钱，壶中去拿。”说完就走了。

此时已经三更天，石公公也挺累了，看到桌子上还剩半盅酒，就一口喝掉，倒头便睡。

石公公整整睡了一天一夜，等到醒来，已经是第二天傍晚了，他立起身子，来到永庆寺里找先生，一问才知道，原来先生已经一天不见人，失踪了。石公公一想：坏了，先生约我“午中”来拿钱，现在早已过了时间，时辰一过，这账就要不到了。人都走了，我哪里去找？遂垂头丧气地回到自己的屋中，看见桌子上有一把酒壶，就火气直冒，心想：都是你害得我睡过了头。于是操起酒壶就向门外扔去，只听“当”的一声，好像不是破壶的声响，于是望向门外，打算看个究竟，没想到，地上有块闪闪发光的东西，走过去捡起来一看，原来是一锭大元宝，一算刚好是二十七只砚台钱，再一想：“午中”，按江淮方言来说，与“壶中”刚好是谐音，于是石公公开心地回屋了。

三天之后，皇城来了一群官兵，铁盔铁甲，钢刀雪亮，把永庆寺围了个里三层、外三层，说是要捉拿朝廷钦犯。石公公喜欢看热闹，一打听，原来那个测字的阴阳先生就是朝廷钦犯，心里不禁为他担心起来。

过了不多久，皇城的兵就都撤了。不明就里的石公公就围着永庆寺转起来，发现东园里刚好立着一块石碑，这碑就是当初他亲手刻的，上面写着：“施耐庵之墓”。此时石公公不由得敬佩起来，这测字先生果然厉害呀，他用了“金蝉脱壳”一计，巧妙地躲过了抓捕，高，实在是高！

在官兵中，有朱元璋的特使刘伯温带了几名卫士，他们先是来到江阴祝塘大宅里，径去东林庵。庵内阴气沉沉，笼罩着一股不祥的气氛。刘伯温连唤了几声，才从殿后走出一个管香火的老人。

“请问，施先生在哪里？”刘伯温问。

“施先生睡了。”老香火回答。

“睡在哪儿？请领我去一见。”

“他睡在河阳山地里，今生你是见不到他了。”

“什么？”刘伯温大吃一惊，“难道他——”

“他在前天死了，得的是上吐下泻的瘪螺痧。”

刘伯温顾不得进大宅里庄院去拜访徐家主公，买了些香火祭品直奔河阳山。

河阳山在大宅里东边二十里的地方，是座风光秀丽的小山。刘伯温他们到那里，已是鸟雀归巢近黄昏了。

很快，他们在永庆寺东园找到了施耐庵的墓。显然，这是一个新墓，馒头形的坟堆上没有一棵青草，坟的四周也没砌坟围，坟堆前只竖着一块“施耐庵之墓”的石碑，碑前地上飘忽着几堆纸灰。

刘伯温绕坟转了一圈，最后把目光停留在“施耐庵之墓”几个字上。看着看着，他心里暗暗笑了：“师兄啊师兄，你骗得了别人可骗不了我。你既是得急病暴死，怎来得及为自己写墓碑啊！”但他没有言穿，照样蹲下身去，点燃了香烛、纸钱……

这时，一个平头和尚来到刘伯温身边，递上了一把折扇，说道：“刘军师，天气炎热，请扇扇风吧。”

刘伯温接过扇子，打开，只见扇面上写着十六个小字：

各求各志，各行各路；
离凡离圣，离因离果。

他一眼看出，那是施耐庵写的字。原来，施耐庵算准朱元璋会派刘伯温前来，也估计到假坟瞒不了师弟，便留下一扇，请和尚转交刘伯温。刘伯温把扇子收好后，又将“施耐庵之墓”五个大字拓在纸上，吩咐卫士打道回府，向朱元璋复命。

朱元璋也非等闲之辈，听了刘伯温的汇报后，言中除了为失去一位奇才感到惋惜外，只说刘伯温路途辛苦，叫他好好歇息，自己心中却另有打算。待刘伯温离去后，朱元璋找来十名贴身卫士，叫他们速去河阳山挖坟开棺，验明真相。

到河阳山已是凌晨。卫士们悄悄潜进了永庆寺东园，来到施耐庵墓前，轻轻挖去了坟堆覆土，见穴中露出了一具白皮棺材。他们轻轻打开棺盖，里面除了半棺石灰，一无他物。为了不露踪迹，他们把坟墓又恢复了原样。

十名卫士回到平江，把挖墓情况向朱元璋作了汇报。朱元璋顿时怒火中烧，一方面恨施耐庵弄虚作假，捉弄自己；一方面恨刘伯温虚报军情，对自己不忠。霎时，他双眼喷射出两道凶残的光。

七、江边遇险

元至正二十六年（1366），朱元璋部将徐达、常遇春打下湖州、苏州，与张士诚有过瓜葛的施耐庵在江阴待不下去了。

为避战乱，施耐庵雇了小船，先将妻子申氏、二弟彦才和门人罗贯中等送往江北故里，然后设宴，向好友及徐麒之父徐公辞行。

已是午时，春天的太阳那样和煦，“得月楼”春意盎然。施耐庵邀来的徐公和众乡邻正在开怀畅饮，只听得街上一片嘈杂声，接着店小二“噔噔噔”跑上楼来，气喘吁吁地说：“不好了，朱元璋的兵打到祝塘了！”

酒酣耳热之际，众人听了，大惊失色，施耐庵便安慰众人道：“诸位休要惊慌，只管开怀畅饮，让我下楼看个究竟，便知分晓。”

说完，施耐庵向众人拱了拱手，便走下楼，来到大街上，见东街尽头有几十个兵丁正向这儿蜂拥而来，便暗自思忖：这里没有张士诚的一兵一卒，到此何干？岂不是用“武招”请我来了？现在不走，更待何时？于是他急转身，走进酒店，来到沿河的酒楼后窗口，往河里纵身一跳，水上便泛起一片涟漪，人已不见了。

约摸过了一个时辰，施耐庵从离祝塘镇五六里地的大河里走上了岸。这时，忽然听到背后一阵急促的马蹄声由远而近，回过头来仔细一看，施耐庵不禁喜出望外，来者竟是表弟卞元亨。

原来，卞元亨在苏州就看清张士诚顶不过朱元璋。不久，朱元璋重兵攻打苏州，阖闾城垣毁于兵火，张士诚一败涂地。卞元亨欲投朱元璋，又怕落得“叛主”骂名，受人耻笑，所以弃戈来祝塘寻找施耐庵共谋后路。当卞元亨来到祝塘时，正是施耐庵潜逃之际，问明情由，便沿河寻找，幸喜相遇于江边。

在江边渡口告示牌上贴着一张双红圈的告示：“捉拿逃犯施耐庵，该犯身高七尺六寸，面色白净，脸方目长，耳大鼻隆，右手指间书茧甚厚。该犯携带书箱一只，内藏《江湖豪客传》一部。沿途军士如拿获，赏银一千两，故纵者斩首，隐瞒不报者同罪。”

两人已顾不得逗留多说，就一同跨上坐骑，沿江向东，终于遇上一只小船，渡江北去。

卞元亨渡江后重新回到盐城的东溟（便仓）定居，施耐庵隐姓埋名先到了兴化。

施耐庵为什么要选择扬州路高邮州兴化县呢？

兴化地处偏僻，河湖港汊星罗棋布四周，层层环水，恰似蛛网密织，是隐居的好地方。古有“莲花六十四荡”之说，水荡之中长满荷藕莲花，若从高处看，星罗棋布的水荡像一朵盛开的大莲花。六十四个水荡，荡荡相连，间着一块块垛田。垛田大的一二亩地，小的丈把见方，大大小小一万多块，人称“万岛之乡”。百姓传说那些垛子是当年夏禹王爷治水完毕到东海施镇海神针留下的马蹄印。文人笔下写道：“沧海远环于东，珠湖回抱于西，南望大江，北指长淮，地气毓灵之会。镜中水色，出没鱼龙，虽无山麓，实阻水为固，若襟六溪带五湖，桥枕凤凰，沟盘龙虎，皆一邑之大观也。”诗云：

吾邑独少宛马来，大泽茫茫不通陆。
外人羡作桃花源，万钱争租一间屋。

故有“自古昭阳好避兵”一说，兴化又称阳山、昭阳，因战国时楚将昭阳葬于此而得名。自昭阳将军食邑以来的两千多年，历次战火很难蔓延到兴化，如果硬要数来，也就两三次：一是南北宋之交，山东梁山义军张荣转战兴化一带，打败入侵的金兵。与此同时，岳飞抗金也在这一带打过仗，张荣在马蹄印上摆“水上八卦阵”大破金兵。泰州白驹场张士诚起义也在八卦阵上抗元，八卦阵的由来、摆法、打法，三天三夜说不完。虽然夏禹王马蹄印之说类似神话，但张荣抗金、张士诚造反却是正史记载。

施耐庵与杨维桢是同年生同年卒，一生有很多共同之处。同样隐居在江南地区的杨维桢，字廉夫，诸暨（今属浙江）人[①]。元成宗元贞二年（1296），杨维桢出生于一个书香之家，十八岁那年仁宗下诏开科取士，其父杨宏命他习举子业，“俾终业至弱冠不娶”。那年是延祐元年（1314），施耐庵虚岁十九，与民间传说的施耐庵考中秀才相吻合。当时元代取士，“以古为名”，赋也就成了那时候考试的唯一体裁了。那年首科乡试时，江浙行省是以《太极图赋》为题，江西行省是以《石鼓赋》

① 杨维桢，字廉夫，初号梅花道人，又号铁崖、铁雅、铁史、铁笛道人、铁龙道人、铁冠道人、抱遗道人、梦外梦道人、梅花梦叟、东维子等。

为题，湖广行省是以《天马赋》为题，中选者的赋作随即得以广泛流传，其中有些墨卷还保存至今。元后期（1314—1368）在中央举行的科举考试也仅有十六科，总共录取进士一千一百三十九人；在地方一级举行的科举考试有十七科，乡试中选而未成进士者估计不超过三千人。杨维桢年满二十五岁以后，乡里荐举他赴考，父“敕子经不明不得举”，“为筑万卷楼铁崖山中，使读书楼上。惧性弗颛易怠，去梯，辘轳传食。积五年，贯穿经史百家”。施耐庵是延祐七年（1320）虚岁二十五时被苏州官吏于诸户内特别推荐为孝行信义。杨维桢于元泰定二年（1325）以《春秋经》举江浙乡试，翌年赴春官，赐二甲进士及第。初署天台县尹，阶承事郎，但上任仅三年就因故免官。回家隐居近四年，才改官绍兴路钱清场盐司令，“领职五年，以父忧去”。施耐庵当也于此时赐进士出身，与民间的传说大致相符。

施耐庵和杨维桢都与顾逖有过交往。元至正十九年（1359）十月，以张士诚属官松江同知顾逖召，六十四岁的杨维桢携家徙淞，授学为生，直至终老。明洪武三年（1370）正月，应诏至京师修礼乐书，“仅百日而肺疾作，乃还云间”，五月谢世，享年七十有五。在此之后，晚年的施耐庵与“旧同寅”顾逖在兴化有赠答诗。顾逖在张士诚处做官，张士诚兵败，顾逖只得回兴化隐居，于是又有与施耐庵的交往。

施耐庵与杨维桢的生活创作都受道教影响。杨维桢自称铁笛道人、铁崖仙客，正是其游心于道的一种象征。如极富神仙色彩的《奔月卮歌》，就是为他的唱和友、茅山道士张雨则赋，而在至正初年写作《大人词》揭示了“广成至道本自然，有人得之同寿域”的人生奥秘。施耐庵的《水浒传》全书笼罩着浓重的道家色彩，从道家圣地龙虎山到九天玄女庙等等。

施耐庵与杨维桢都关注乐府、元曲和小说。杨维桢风流倜傥，有妓名芙蓉，席间携金盘露酒而来，铁崖题云："芙蓉掌上金盘露。"妓即应声曰："杨柳头边铁笛风。"因为杨维桢号铁笛道人，铁崖抚掌而笑。铁崖醉心于乐府、元曲，在元末时期是文章大家。"乐府"一词，原意是指国家设立的音乐歌舞机构。宋代以后，由于词可合乐，也有人称词为乐府。至元代散曲流行，而散曲之名，实始于明代，到现代才被普遍使用。杨维桢散曲创作生涯由来已久，但现在作品仅有二十九首小令和一篇套曲，他在曲坛卓然自成一家，只是因其诗名所掩。他的套曲《吊古》是一篇流传很广、颇为后世所注目的作品，至晚明"犹脍炙人口"。元代除戏曲、散曲外，小说也取得长足的发展，以诗赋名世的杨维桢虽然志不在斯，但他对当时小说的发展也有所关注，并曾做过初步尝试。杨维桢对通俗小说给予了关注，其文曰："因延至舟中，为予说道君艮岳及秦太师事，座客倾耳听，知其腹笥有文史，无烟花脂粉。"[①] 该文作于至正二十六年（1366）二月，杨维桢在渡船上延请说书艺人说北宋末和南宋初的历史故事。所谓"道君艮岳"，当指今传《大宋宣和遗事》中的部分内容。施耐庵则以《大宋宣和遗事》为《水浒传》的先声和雏形，而创作了这部卓立千古的世界名著。

---

① 参见《东维子文集》卷六所收《送朱女士桂英演史序》。

第六章 水浒原型

一、宛若子城

一部《水浒传》纯属是以宋江起义说事，而以张士诚起义为原型和背景的。清代平步青《霞外捃屑》说:“《宋史》所载宋江事，及在江淮，不在山东。”

清光绪二十六年（1900）《寿张县志》所附梁山图，梁山地区并没有宛子城、金沙滩、石碣村、蓼儿洼和鸭嘴滩等等水浒地名。学者王利器（1911—1998）认为:“梁山泊本有其地，但梁山泊其地，未必有这样理想的内容。”是施耐庵的胸中丘壑、笔底烟云，创造出梁山泊式革命根据地的理想蓝图。施耐庵运用这些地名是与张士诚有关，与江淮地域有关，与施耐庵的生活环境有关。同时，也与宋元之际的时事政治融为一体。

关于“宛子城”。明李贤《天下一统志·怀庆府·山川》记载:“碗子城山，在府城北五十里，山势岭峻，上有古城。”明程百二《方舆胜略·河南怀庆府》记载：“太行山畔有碗子城关。”元李文蔚《燕青博鱼》杂剧第四折又作“皖子城”。其实这里所说的是“碗子城”，还是“皖子城”，均不是“宛子城”，查《辞海》，对这三个词语均无解释。其实施耐庵笔下梁山泊中心地带的“宛子城”，这个“宛”是“宛若、仿佛”之意，真实的含义是“宛若子城”。子城曾是张士诚农民起义的指挥中心，在今苏州体育场内，它的大致范围：南至十梓街，北至干将东路，东至公园路，西至锦帆路，原先四周环河。

《辞海》中只有对“子城”的解释，是指大城所属的小城，即内城或附在城垣上的瓮城或月城。“西城是开元十年张说所筑，今河水来侵，已毁其半……城南面即为水所坏，其子城犹坚牢。”①子城在苏州屹立了一千八百八十多年，自春秋至元末始终作为行政中心而存在。“子城在大城内东偏，相传亦子胥所筑”，“历汉、唐、宋比以为郡治。张士诚僭窃时为太尉府，继经败毁，城夷圮略尽”，“城四面旧有水道，所设锦帆泾也。”②子城初为吴王阖闾宫城，到元代时，子城内的建筑物有府院、厅司、兵营、教场、住宅、园林、库房、庙宇等。元末，张士诚将子城作为太尉府和吴王府，历时十年。兵败之际，张士诚妻妾登齐云楼，命人纵火自殉，将王府宫殿连同唐宋吴中胜迹齐云楼付之一炬。子城留下一片废墟，仅存南门谯楼，后仍被用作司更报时，称为鼓楼。施耐庵在《水浒传》第一回回末就写上：“直使宛子城中藏猛虎，蓼儿洼内聚飞龙。”在第五十四回回末又写道：“宛子城重添羽翼，梁山泊大破官军。”

关于金沙滩。施耐庵在《水浒传》第十一回中写道：“小喽啰把船摇开，望泊子里去奔金沙滩来。”这泊子，乃是洪泽湖的泊子原型，这

① 引自《元和郡县志·天德军》。
② 参见明王鏊《姑苏志》。

金沙滩在阜宁县一带有原型，这里是苏北平原，何来金沙？原因是长江与淮河长期的沧海桑田演变的结果。黄河水的泥沙含量特别高，洪汛期间，“每水一斗，其泥数升”。据《阜宁县志》记载：“距今六千至五千年左右，海面基本稳定，升降幅度较小，这片浅水海湾的堆积作用明显增强，长江和淮河搬运入海的大量泥沙，在海流等海洋动力条件的搬运下，在浅海湾底部逐步堆积，形成了呈西北至东南走向的岸外沙堤，又称沙冈，以西冈、东冈规模最大。西冈从阜宁县废黄河边起，向南经羊寨、喻口、冈西、龙冈、大冈，再由兴化县东、东台县西到海安青墩止。阜宁县喻口附近这条古沙堤的高程可达五米。东冈位置在今北沙、阜城、上冈、盐城市区、伍佑、刘庄一线。”如今的阜宁县有一个旅游项目是金沙湖国际沙雕艺术节，金沙湖的名称虽然是新起的，但是这里的金沙却是古老的。这里的沙冈村一带原来有大量的沙子，附近村民靠卖黄沙赚钱，留下了一个大水塘，所以现在变废为宝成了金沙湖旅游项目，十分火爆。

关于鸭嘴滩。王利器引明郑瑄《昨非庵日纂》载：“泗州蒋成屠沽于鸭嘴湖”，他疑鸭嘴湖是属于洪泽湖区域的地名。这里笔者作一点延伸阐述，洪泽湖畔类似鸭嘴滩地名的地方较多，据《洪泽湖志》记载：洪泽县高良涧，因涧水而得名，为洪泽湖重要港埠和最大港口，北与苏北灌溉总渠相通，湖渠连成一体……高良涧因扼水陆咽喉，历来为兵家必争之地。南宋抗金名将韩世忠曾率兵屯驻于此。……这里亦是野生飞禽群集和繁殖生息的理想场所，有野鸡、野鸭、獐鸡等。湖边浅水域宽广，浅滩较多，野生水生植物生长茂盛。“沙边宿鹭春犹睡，谷口飞霞晚更妍”，“水乡泽国，人间仙境”的洪泽湖，珍禽聚栖，渔舟帆影，纵览湖面，“纵目长湖水，空濛远接天”；放眼远眺，“不风还激浪，无雨亦生烟”。荡舟摇曳于芦苇荡中，不时惊起一只只鸥鸟、野鸭，惊恐地飞向大湖深处，仿佛置身于“落霞与孤鹜齐飞，秋水共长天一色”画卷之中。

宋江忠君爱国，平盗寇、御外敌，都与岳飞事迹吻合，宋江被毒死，以及身后封侯、立庙，样样与岳飞相同——岳飞初获平反时也是封侯，封为鄂王是几十年后的事。岳飞可说是典型的“水浒英雄”。岳飞的言行常常在《水浒传》中显现，并不限于宋江身上。比如：第九十一回叙田虎作乱，书中引用岳飞的名言，说乱事猖獗“因那时文官要钱，武将怕死”；第一百一十九回燕青于班师途中辞别，卢俊义回朝终被奸臣毒死，隐约道出了岳飞将梁青不归朝与岳飞被毒死狱中的故事，施耐庵还加了一句，“若燕青，可谓知进退存亡之机矣。”

岳飞的对头秦桧在《水浒传》中也露过面。《水浒传》第一百一十回点出了秦桧的名字，当时宋江听见说弟兄们对朝廷有怨言，叫他们“但有异心，先当斩我首级”。有诗为证：

> 堪羡公明志操坚，矢心忠鲠少欹偏。
> 不知当日秦长脚，可愧黄泉自刎言。

秦长脚是秦桧的诨名。

宋江在江州要被杀头，因为有人告他谋反：那正是岳飞的罪名。宋江谋反的证据是黄文炳说看见他在酒楼里题了反诗。题反诗正是岳飞的“罪证”，据最早的佚名传记《岳侯传》记载，岳飞一入狱，万俟卨等人便说他反状甚明，因为他曾在游天竺寺时题了“寒门何载富贵”这样的句子。[①]

---

① 源自《北盟会编》卷二〇七。

已故高邮作家汪曾祺有联语：往事回思如细雨，旧书重读似春潮。法国女汉学家安妮·居里安写过一篇研究汪曾祺的文章：《笔下浸透了水意》。她发现，汪曾祺的小说里总有水，即使没有水，也有水的感觉。汪曾祺说："我的家乡是一个水乡，我是在水边长大的，耳目之所接，无非是水，水影响了我的性格，也影响了我的作品和风格。"由汪曾祺作品的水意，想到施耐庵《水浒传》中创造的梁山水泊，实在是水的文章做得太好了。作家所处的地理环境影响了作家，并浸入作品。苏北里下河地区的水使人联想到梁山泊，处于水泊之中，必有水战。《水浒传》中写较大水战的有十三次之多，如第一场水战序幕在石碣村湖泊、在阮氏三雄与巡捕官兵之间拉开。《水浒传》紧紧围绕"水"：钻入水、撞下水、打入水、蹿出水……及凭借与水有关的河埠、港汊、划楸、樘叉、芦苇、摇橹为背景和道具，再配以粗犷的渔歌，飞溅的水花，响亮的唿哨，飞驶的小舟，把一场既有清新苍朴渔家风光，又显得轻松激烈的水战写得使人如见其景，如闻其声。施耐庵才识淹博，堪称杂家，其写水功的技能令人叹为观止。《水浒传》中成功塑造了李俊及张、阮、童氏兄弟等八位水军头领，特别是张顺居然能"水底下伏得七日七夜，水里行似一根白条"，夸张是免不了的，但其水功超越常人是肯定的。因为他们身为渔民、艄公，生在"碧波深处"，长在"雪浪堆中"，长期实践使他们摸熟了水性，掌握了水的规律，所以进入了水的自由王国，"撑舟、摇橹、串港、搪舟"，不但"伏得水"而且"驾得船"。第三十八回"黑旋风斗浪里白条"写张顺激得李逵登舟，立刻"把竹篙往岸边一点，双脚一蹬，那渔船一似狂风飘败叶，箭也似投江心里去了"，那等轻快！船至江心，张顺"两只脚把船只一晃，船底朝天"，"翻筋斗撞下江"，"把李逵提将起来，又淹将下去"，把个铁牛直变成水牛，水中鏖战表现张顺“冲波如水怪，跃浪似飞鲸”的水功又何等独到！不但形象，而且颇符水战路数，当称写水功的上乘。

由此可见，施耐庵将江淮之间的地名风物，融入了《水浒传》。江淮地区包括洪泽湖一带的金沙滩、鸭嘴滩、蓼儿洼等搬移到梁山泊来，也正如受招安后，把淮南盗宋江封做楚州安抚使一样，都是与宋江诸人曾经活动于淮南地区与楚、海州界是分不开的，而这一带正是张士诚起义勃兴时期的行政版图。

二、定居白驹

当初为了寻找隐居之地，施耐庵想到了曾做过松江同知和嘉兴路同知的同窗好友顾逖，这时顾逖已辞官回到兴化老家。

施耐庵返回兴化后有诗答和顾逖。顾逖诗云：

君自江南来问津，相逢一笑旧同寅。
此处不是世外境，何处桃源好避秦。

施耐庵的回赠诗曰：

年荒世乱走天涯，寻得阳山好住家，
愿辟草莱多种秫，莫教李子结如瓜。[①]

① 据郭保康、张培元考证资料，民国初年，顾逖的后裔顾硕（1859—1925）从其高祖顾九苞（1738—1781）的遗稿中发现了上述两首诗，遂交邑人金逸园（1870—1924），发表在兴化《楚阳杂志》（十日刊）上。

元至正十六年（1356），张士诚农民起义军打进苏州城时，李树上结的李子像黄瓜，所以民谣有“李结黄瓜，民皆无家”的说法。

张士诚于至正十四年（1354）在高邮称诚王，改是年为大周天祐元年（1354）。击败脱脱后，于天祐二年（1355）传檄江南，天祐三年（1356）三月迁都平江（今苏州）。时江浙东部（含松江府）皆成其割据范围。定都平江后即着手进行政权建设，立省、院、六部官司及行省、路、府、州、县职官。天祐三年即是顾逖任职松江的至正十六年，顾逖便于同年被张士诚的大周政权委任为首任松江府同知。

可见，顾逖所任之松江同知以及至正二十二年（1362）后所任之嘉兴路同知、浙江转运司副使，都是做的张士诚的属官。他既是张士诚的同乡，也是张士诚的部属，更是张士诚举兵割据的积极参与者。在这一点上，恰与施耐庵“会元季兵起播浙”的经历惊人的相同。且任职浙江转运副使，又恰与施耐庵“官钱塘二载”地点相同。这些都表明了顾逖与施耐庵的的确确是“旧同寅”。

顾逖看来是一位友人，《元诗选》收录顾逖两首诗，均为朋友间的赠诗。一首是《赠张玉笥》，诗云：

张公学武万人敌，玉笥读书三十年。
未请上方诛佞剑，且营东海买山钱。
异乡感慨秋风雁，故旧徘徊雪夜船。
好作黄金台上客，于今郭隗在雄燕。

还有一首是《赠马敬常》，诗云：

我马纷纷北渡河，将军勋业尚蹉跎。
十年鬓发时看镜，万里风霜夜枕戈。
知己有如齐鲍叔，得名无复汉萧何。
锦衣未解归乡国，南越封王属尉佗。

元至正十三年（1353）后，兴化县有相当一批知识分子参加了张士诚起义。陆谦则任“杭州路治中”的一般官吏，不受张士诚重用，“明兵破浙右”后投降了徐达。

兴化顾氏的最初聚居地在缸顾庄，距兴化城西北约十八公里，今为缸顾镇所在地。此处地僻景美，堪为远灾去祸的避战全生之地。缸顾庄古名湖堎村，“堎”指湖荡洼地坡岸，是水乡兴化特有的地名。“湖”即吴公湖，方志称“昔贤吴尚隐居湖侧，故名”。湖堎村就在吴公湖的西岸。这一带南为平望湖、乌巾荡，北为郭真湖、大纵湖，尽是沼泽河流，水网密布。古人称“渺乎撮土，廓乎水区”，交通不便，人迹罕至。古代高贤，隐居于此，一如陶渊明在《桃花源记》中所云，“来此绝境，不复出焉，遂与外人隔绝”，“乃不知有汉，无论魏晋”。

明代文学家宗臣（字子相）曾作《武陵歌》，描述为：“桃花千树坠红雨，垂杨十里排苍烟。玉华樵者时送酒，绿萝渔子歌采莲。”前人更有“陶令已寻高士隐，庞公端与古人齐”之句，皆被收入《顾氏族谱》中。其时的缸顾庄，正如施耐庵在《水浒》第九回所云，“万株桃绽武陵溪”。

元至正二十七年（1367），明兵破平江，张士诚败灭。在这之前，顾逖已经辞官归里，隐于桃花源般的缸顾庄中。不久，施耐庵也自江南回到兴化，“寻得阳山好住家”。他朗声诵读陶渊明之《桃花源记》：“晋太元中，武陵人捕鱼为业，缘溪行，忘路之远近。忽逢桃花林，夹岸数百步，中无杂树，芳草鲜美，落英缤纷……”

“阳山”既是兴化的别称，也是实指。位于城西，有土阜隆然，相传为周慎王时楚国昭阳将军的安葬处，为阳山人的人文始祖。昭阳炎墓实为高阜之上的一土丘，称其为山，除却后人的敬仰之情，另一原因有些像云南人将面积二百平方公里的洱海称为海一样，在地处海平面以下的阳山人看来，二十米高的土丘就是山。以稀为贵啊！南方大国楚国有昭、屈、景三大姓。昭阳为贵族三大姓之首，任上柱国，地位在宰相之上。司马迁在《史记·楚世家》中记载：

楚怀王六年，昭阳连克魏国八座城池，又移兵攻打齐国。齐王大为惊恐。正好秦国使者、著名谋士陈轸出使齐国，他对齐王说：“王勿忧，请令罢之。”陈轸来到昭阳将军营帐中，对昭阳说：“愿闻楚国之法，破军杀将者何以贵之？”昭阳说：“其官为上柱国，封上爵执圭。”陈轸又问：“其有贵于此者乎？”昭阳答：“令尹。”令尹是楚国最尊贵的官职，再之上就是楚王了。昭阳以上柱国之尊又连克八城，必加封为令尹。陈轸接着说：“今君已为令尹矣，此国冠之上。臣请得譬之。”于是，他讲了一则“画蛇添足”的故事，又说：“今君相楚而攻魏，攻齐胜之，官爵不加于此；攻之不胜，身死爵夺，有毁于楚；此为蛇为足之说也。不若引兵而去以德齐，此持满之术也。”

昭阳将军听从了陈轸的劝说，急流勇退。撤兵后不久，就将黄海之滨的滩涂作为食邑之地。他在此围海造田，试种水稻，毕生善终，

当时，山下溪流环绕，山上树木葱茏，建有祠庙。山脚下有顾氏初迁兴化时的老宅。

顾逖与施耐庵，这两位昔日同在张士诚麾下为官的“旧同寅”故土相遇，悲喜交切。“相逢一笑”既是辛酸的、苦涩的、不堪回首的，也是情真意切的。

施耐庵从江南迁居兴化后，人们都知道他是知名的堪舆家，旁通“太乙神数”，相地自能深得“地理为体，地利为用”的神韵。

兴化以东，原是海边荒滩，盐场连片，年年都怕海潮浸没，当地人都知道施耐庵有才学，能知过去未来，善于占风识雨。他预测潮涨潮落，大汛小汛，无不灵验。所以，百姓关于修海堤之类的事也请教他，在人们的心目中，施耐庵是一个“活神仙。”因此，人们都来拜访求助，有的请他讲学，有的请他治病，有的请他占卜。

至今，兴化城的故老还流传着施耐庵相土筑城重构兴化城的故事。

一天，兴化知县举行酒宴，专请施耐庵先生，还邀了兴化的十几位父老作陪。席上，知县向他敬酒道：“先生回到兴化，实为百姓之大幸。今备水酒一杯，请先生百忙之中，能对兴化城的建设提提高见。”

施耐庵在知县和故老的陪同下，游览了兴化城一周，详细察看了城垣的地势。当年伍子胥“相土尝水，象天法地”造阖闾大城，这苏州水城与兴化城有相通之处，也属水网地区，“开门见河，出门靠船”。他对知县说：“此城如盂，有水而无山，须知相山以风，相水以气，水自江都孔家涵而来，流入本城，最好用聚气法，水流应由东、南、北三关入，绕海子池，出西关，下乌巾荡，然后东流入海，照这样建筑，使得水流潆洄停蓄，脉络贯通，必有灵秀产生其间，这是聚气的效果。”知县与在场的人听了，都连连点头称妙，从心里敬佩施耐庵的才智。此后，施耐庵一连两天蹲在家里，不访友，不接客，专门勾画了一幅建设兴化城的示意图，送给了知县。

后来，兴化民众就照施耐庵说的“聚气”办法和建城示意图，加高了土城，沟通了市河，让三关水进，一关水出。从此，兴化县一年一年地富裕起来，成了苏北有名的鱼米之乡。仅二三百年之间，这里果然出了高谷、李春芳、吴甡三个宰相和中原才子宗臣。

明代杨新《故处士施公墓志铭》记载:“鼻祖世居扬之兴化,后徙海陵白驹,本望族也。”清代施埁《施氏宗祠建立纪述》记载:“吾族始祖耐庵公,明初自苏迁兴,后徙居白驹场。由一本而支分派别,传衍至今,五百余年矣。”

如今回到兴化后,在顾逖的帮助下,施耐庵先在兴化城里住了两个月,后来为了潜心著述,还是再往海边小镇白驹场去。施耐庵对顾逖说:“顾兄,我来贵府已经有些时日,多添麻烦。再这样住下去,心里实在过意不去,我想还是在老家安个家。”

顾逖说:“不必客气,施兄果真想走,我也不作强留。”

这一天,施耐庵忽然高兴地对顾逖说:“顾兄,快备舟,我要出去寻找一块宝地。”

顾逖说:“舟是现成的,就在城外,你随时可使用。”

施耐庵说:“好的,谢谢!”

兴化城的四周水网密布,船出东门,经过得胜湖,施耐庵便同艄公攀谈起来。艄公讲了得胜湖上曾有梁山好汉张荣来此结水寨、大败金兵的故事,又讲张士诚当年驻扎小阳山操练水军的事迹。对施耐庵来说,张荣的事是“过去时”,张士诚的事是“现在时”,是刚刚发生过的,有的事施耐庵还亲自参加了,但从当地耆老的口中重新说出来,却别有一番新意,施耐庵还真听得入了神。

船家荡起的双桨像燕儿展开的翅膀,小船儿在水面上滑行着,施耐庵被眼前的景致吸引住了,看游鱼在白云间穿行,野鹤在水上面飞翔,目不暇接,豪情陡增。

这湖东口,还称水浒港,施耐庵若有所思。

船儿在芦苇荡中向东北前行好几十里,忽见一座小岛,施耐庵忙叫船夫将船靠下，细细察看起来：只见两条港汊直对小岛，活像二龙戏珠，一问，原来这儿叫“狮子地”，“狮”与“施”同音，那小岛像绣球，像是狮子盘绣球。真是前世因缘，施耐庵不由得轻声赞道：“好地方！”他又登岸望去，四周七湾八汊，芦草繁茂，鱼虾成群，水鸟低飞。他面对景物，想着要写的水泊梁山，默默地说：“找到了，找到了，就数这地方好！”这就是今天的兴化市新垛镇施家桥村，当时称西落湖，后称倪邵庄，到施耐庵九世孙时称施家桥。

船行到花家垛，这是串场河中的小岛，花老爹讲了不少张士诚义军的故事。

小船回到兴化之后，施耐庵立即去找顾逖，说：“顾兄，我要到白驹场那里去安家。”

顾逖告诉施耐庵说，范公堤上的白驹场，别名藿场、场藿，取《诗经》句而得名：“皎皎白驹，食我场藿。”施耐庵高兴地说：“好啊，在我则白驹得水，神驰千里！”

白驹场这个地方，东边是海市蜃楼式的山海镇，西边是恬静素裹的永宁镇，中间的白驹场，地基高高突出，三面环水，西临串场大河，树木葱茏，风景宜人。范仲淹时代修筑的范公堤内外大块浅滩被大自然冲刷出的沟河撕成片片块块，上面长着无种金苗——芦苇，根根健壮，生机勃勃，秋来阵阵清香，沁人肺腑。苍天与秋水一色，百鸟共巧云齐飞，挥挥手生灵争鸣，挪挪脚鸳鸯共舞。施耐庵看中了这个地方，便在这里安了家，并写有一诗：

山海永宁白驹场，荒野芦苇好风光。
串场河水千江月，待等物格换新装。

那时候的里下河地区堪称鱼米之乡，市井繁华，我们可从元代扬州诗人成廷珪（1292—1362）撰写的《刘庄场》[①]诗得到印证。

刘庄久不到，草树郁苍苍。
跨艇买花果，村坊罗酒浆。
水生沙井浅，潮上卤田荒，
时共西清老，登高望夕阳。

距白驹场北十五里的刘庄场，草树深青繁茂，乡村酒店罗列，一派田园牧歌、海边盐滩的景象。

绿的槐，斑的竹，青的松，依依千载斗秾华；白的李，红的桃，翠的柳，灼灼三春争艳丽。风吹过，龙吟虎啸；云过处，鹤舞猿啼。真乃是蓬莱阆苑，仙山福地。

白驹有梵寺两处：一是延庆寺，俗称南寺；一为北宝禅寺，俗名北寺。南寺较小，北寺为正宗禅林，山门前高大的八字照壁，雕花磨砖，十分壮观，为白驹古刹之一。

北宝禅寺三面环水，殿宇巍峨，门楼上方嵌有“北宝禅寺”石匾，庭院内有一棵六丈多高、双人合抱的银杏树，数里之外就可看见。该寺环境幽静，寺内僧人亦好文学，也许正是这个缘故，施耐庵经常来往于此。

施耐庵的表弟卞元亨一人继续沿范公堤北上，回到了阔别多年的老家便仓。他把策马的马鞭子朝门前一插，谁知过不多久，这根枯枝竟然复活，开出鲜艳的牡丹花。直到现在，每年的谷雨前后，四面八方的游

① 引自雍正《敕修两淮盐法志》。

客还去盐城便仓观赏枯枝牡丹呢。其实，这便仓枯枝牡丹是卞元亨的祖父卞济之首先栽培，到卞元亨时又得到了发展。

施耐庵先在白驹场街市砌了三间茅屋，并在白驹的家门上贴了一副对联："吴兴绵世泽，楚水封明禋"，以表明自己祖先从吴兴（湖州）、苏州迁居于此，不忘故土遗风的心迹。不久又买下了隔河的施之垛。街上人多嘈杂，他常躲到北宝寺北的茅家园学生家居住。施耐庵在《水浒传》序言中说："舍下薄田不多，多种秫米。身不能饮，吾友来，需饮也。舍下门临大河，嘉树有荫，为吾友行立蹲坐处也。"后来，到施耐庵孙子文昱（字述元）时才在西落湖（今施家桥）购置田产，到其九世孙，施氏后裔的一支将西落湖作为定居之地。按苏州阊门外故居的格局，建了房院，还沿用苏州原籍的地名，东面叫奉桥，南面叫柳桥，北面叫板桥，总称施家三桥，又称施家桥。

三、逼上梁山

施耐庵写作《水浒传》时，对东京八十万禁军枪棒教头、都教头林冲的故事修改了好几稿，总是感到不满意。过去的历史资料中只有林冲的名字，并没有林冲的故事，施耐庵把林冲写成是一位同情民间疾苦、憎恶统治阶层的武官，因而受到官府歧视，最后一气之下上了梁山。

施耐庵的夫人申氏看到他终日愁眉不展，便问他有何心事。施耐庵实话实说，并将那段故事讲了一遍。申氏听后说："哎，这人不是被逼上梁山的嘛！"施耐庵一听猛然醒悟，好一个"逼"字！对，就在这个"逼"字上做文章。于是他舍弃旧稿，重新构思安排，从第七回至十二回，写了林冲娘子受侮、误入白虎堂、刺配沧州道，直到火烧草料场，处处突出一个“逼”字。

在梁山一百单八位好汉中，运气最不好、受磨难最多、最倒霉的要数林冲，林冲是被“逼”上梁山的第一位好汉，可以说是表现《水浒传》“逼上梁山”内容的代表人物。“逼”林冲的有高俅和高衙内，有林冲的好友陆谦，有押解差人，有庄客，有沧州牢城的管营、差拨，有王伦，等等。整个社会都容不下他，整个社会都在“逼”他。有了这么多来自社会四面八方各阶层的“逼”，才使林冲义无反顾地上了梁山；陆谦、富安要下毒手，林冲就杀了他们；王伦不想留他，林冲就实行火并。倒了霉的运气反倒帮了林冲的忙，将他第一个“逼”上了梁山，成了震动朝廷的梁山泊英雄豪杰。这可能是兵法上所说的“置之死地而后生”吧。

施耐庵的父亲施元德早年从盐城便仓迁至白驹场茅家园，这里汇集着三条河流，串场河、牛湾河、五十里河。而小时候施耐庵就出生在茅家园。这里西临串场河，又称运盐河。白驹镇有五大姓，陈、杨、李、施、卞。施耐庵成为白驹场一世祖，白驹场卞氏一世祖卞祥九，也是从盐城便仓迁居白驹场的，卞祥九是便仓卞氏的第三世，与卞元亨是同一世。白驹场杨氏亦系从苏州迁白驹场，宗祠楹联为：

世胄衍弘农，没有大儒，明称三相；
家声传清白，支迁虎埠，谱订驹场。

杨氏二世祖杨俊科与施耐庵是好友。[①]施耐庵日常吟诗作文，留下

① 笔者在二十世纪九十年代采访白驹镇耆老葛世如老人时，他说一九六〇年在距白驹镇隔河南约一华里处的兴化县合塔公社新建大队第一生产队，发现有“耐庵之友”的墓碑文字，那里至今仍可看出一片高埠，是“金奠玉葬”的杨俊科墓。一九五八年平田整地出土了不少碑刻、墓砖，其中有一块记录杨俊科生平事迹的墓志，记载着他是白驹场大文人施耐庵的学生。

很多诗句：

金风吼吼暮景凉，吹落桂花满地香。
一生南北东西走，迈衰故里白驹场。

拈笔断续唤世眠，暑寒风霜苦熬煎；
似醒犹待萌芽状，过度人间五百年。

岁活古稀半旬年，绝食疾病呜呼先；
隐埋黄泉丘一冢，渺茫是非亦了然。

施耐庵避难隐居白驹场初期，建有茅屋三间，曾赋诗一首：

清风明月照晨空，雪冷霜寒守柴篷；
精忠节孝非为贵，爱学昔时尧舜容。
正义豪雄名千古，善贤道德挽世风；
有朝一日真红照，天翻地覆转大同。

施耐庵在白驹场时，经常与好友杨俊科在一起吟诗作对，在施耐庵离白驹场出游山东前，两人曾联诗一首。

杨：闷坐书斋不爽容，
施：一生议论半路通；
杨：时世运转若棋局，
施：富强欺贫难忍容。

杨：继续文宣打暮鼓，

施：唤醒群民敲晨钟；

杨：收拾书箱共纸笔，

施：登上阳关往山东。

流光容易把人抛，红了樱桃，绿了芭蕉。施耐庵重返梁山，已是明朝洪武初年。转眼间时光过去了三十年，施耐庵已到了垂暮之年。

那年夏秋之交，梁山脚下朱家客店来了个清癯干瘦的老者，在客店住了一个冬月，因为他说话带南方口音，江南来的，人们就称他为江南先生。这人便是施耐庵。

施耐庵随身没带多少行李，除了几件换洗衣服，只有一顶旧草帽，一个半旧的竹篮子，篮子里放着笔墨纸砚。他向朱店主说明了到梁山的意图，说他带的路费半路被盗分文不存。朱店主是个讲义气的人，听说施耐庵是来写梁山好汉故事的，不但免去他食宿费用，还关照店中伙计好好招待，临走时还赠送了十两银子作盘缠。小说中朱贵开店的故事，就是施耐庵从梁山回白驹场后补写进去的。

施耐庵落脚在朱家客店，天天都带着干粮早出晚归，有时一去就是三五日。不过事先都向客店打招呼，以免朱店主惦念。

施耐庵此次去梁山时，巨著《水浒传》实际已经写出。去梁山的目的是再作一番考察，对小说作最后的修订、补充，为作品最后定稿。

施耐庵以话本《梁山泊聚义本末》为提纲，根据城市艺人说书、城乡民间传说为素材，提炼、加工、再创作而成长篇巨著《水浒传》。施耐庵是一位伟大的现实主义作家，单凭年轻时期在郓城那两三年的生活，而且走得甚为仓促，要完成这部近百万字的作品，写作中难免有捉襟见肘之感。因此，在作品中常常留下一些空白，以待他日补充。施耐庵为了给《水浒传》定稿，重上梁山实地考察是迫在眉睫、必不可少的一桩大事。

第一，从人数上看，《梁山泊聚义本末》记载梁山英雄为三十六人，小说中扩大为三十六天罡、七十二地煞，一百单八将，人数大大增加。对于这些来自各行各业，由于各自不同的命运、遭遇和道路，终被逼上梁山的英雄好汉，每个人的来龙去脉都要安排得合情合理，有条不紊；对于出自梁山本乡本土的英雄好汉宋江、晁盖、吴用、三阮等，要让他们入籍归宗，家世、出身都要写得有根有据，没有疏漏。

第二，从地理位置上看，水泊梁山是义军的大本营，水泊的自然风光、山寨的雄关险隘、周围的城镇位置、来往的通衢要道……施耐庵都力求真实无误地与义军的活动呼应吻合，既要情景交融又要不出差错。记忆中已经模糊褪色的印象需要重新考察清楚。

第三，施耐庵重视人物形象塑造，而风土民情、生活习俗又是刻画人物的重要手段。小说中诸如“阮小七头戴一顶遮日黑箬笠，身穿个棋子布背心，腰上系着一条蓝布裙”，“阮小五斜戴着一顶破头巾……披着一领旧布衫……里面匾扎起裤子，上面围着一道棋子布手巾”……这些并非施耐庵信笔所写，而是有根有据。阮氏兄弟的衣着打扮，一直沿袭到解放初期，几百年来在郓城民间几乎没有多大变化。这都是为增添小说的地方色彩，从梁山实地采风加进去的。

施耐庵在离开梁山时，朱店主曾为他设宴饯行。施耐庵在席间流露，他这次重上梁山有一大收获，一对梁山父子向他讲述了宋江等义军的另一种结局。老人说：朝廷用重兵包围水泊数月，宋江等没有接受招安，而是被迫放弃梁山北上。由于地形不熟，孤军深入，义军在海州被知州张叔夜设计诱入山谷，来往通道被官兵堵塞，上下左右伏兵四起，巨石滚木从山上飞落，义军伤亡惨重，几次突围都没成功，义军全军覆没，全部壮烈牺牲。施耐庵听后，为梁山英雄深深感动。

但是，施耐庵回到白驹场后，酝酿了两种结局：一种是血战到底的《古本水浒传》一百二十回本，这部书的前七十回与金圣叹评点的贯华堂本《水浒传》基本一致，而后五十回则与目前流行的一百二十回本《水浒传》完全不同。这里的梁山好汉没有受招安，直到第一百二十回，他们还在与官军血战，后五十回本曾由上海中西书局于一九三三年单独排印过。另一种是接受招安的一百回本。人民群众希望看到血战到底的英雄《水浒》，他也得以实现著书自遣的宏愿。后来他又改变主意，保留投降结局，指明接受招安只有死路一条，用以警示后世。

施耐庵是站在同情张士诚农民起义的立场上写《水浒传》的，所以谁要是与张士诚起义为敌，总是不得好死。尽管对于现实施耐庵无能为力，但是在小说中他可以手到擒来。

《水浒传》第二十六回和第四十六回中写到两个淫妇，无巧不巧，都姓潘。在农耕社会，“万恶淫为首”，施耐庵笔下的两个淫妇，都是不得好死的。一是潘金莲，被武松杀了；一个潘巧云，被石秀杀了。都是剖腹剜心，掏出五脏，痛快淋漓之至。

施耐庵笔伐二潘在现实生活中是有所指的：直指张士诚的女婿潘元绍和其兄潘元明二人，潘元绍在张士诚起义最关键的时候，背叛了吴王的红巾军大业。潘元明是和张士诚、李伯升、吕珍等一起在白驹场起义的十八条好汉之一，张士诚称王后封他为平章，后期命他镇守杭州。至正二十六年（1366），朱元璋发兵二十万征讨张士诚，常遇春主张直捣苏州，朱元璋认为，张天骐在湖州，潘元明在杭州，见苏州围攻，可能同时并力来救，不易取胜，主张先取湖州、杭州，以孤立张士诚。果然湖州攻下后，吓坏了潘元明，李文忠的部队刚到杭州城外，潘元明就立即派人请降，连李文忠也感到奇怪，怀疑有诈，认为我刚到来，胜负还未可知，而杭州方面急速请降，是不是有什么计谋？潘元明为了表明自己投降的心迹，就献出原先朱元璋的叛将蒋英、刘震，自己带着土地钱粮簿册及张士诚所封官印，“伏竭道左”，率兵三万人不战而降。他的叛变，使苏州腹背受敌，失去后援，对张士诚的崩溃、覆灭是致命的一击。后来朱元璋大杀降臣时，正因为潘元明对他确实立了大功而免予杀戮，仍封以原官。

潘元绍更是一个残忍歹毒的家伙，杨维桢在《金盘美人歌》序言中说到的“伪驸马潘某”即指他：“潘娶美娼凡数十，内一苏氏才色兼美，醉后寻其罪杀之。以金盘荐其首于客宴……”可见其残忍成性，《金盘美人歌》即为此而作。

潘元绍是在常遇春攻打阊门时投降的。[①]当时，张士诚命谢节、周仁用木栅补外城，而周仁、潘元绍竟在此千钧一发的时刻投降。外城失守，以致敌军“蚁附登城”，苏州城就被攻破了。至正二十七年（1367）九月，城破，张士诚及余众战于万寿寺东街，众散走，徐达让潘元绍劝谕张士诚投降。最终张士诚绝食，至金陵死难，时年四十七岁。潘元绍卖主求荣，同样没有好下场，朱元璋也把他杀了，还把他的头颅抛进了粪坑去喂蛆。

一天，施耐庵独坐书房，正在为“病关索大闹翠屏山”的故事难以展开而苦苦思索。这时，院内走进两个人来。施耐庵定睛一看，原来是鲁渊和刘亮——两个多年不见的老朋友看望他来了。

施耐庵忙不迭地走出门外，紧紧地拉着朋友的手说：“真想不到你们会来荒凉的海边看望我啊！”

---

① 参见《明通鉴》。

鲁渊瞧着施耐庵已经斑白的头发和胡须，感慨地说：“老了，我们都老啦！”

三个人相见，都流出了激动的热泪。

施耐庵连忙吩咐申氏置办酒饭款待鲁、刘二位，自己和老友互诉别后思念之情。

“不知二位从何处而来？”施耐庵问。

鲁渊说：“刘亮老兄到钱塘看我，说起老兄您不愿为官，避兵乱到江北，专心著书立说。我俩商议到山东曲阜去拜孔庙，顺道到白驹场看看您。不知老兄大作完稿了没有？”

“如此很好，我竭诚欢迎二位光临小舍。至于写书，不足挂齿。想起李白说的‘天生我材必有用’，就大胆涂鸦，只是自遣而已。”

“凭老兄博学多才，可以想象，大作定能流传千古。”刘亮说。

“哪里敢奢望流传，我已日薄西山，上了年纪，才智快枯竭了。”

“请问现在写到哪一步了？”鲁渊问。

“书已写好，现正修改第三稿第四十六回‘病关索大闹翠屏山’。说来惭愧，我自幼生长在苏州，可是翠屏山却没去过几回，至于翠屏山石秀杀潘巧云的传说，更是不甚了了。”施耐庵说。

“如此说来，我俩尚可奉告一二。”刘亮说，“我和鲁渊这次倒在翠屏山盘桓了好几天，而且遇到几个老者，还听了不少传说呢！”

施耐庵听了喜出望外：“请二位赶快将传说原原本本地告诉我吧！”

于是，鲁渊和刘亮便把杨雄的妻子潘巧云于翠屏山为石秀所杀的故事传说，详详细细地讲述了一遍。

“太好了，太好了，二位可真帮了我的大忙了。”施耐庵高兴地喊了起来。

施耐庵真正写作的时候，还是把翠屏山写到了蓟州的城东南，而不是苏州的城郊。苏州的苏繁体字是，草字头下，有鱼，有禾，与“蓟”字也相差不多。

元末明初冒致中的后裔冒广生（1873—1959），字鹤亭，江苏如皋人，其《小三五亭诗》集中有“翠屏山”的记载，其《翠屏山怀古》[①]并有自注：

> 舞鹤楼在蓟州城内大街，相传即潘氏妆楼。据此，潘巧云竟有其人，翠屏山竟有其地矣，落凤坡吊庞士元，昔贤曾见之题咏，然则郢书燕说，何尝不足为作诗之好资料耶？兹录其诗云：
>
> 日落翠屏山，驱车过其右。
> 人言潘家女，昔作杨家妇。
> 府吏府中趋，空房愁独守。
> 情天有坏空，佛法无净垢。
> 阿难戒体毁，观音缫骨朽。
> 至今梳妆楼，隐约蔽垂柳。
> 一客听未终，整襟屡摇首。
> 虞初说九百，君子不上口。
> 悠悠滕薛事，谁能置可否？
> 呼童且晚炊，为我煮斗酒。
> 宣和事已遥，兹事莫须有。

虽说张士诚割据一方，胸无远图，其覆灭是历史的必然，但是若

① 转引自孔另境《中国小说史料》，上海古籍出版社 1982 年 12 月第 1 版。

非潘元明、潘元绍二位倒行逆施，也许不会是这样局面，其覆灭不会如此快速。施耐庵通过潘金莲、潘巧云两个水性杨花、出卖灵魂的妇女形象，作为对潘元明、潘元绍兄弟的讨伐，看来是合情合理的。尽管这“笔伐二潘”比较隐晦曲折，但是六百年来在大丰民间留下了这段不见于史乘的“史料”，也说明人民群众的“口碑”具有强大的生命力。另外，白驹耆老中流传一对联：“紫石街前新世泽，翠屏山下旧家风”，也说明家乡人民对施耐庵塑造的一个艺术形象的含义又有所领会而以对联形式对“二潘”加以鞭挞。总之，故老传闻，历年已久，虽未见诸史传典籍，也有记述和发掘的必要，不能因下里传言就轻视之让其湮没。

四、武松打虎

《水浒传》里曾经上演三次轰轰烈烈的“人虎大战”。一次是黑旋风李逵，他的老娘被老虎吃了，他一气之下，杀掉四只老虎；另一次是两头蛇解珍、双尾蝎解宝两兄弟，动用当时的“高科技”捕猎手段——药箭，射杀了老虎，为民除了害。但是李逵却没能以勇杀四虎的数量而成名，解珍、解宝也没能因高科技的含量而成名。一举成名的还是景阳冈武松打虎。为什么会是这样呢？

首先，武松打虎是初出江湖的武松的处女秀，英雄好汉的出场给人的第一印象，施耐庵是用浓墨重彩的；其次，解珍、解宝严格说来那不叫打虎，而是“射”虎。李逵严格说来也不叫打虎，而是“杀虎”。只有武松的方式，那才叫“打”虎，因为他是赤手空拳，没有借助任何的工具。再次，武松打虎最具生活原型，是施耐庵表弟卞元亨的打虎，成就了轰轰烈烈的武松打虎。

据明万历《盐城县志》与《卞氏谱·卞元亨传》记载，卞元亨（1325—1415），享年九十，少时能吟诗作文，善吹鹤骨笛，“公有膂力，曾蹴虎至死”，元末客张士诚，张士诚跋扈，屡陈不听，辞去。归隐于盐城之便仓，手植枯枝牡丹于庭，花开正盛。又载：“东海常出猛虎，路绝往来，公怒曰，昔周处射虎杀蛟，以除民害，吾当效之。人以为狂。公独往，无寸械，适虎当振威，公从容近之，以足蹴其颔，虎立毙，其豪迈如此。”

施耐庵与卞元亨为表兄弟，给施耐庵写景阳冈武松打虎以启发的，正是卞元亨的蹴虎至死：“武松把只脚望大虫面门上、眼睛里，只顾乱踢。”①

施耐庵创造的水浒世界里天神般的第一好汉武松出场时，“山中猛虎，见时魄散魂离；林下强人，撞着心惊胆裂。正是：说开星月无光彩，道破江山水倒流。”

《水浒传》中说武松膂力过人，徒手搬动几百斤石礅。这武松的石礅与卞元亨练功用的两个石锁（形似石墩）有几分相像，卞元亨使用的石锁分别为三百八十斤和三百六十斤，现仍在盐城便仓枯枝牡丹园内，其中一个刻有元代的“元”字。

在江阴市祝塘镇另有一则传说：大宅里后面有一条土岗叫后阳岗。一天饭后，施耐庵正在午睡，被岗上狗吠叫醒。登高一看，原来是一个牧童在与一条大黄狗搏斗。黄狗上蹿下跳十分凶狠。牧童虽然个子矮小，却结实、机灵，一会儿工夫竟然将黄狗打死了。施耐庵由此触动了灵感，把牧童后阳岗打狗写成了一则栩栩如生的“景阳冈武松打虎”。

《水浒传》中不止一次写到打虎，次次不一样，特别是武松景阳冈

① 《水浒传》第二十三回。

打虎一章，更是把那个吊睛白额大老虎写得活灵活现。施耐庵为写活老虎，曾冒着生命危险在深山密林里细致入微地观察过老虎。

施耐庵为了在小说中突出梁山英雄的神威，计划在作品中多次描写打虎场面，但是他本人从未见过老虎，对老虎的习性、生活及捕食情形都是凭传说和想象，更未见过猎人打虎的场面。他感到如果写不出老虎的凶猛，就难描绘出李逵、武松等打虎英雄的勇敢和威风，于是他搁下笔，翻山越岭在深山老林中走访了众多猎户，向他们请教老虎的外貌、动作、神态、捕食情况及猎手们和老虎搏斗的情形，获得了大量第二手资料。然而下笔之后，施耐庵感到仅靠第二手资料来描写老虎还是难以传神，要在作品中写出活老虎、活英雄，必须亲自观察了解老虎的外貌、神态、捕食动作。

这一天，施耐庵打听到老虎经常出没山林，便悄悄来到林中选择了一株大树，顺着树干爬了上去，坐在树枝上机警地观察着四周，等候老虎出现。这时林中静悄悄没一丝声音，一阵轻风吹过，只有树叶发出“簌簌”声响。忽然一只小鹿“嗖”地从眼前蹿过，紧接着随着一声雷鸣般虎啸，从树丛中跃出一只斑斓猛虎，如箭一般向小鹿扑去。未等施耐庵回过神来，老虎已将小鹿撕扯得皮开肉绽，生吞活剥将其吃下肚去。这密林中刹那间发生的情形，施耐庵看得目瞪口呆，直到老虎去后多时，他才从树上溜下来跑回家中，详细地记下了老虎扑食的动作和神态。他又根据记忆中老虎的特征，用纸扎了老虎扑食模型，放在书案前揣摩，并且喂养了一只猫，细细观察猫与老虎相似和不同之处，反复描绘它们的形象。

由于施耐庵掌握了大量第一手、第二手材料，对老虎的外形、动作和呼啸观察入微、了如指掌，所以在写到景阳冈打虎时就能将老虎的凶猛写得逼真、绘声绘色，从而反映了武松的英雄本色，令人百读不厌。

只见:“那一阵风过了，只听得乱树背后扑的一声响，跳出一只吊睛白额大虫来。武松见了，叫声‘啊呀’……”整节描写多用“武松见了”、“听得”、“定睛看”、“眼见……寻思”一类词语，显然施耐庵与武松一道在感受着那个“说时迟，那时快”的惊险世界。更有甚者，施耐庵写着写着，似乎有时钻进老虎的脑子里去了。“那大虫又饥又渴，把两只爪在地下略按一按，和身望上一扑，从半空里蹿将下来。……大虫见掀他不着，吼一声，却似半天里起个霹雳。”大虫也有带感觉的“见”，按地之时也是“略按”，连“又饥又渴”也是主观感受，不须在前面加上“大概”、“也许”一类推测之词。显然，施耐庵是把大虫的感受和自身的感受重叠融合在一起了。就连施耐庵从人虎相搏中抽身出来评议:“原来那大虫拿人，只是一扑，一掀，一剪;三般提不着时，气性先自没了一半。”这种“气性”也是无法测量的，只好由作者设身处地地体验。看来，这是中国叙事追求似真传神的极好例证。

如果仅仅停留在自然界的打虎上，似乎又嫌不足，在武松杀嫂一节，同样体现了施耐庵的大无畏精神。

一天晚饭后，施耐庵正在灯下挥毫，猛听得“嘭嘭嘭”的敲门声。申氏开了门，撞进一个头发蓬乱的老妇，一下子跪在施耐庵面前，哭喊着说:“老爷，救命！”

原来，这老妇是白驹场街市东北巷尾烧饼店的老寡妇，只因她的儿子吴大，娶了一个老婆叫胡月莲，生得美貌异常，不想被镇上一个恶霸财主——西门药店的郑凤来看上了。这郑凤来倚仗他堂兄在县里做官，硬是登门霸占胡月莲，又用毒药泡在菜汤里，毒死了吴大。那胡月莲水性杨花，与郑凤来亲热得了不得，丈夫一死，即做了郑凤来的小妾。老妇要告郑凤来，可是白驹场场面上有点儿文墨的人，都惧怕郑凤来的势力，不敢替她写状纸。这老妇想到了施耐庵的正直豪爽，因此求上门来。

施耐庵听了这位老妇的哭诉，直气得浑身发抖。他想，出头帮助老妇打官司等于是“薛仁贵身上穿的——白跑（袍）”，但是沉默不言，良心何忍？最后，他还是连夜替老妇写了一张状纸。

老妇人走后，施耐庵心潮难平，他提起笔，望着刚写好的“武松打虎”一节，猛然想起：武松啊武松，你能打虎，为何不能为民除害呢，于是他奋笔疾书，连夜写下了“武松杀嫂”的有关故事，将武松打虎推进到了一个新的高度。

五、鱼日知说

施耐庵在白驹场写书，常常思路卡壳。因为《水浒传》是一部农耕社会的“百科全书”，书中涉及好几百人，各不一样，所以他不得不时常“充电”，从民间汲取营养。有一段时间他干脆跑到盐城街上开了一家酒店，此酒店不为赚钱，主要为收集民间的口头传说故事。

施耐庵出行往往不坐在车篷内，而是与赶车的车夫并排坐在车前，热切攀谈，体悟各地风俗习惯，了解社情民意。

“请问老伯，运河两岸尽是杨柳树，而且长得不错，这是什么道理？”

车夫虽处下层社会，却也见多识广，平时并不多话，见客人态度谦和，便打开话匣子，讲起了杨柳树的故事。

传说隋炀帝到扬州看琼花，是劳民伤财的风流案。他携带三宫六院七十二嫔妃和各部大臣，在专门为他游览而开凿的大运河里泛舟南下。他一不用兵丁，二不用民夫，却从宫中挑选了数百妙龄少女为龙船拉纤。

时值春末夏初，天气干燥，太阳光直晒得宫娥少女个个汗流满面，不得不时时用袖子去擦拭脸上的汗水，因此都把脸上的胭脂画粉擦得深一块、浅一块的，弄得很不好看。隋炀帝见了，心里十分不悦，便对侍臣说："发给每人一把伞，挡住阳光。"

萧后"哼"了一声说："拉纤怎么撑伞？"

隋炀帝想想，觉得也是。这时一个大臣趁机讨好说："要使宫女不流汗好办。"

隋炀帝听了，忙高兴地问："用什么办法呢？"

大臣不慌不忙地说："只要圣上一道旨意，命运河两岸百姓，每丁要在堤上隔十丈栽一棵大树，栽活一棵赏银一两。这样，不出三天，运河两岸就会绿树成阴。宫女在树下拉纤行走就晒不着了。"

隋炀帝听了，拍手称妙。圣旨很快传下去。这一来，运河两岸百姓既喜煞，又急煞。栽一棵树可得赏银一两，真是喜煞；到哪里去刨树移栽？这真又急煞。要是栽树苗，那倒好办。可是栽成阴的大树，这真难死人了。

不过百姓是有办法的，他们想到柳树容易成活，于是一传十、十传百，从四面八方运来了一棵棵大柳树。这下子运河两岸热闹开了，到处是栽树的人群。隋炀帝见了，高兴极了。为了说明"与民同乐"，他也从船上下来，假惺惺地挖了一锹土，帮助一个正在种树的老百姓培在根上。那个拍马屁的大臣见了，便别出心裁地说，应给这棵树赐个姓。隋炀帝倒也高兴，他想了一下，自己姓杨，于是便赐这棵树也姓杨，就叫它杨柳树。后来，人们习惯叫柳树为杨柳树，就是从隋炀帝赐姓叫起来的。

里下河地区属水乡，到处可见杨柳树。真正的水浒英雄总是体现造反精神，与皇帝老儿“对着干”。施耐庵写到鲁智深时有一精彩片断是“花和尚倒拔垂杨柳”，从此花和尚鲁智深威名远扬。

施耐庵就是这样，在人民群众的生活中广泛汲取营养，不断地丰富书中的故事情节。

在张士诚起义队伍中，大将鱼日知与施耐庵甚为相投。鱼日知是盐城的盐贩子，仗义疏财，好打抱不平。盐城有个盐霸叫贾善斋，是个“头顶长疮，脚底流脓——坏透了”的家伙。他见鱼日知武艺高强，便花言巧语将鱼日知骗到家里当武师，教儿子和庄客们习拳练武。

有一天，鱼日知练武归来，听见厨房有哭泣声，他趴在窗棂上一看，是个绝色的女子，便问道：“喂，你女娃子哭啥？”那女子听到有人问她，哭得更伤心了。在鱼日知一再追问下，她道出原委。原来，她是盐城城郊的村姑，姓金，被贾善斋窥见抢来的。

鱼日知一听大怒，便跑上中堂，对贾善斋说：“东家，你怎么能抢人家姑娘呢？如此缺德！”

贾善斋自知“好汉不吃眼前亏”，想了一个鬼点子，忙说：“嘿嘿，怪我没有事先跟你说一声，念你教子有功，给你物色了一个堂客。”

“给我？”鱼日知挠着头皮不知如何是好，猛地他回到厨房，把门撞开，说：“姑娘，你走吧！”

金姑娘一愣，说：“我不敢。”

“东家跟我说了，是让你给我做堂客的，一切由我鱼日知做主，叫你走，你还不走。”

金姑娘含着眼泪，躬身道谢：“多谢恩人！”

金姑娘刚出厨房，便有爪牙阻拦，鱼日知上前一个“秋风扫落叶”，将爪牙摔了个“狗吃屎”。鱼日知亲自送走金姑娘，赶了回来，贾善斋皮笑肉不笑地说：“师爷，你不要她做妻小，但也用不着亲自护送她出门啊。”

过了几天，鱼日知在后花园闲步，从楼上又传来熟悉的哭泣声，鱼日知来到楼下，一个纵身跃上楼，一个“倒挂金钟”，只听见里面有人骂道：“好一个黑心的鱼日知，你把我放了，为何又把我抢来，让老贼作践了我，你这个千刀万剐的豺狼！”

鱼日知怒火心中烧，跳进屋内，对金姑娘说：“快说，怎么回事？”金姑娘见了，不哭了，伸手就打鱼日知的嘴巴。鱼日知没有还手，问：“是不是有人冒我的名，把你抢来的？”金姑娘若有所悟，不由得点点头。鱼日知说：“我来替你报仇。你等等，我杀了贾善斋，再送你回家。”金姑娘“哇”的一声大哭起来。

鱼日知刚走出几步，那金姑娘就从楼上坠下，脑浆涂地，死于非命。鱼日知一气之下，闯进贾宅，三拳打死贾善斋，然后烧了贾宅，参加了张士诚的起义队伍。

很多文学作品的人物塑造，如《三国演义》中的张飞，《隋唐演义》中的程咬金，《西游记》中的猪八戒等，都有喜剧色彩。喜剧人物在作品中的出现，往往会使作品妙趣横生，并且以特有的艺术魅力征服与陶冶读者。《水浒传》中这样的人物有两个：一个是鲁智深，一个是李逵。施耐庵将鱼日知写成鲁智深，他的喜剧色彩体现在伸张正义时与常人不同的方法上。如他在为金氏父女报仇时，不先拳打镇关西，而是先“消遣”镇关西，他要镇关西切十斤精肉臊子，并且要求不带半点肥的在上面，这个要求在常理上还说得过去。然后又要十斤肥肉臊子，让镇关西整弄了一个早晨，但是他还没有消遣够，还要镇关西切十斤寸金软骨臊子，这就于常理说不通了。这时镇关西才意识到鲁智深在消遣他，这才引起二人厮斗。施耐庵在刻画喜剧色彩的人物时，一方面把握了人物的性格特点，另一方面在描写时运用了富有喜剧色彩的语言。狂泻在拳打镇关西时滑稽生动、活泼风趣的语言，十分精彩，既表现了鲁智深惊人的武艺，又表现了鲁智深的喜剧性格。

花和尚鲁智深虽疾恶如仇，却无李逵两把板斧排头砍倒一片百姓的凶残，也没有武松鸳鸯楼连杀十五人的血腥，在他“禅杖打开生死路，戒刀杀尽不平人”的个人行侠旅程里，从没见他的禅杖挥向无辜弱小，这在梁山众好汉中也属罕见。这是水浒世界里唯一一个真正具有纯正侠者胸怀的好汉。一部《水浒传》，对女人有歪念头的男人不少，对女人什么念头也没有的男人也不缺，不过像鲁智深这样对女人既有护花之心又绝无采花之心、摧花之心的男人极其罕见。从他为女性的几次打抱不平的行为来看，他的出手相救，他的锄强扶弱，基本上都不是为了自己的私心和杂念。

施耐庵是个正人君子，最恨偷鸡摸狗的人。据说他在写《水浒传》里的时迁时，原先将这个人物写得很丑恶，也没有什么大武艺，后来虽经多次修改，也没把时迁写好。

施耐庵在白驹场街市有茅屋三间，这里“门临大河，嘉树有荫”，西去在串场河、海沟河、三十里河交汇之处有一小岛叫花家垛，小岛地势较高，面积三十亩，四周芦苇丛生，登岛远眺，视野开阔。花家垛有一艄公花老爹，为人忠厚老实，虽识字不多，但擅讲民间故事，其中关于宋江三十六人上梁山的故事为多。施耐庵对其甚为尊敬，常过河与其攀谈，还请花老爹驾舟同去港汊深处察看地理环境。

花家垛北侧隔河是施之垛，施耐庵一得意门生居住于此，该生及其父亲与施耐庵关系十分融洽，情同一家，施耐庵常住在这里，时而漫步田间小径，观赏景色，时而与好友谈论家常，既指导门生读经，自己又细心揣摩著书。

施耐庵为了修改梁山泊忠义堂这一段情节，决定乘船从白驹场沿串场河南行，在十五里处上岸，这里是十五里庙，再南行十五里，到草堰场张士诚起义议事的北极殿察访，了解张士诚揭竿起义的全过程，并作故地重游。

当他在为如何写好时迁和徐宁犯愁之时，忽然有一个人从他窗口忽地一闪便不见了。施耐庵很好奇，放下手中书稿走到门外，什么也没看见，只是一检查啊，刚才还在门口吃食的芦花鸡没有了。于是怀疑白驹场狮子口村的惯偷李大，随即就到李大家看个究竟。一到李大家门口，只见李大正在屋里宰杀他家的那只芦花鸡呢！李大见是施耐庵，丢掉手中的鸡和刀，“扑通”一声，跪在施耐庵面前，连声求饶：“施老爹，饶我李大一次。”施耐庵说：“我听说你李大是条硬汉子，当年还跟着张士诚打天下，怎么今天干出这种事？”李大哭哭啼啼地说：“不瞒先生说，我家八十多岁的老娘病了，已经三天没有一粒米下肚，迫不得已，才做出这见不得人的事，真对不起先生。”

施耐庵息了怒气：“鸡子孝顺你母亲应该的，但只是要你做一件事。”

李大问：“有什么事吩咐，我保证把事情做好。”

施耐庵说：“我有二两银子，用红布包了，放在屋里的大梁上，你今晚若能偷到，银子就送你奉养老母。”

李大说：“先生，这事我万万做不得。”

施耐庵说：“你就照我说的办，我不会怪罪你。”

李大欠了欠身子说：“是，是。”

施耐庵回到家，把二两银子包在红布包里，拴在房间里屋梁上，然后对老伴说：“今晚上有贼来偷这红布包呢！”

申氏说：“老头子，你这葫芦里卖的是什么药？”

施耐庵说：“夫人有所不知，这些天来，我写鼓上蚤时迁盗甲窃徐宁的传家宝‘黄金锁子雁翎甲’，写来写去不生动，我想用二两银子，买个见识。”

到了晚上，施耐庵躺在床上两眼紧盯梁上的红布包。申氏已经将门窗关得严严实实，申氏说：“不要说李大，就是蚊子也飞不进来，还怎么能偷到梁上的二两银子。”

夜深时分，两眼圆睁的施耐庵怎么也不见李大到来，便伏案进了梦乡，等到施耐庵听到屋梁上有“老鼠”发出“吱吱”叫声醒来时，红布包还在那儿。

第二天天一放亮，李大喊开院门，笑吟吟地把二两银子还给施耐庵。施耐庵说：“这二两银子，就给老母抓药吧。今后，可要好好地种地，不能再让人看不起了。”

说话间，申氏用竹竿挑起屋梁上的红包，果然只有红布包，而没了银子。

李大讲述了偷盗经过，其实在施耐庵关紧门窗之时，李大已潜入施宅，只不过是身轻如燕，未被发觉。

正在偷时发出声音，学了几声老鼠叫，又麻痹了主家。

施耐庵拍着李大肩膀说：“你太有本事了，我写时迁窃宝就不愁了！”

李大走了以后，施耐庵把《水浒传》有关时迁的章节全部撕掉，重新写了一遍，把鼓上蚤时迁写得既有武艺，又十分善良可爱。时迁，高唐州人，流落蓟州，七十二地煞星之第七十一地贼星。第四十六回出场时时迁有一身好功夫，能攀檐走壁，盗墓做贼，江湖上人称其“鼓上蚤”。古时候夜晚要打更鼓，用来戒备盗贼、预防失火。上指上更，“鼓上”是指起更戒严，蚤指跳蚤，善跳。因为他常在上更的时候飞檐走壁，故称之为“鼓上蚤”。

时迁曾因飞檐走壁、跳篱骗马而吃了官司，后为杨雄所救。杨雄、石秀杀了潘巧云、裴如海，商量投奔梁山时，没想到撞上了时迁，于是一起前往。第五十回去梁山途中，时迁偷吃了祝家庄酒店的公鸡，被祝家庄人马捉去，惹出宋江三打祝家庄一段事来。三打祝家庄后上梁山入伙。时迁上梁山后，被派去东京盗得徐宁的宝甲，与汤隆一起将徐宁骗上梁山，因此立下功劳。

六、梦写李逵

施耐庵写书快到尾声的时候，传来了张士诚在苏州被俘押往南京的消息。张士诚起义最终失败，使施耐庵想得很多很远。白驹场的老百姓都说张士诚所以失败，是因为他离开草堰而去了苏州的缘故。施耐庵认为，这种说法正说明起义队伍离开了黎民百姓、受招安投降就一定要失败的道理。他为了使后来的人吸取教训，便将书写成宋江因受招安而屈死的悲惨结局。

宋江投降以后，其实真实的历史是，他并没有为宋王朝征讨方腊、平辽。但是，元末农民起义中张士诚却曾征战刘福通，朱元璋又曾征战张士诚，这是元末农民起义队伍之间的“火拼”。为了警世，施耐庵写了宋江征方腊，结果一百零八将只剩下二十七人。就是这二十七人不久也死的死，走的走，最后宋江也被御赐酒毒死。施耐庵颇费苦心地对书中的一些人物都作了安排和交代。可是，那憨厚、耿直、疾恶如仇的黑旋风李逵怎么办呢？他反复揣摩，打算在宋江受招安后，让李逵手舞双斧再次上梁山，重整旗鼓，东山再起。可是施耐庵又想，梁山泊的“第一尊活佛”李逵为人简单、粗暴，能担得起这副重担吗？夜深人静了，施耐庵仍然坐在书桌旁为怎样安排李逵而煞费苦心。后来他疲倦得直打盹，伏在书桌上慢慢地睡着了。

忽然一阵旋风刮来，施耐庵觉得浑身毛骨悚然，只见黑旋风李逵腰插双斧，指着施耐庵的鼻子大喊道：“你打算让我怎么个死法？”

“我什么时候说要你死的？”施耐庵争辩道，“宋江受招安是自寻绝路，我要你再上梁山造反，不是很好吗？”

“再上梁山造反，当然再好不过，可这能成吗？”

“为什么不成？”施耐庵不解地问。

“在你笔下，早就为我埋下杀身之祸啦。”

施耐庵听了，颇有点儿生气：“铁牛休得胡说，你应当明白，我写书是处处护着你的呀！”

“先生的好意我晓得，可是你让我骂宋江大哥：‘招安、招安，招什么鸟安！’你还借我的手扯了皇帝老儿的诏书，痛打了陈太尉，还叫我放火烧李师师的妓院，把皇帝老儿吓得屁滚尿流。我那宋大哥死心塌地地投靠了皇帝老儿，都被药死了，你想，他们还能让我活下去吗？”

李逵一席话，像重锤敲打在施耐庵的心上。“唔，你的话蛮在理的，照这样说，你是死定了？”

“就是啊，施先生，我死得好惨呀！”李逵舞着板斧、跺着双脚说。

这时，屋外旋风一阵紧似一阵，刮得屋梁柱直摇晃，“咣”的一声，将施耐庵惊出一身冷汗，原来是南柯一梦。这时，窗外雷电交加，狂风怒吼，暴雨即将来临，他连忙起身将窗子关好，转过身来，在闪电的光亮下，只见挂在墙壁上的画像李逵，正圆睁双眼，怒冲冲地望着自己呢。

施耐庵回想着刚才梦中与李逵对话的情景，心里感到很难受，像这样铁骨铮铮的好汉，怎忍心让他在受招安后死掉呢！那么，如何让铁牛死得合理？让他死于官兵之手？不可能，“打不死的李逵”如被官兵打死了，就不是英雄好汉了。那么，让他受招安以后被皇帝老儿杀了吧？更不可能！李逵是“敢把皇帝拉下马”的人物呀！施耐庵左思右想，为难极了。

施耐庵终于想到，宋江要是不受招安，李逵就不会死，宋江既然死心塌地地受招安，那么他害怕李逵会重新杀上梁山，坏了他的名声。于是施耐庵决定把书稿顺着宋江受招安后骗李逵喝毒酒死去的路子去写，让后世的人们吸取受招安的血的教训，并寄希望于后人，能这样修改他的书。

夜深了，申氏一觉醒来，见施耐庵仍端坐在书桌旁泪流满面，于是问道：“什么事使你这样伤心啊？”

“唉，铁牛死了！”

“什么牛？咱家可没有牛呀！”

“不，我书上写的一个造反好汉死了。”

说完，施耐庵仍然坐在那里，看着墙壁上李逵的画像，心情久久不能平静。

想到李逵的结局，施耐庵心里十分难过，但从艺术上来说他又是相当满意的，正符合了古人所谓“文不厌曲”的说法。直线是凝结的形态，曲线是生命的形态，叙事生命是寓于波澜曲折之间的。李逵行事几乎全凭“快活”二字，少理智，无算计，率性而为，因此他的举动有近于童趣的天真烂漫的一面，但也有不问青红皂白，抡板斧“排头砍去”的乱杀无辜的一面。施耐庵写李逵既写了他面对七八十渔人乱竹篙打来，两手一架，把五六条竹篙“一似扭葱般都折断了”的蛮力；也写了他被张顺赚上船落水，任人在水中提起捺下，浸得眼白的弱点。既写了他劫法场时抡着板斧向人多处排头砍将去，又写了他掰翻剪径的李鬼后，轻信他诉述家有九十岁老母而软下心肠。既要写他坐箩筐下枯井救柴进时，担心上面割断绳索的稚拙的慧黠，又要写他误认为宋江抢劫民女，愤而砍倒“替天行道”的杏黄旗的堂堂正正的鲁莽。临了，又梦写李逵，通过这种多面用墨，曲折多姿的文笔，将李逵这个朴诚得透明、莽撞得可爱而又富有喜剧意味的好汉写出。

从最表层的社会意义来看，可以说李逵和宋江分别代表了反政府武装中的两种倾向，李逵代表的是狂暴、猛烈、破坏力强的一面，宋江代表的是温文、和缓的一面。“宋江 + 李逵”式的组合是“儒将 + 莽汉”式的组合。这是中国古代白话小说中的常见组合，还有刘备与张飞、岳飞与牛皋、杨六郎与孟良或焦赞、秦琼与程咬金，等等。

金圣叹说:“《水浒传》只是写人粗卤处，便有许多写法。如鲁达粗卤是性急，史进粗卤是少年任气，李逵粗卤是蛮，武松粗卤是豪杰不受羁靮，阮小七粗卤是悲愤无说处，焦挺粗卤是气质不好。”《水浒传》曲折多姿的笔墨，使得极易类同的同是粗卤性格，显示出妙微差异。所谓妙笔生花，其花乃是生于曲折之处。

七、岳飞影子

施耐庵在写《水浒传》时，以宋江起义为名，对张士诚起义的文学原型用功不少，但同时，作为时代感很强的文学作品，施耐庵还将岳飞故事给予了相当的关注，所以说宋江身上也有岳飞的影子。

北宋末年，辽、金崛起于北方，兵连祸结，中原沦陷；沦陷区的老百姓，处在水深火热之中，不甘做亡国奴，民族意识和情绪十分高涨，抗金救国运动蓬勃兴起，像星星之火一般，燃遍祖国大地。宋代四大史事繁衍而成的四大英雄传奇：杨家将演义、狄青野史、水浒传说与岳飞故事，便反映了宋元之际的社会心理，既潜藏着下层民众审美情趣的发展轨迹，也蕴含着他们价值观念的丰富内涵。

入元以后，岳飞故事的流传受到相当的压抑，元和金虽然也是敌国，但对宋来说，却同样是异族入侵者，对于“壮志饥餐胡虏肉”、“直捣黄龙府”的种种气势，统治者自然会感到难以忍受。因而在元朝，北剧、南戏都只见有“东窗事发”一种题材，话本只出现了一本“游酆都胡毋迪吟诗”，讲史也只见说“道君艮岳”及“秦太师事”，省略了有关民族矛盾的部分不提，或只是隐晦曲折有所反映。施耐庵作为小说家写作《水浒传》，特地虚构安排了宋江征辽故事，很好地反映了宋元之际普遍的社会心理。

宋徽宗信奉道教，自号“教主道君皇帝”，天天设坛打醮，替自己求福求寿。他宠信道士林灵素，任用的道士多至两万人，道官满朝廷，道观遍天下，赐给每观的田地，动辄数百千顷。徽宗宠信蔡京、童贯、王黼、梁师成、李彦、朱勔六个著名奸臣，太学生陈东称他们做“六贼”。当时就有一首流行的民谣：“打破筒（童贯），泼了菜（蔡京），便是人间好世界。”而当南渡之后，南宋建立偏安的小朝廷，过着纸醉金迷的生活，对于中原的土地和人民，任凭金兵和伪齐去蹂躏、宰割，根本不把这些问题放在心头。元人赵孟頫《怀古》诗有两句写道：“南渡君臣轻社稷，中原父老望旌旗。”正是描写南宋统治者的苟且偷安，他们这种作风与中原人民热烈地要求抗战，是背道而驰的。而这时岳家军的称号显得特别响亮，那时，在江湖之间，真是“儿童识其姓字，草木闻其威声”。岳飞的那首《满江红》词几乎家喻户晓，成了千古绝唱，引起全国人民的共鸣。这也与江淮地区南通、泰州、盐城的人文历史地理环境有关。

南宋建炎四年（1130），岳飞率部转战江南，屡败金兵，迫使金帅兀术（完颜宗弼）带着残兵败卒奔逃江北，岳飞乘势收复了行都建康。朝廷下旨升时年二十八岁的岳飞为通泰镇抚使兼知泰州。于是岳家军的作战区域就转移到了江淮大地。通泰镇抚使这个职务起初岳飞并不很中意，他不是嫌官小，而是认为通泰地区较偏僻，不是抗金的重点。但形势的发展出乎岳飞的想象，楚州既陷，敌人越过承州（高邮），直驱通泰防区，快要侵入岳飞直接统辖的区域了，岳飞不得已，只得奉命由前方撤兵，驻守泰州。当谍报敌兵二十万来攻，双方实力悬殊，高宗诏岳飞“可战即战，可守即守”，为了保存实力，岳飞退守柴墟镇。金兵追逼，岳家军与之战于南坝塘，金军大败。相持数日，岳飞既无援军，又无粮草，遂先渡百姓于沙上，自以精骑二百殿后，金兵望之，不敢进。岳飞遂由柴墟镇渡过长江，屯驻江阴军（今江阴市）。

岳飞之孙岳珂所著《金陀粹编》一书有岳飞任通泰镇抚使“军驻溱潼村”之语。清嘉庆《东台县志》记载：“宋建炎年间，张荣、贾虎率义兵与金兵转战南下，与敌相遇于溱潼村，遂引兵佯败，获胜于兴化缩头湖。”以上两文中所记“溱潼村”即今姜堰市溱潼镇。

当承（今江苏高邮）、楚（今江苏淮安）战争前后，有一位人民义勇军的领袖，叫做张荣的，领着一支坚强有力的军队，驻扎在鼍潭湖（高邮东北九十里），截住敌人的后路。张荣本是梁山泊的一个渔人，他继承了梁山英雄的精神，拥有舟师二三百人，当金军入侵到那里的时候，就给敌人一个严重的打击，因此，张荣有“张敌万”之称。张荣在鼍潭湖筑一座草城“茭城”，当作抗金的堡垒，并有万人的队伍。当金兵大举进攻茭城时，张荣势孤，只得率舟退守进入通泰地区。关于溱潼会船的起源，民间传说是南宋绍兴元年（1131），山东义民张荣、贾虎与金人转战于溱潼村，大败金兵于缩头湖，义民伤亡也很多。溱潼百姓收葬阵亡将士，并于每年清明节撑着篙子船，争先祭祀英灵，由此形成溱潼会船的千年习俗。

张荣、贾虎是溱潼抗金的先锋主将，岳飞则指挥和策应了这场大战。溱潼、缩头湖一衣带水，溱潼之战发生时，岳飞正在通泰镇抚使任上，这个职务在军事上兼管这一带，张荣、贾虎之军当属岳飞管辖，但是协调得并不够。那么，“军驻溱潼村”之“军”当是指张、贾之军。在一年一度的溱潼会船节上，十里溱湖到处飘扬着“岳”字大旗和“精忠报国”的大旗，随后并可看到“真龙假虎”的旗幡，真龙、假虎即是张荣、贾虎的谐音。由此可见，岳飞在溱湖上大败金兵的故事早已深入人心，人们在抵御外来侵略之时，就会呼唤像岳飞这样伟大的民族英雄。岳飞于绍兴元年七月升任神武右副军统制，随江淮招讨使张俊前往江西讨流寇李成，由张荣接替了“知泰州”一职。岳飞在泰州任上恰好整整一年。这一年，在岳飞抗金史中不过是长河一波，但是留下了不可磨灭的光辉业绩，功炳千秋。唯此，出生于泰州白驹场的施耐庵写作《水浒传》时不能不受影响，并打下烙印。

姜堰市西北水乡腹地的华港镇和罡杨镇各有一个奇特的村庄名称，华港的那个村叫“羊打鼓”，罡杨的那个村则称“罡门”。老百姓们都说是岳家军在此大败金兵，“悬羊击鼓布疑阵，大败金兵芦苇荡”、“巧布天罡阵，大破女真兵”等等，细考历史却不是空穴来风。再从地理上说，罡门距羊打鼓不过十里，战斗区域扩展到这里是可能的。罡门距泰州不足二十里，金兵曾攻打过泰州，罡门作为泰州的北面门户，岳飞在这里布阵阻击敌军也符合军事常理。“羊打鼓：村舍之名，如龙开声、羊打鼓，皆极诡异。龙开声之名，莫知所自。相传羊打鼓在今港口西北里华乡，其始于南宋时。金主亮之将闻泰为精华所萃，举兵攻泰，肆意残杀，村落为墟，人民避徙无从。岳将军命于其地以羊数千系树，每羊下置一鼓。羊悬于树，其脚搅动则鼓声作，金兵疑有大兵而退，其后遂名羊打鼓。”[①]

泰州有泰山饭店，不是泰州饭店，原来此泰山实名岳墩也。《吴陵纪游》有《岳忠武王庙》载：“泰县西城内有大土墩，高数丈，宋之故垒也。因州为名曰泰山，又曰岳墩，岳忠武王庙建于上。……匾曰‘配义与道’，联曰‘南朝半壁遗抔土，正气千秋压海潮’，曰：‘天留宋朝垒，人说岳家军’。”这里说岳飞的“配义与道”，让人想起宋江起义的“行侠仗义”和“替天行道”。明代进士方岳有《泰州》诗，诗云：“泰州无泰山，飞来奠兹土。”岳墩在州西南（今泰山饭店内），为宋时开东西市河垒土而成。登巅四望，全州尽收眼底。海陵后八景“岳阜晴云”，海陵新姿十六景“泰岱晴岚”，俱指此景。据说岳飞任通泰镇抚使兼知泰州时曾设斥堠（瞭望台）于上。明万历十年（1582）兵备副使舒士猷在山顶建岳武穆祠，前有秦桧夫妇的跪像，旁有抱柱楹联，是用秦桧夫妇互相埋怨、对骂的口气写的，很有意思：“唉！仆本丧心，有贤妻何至若是？呸！妇虽长舌，非老贼不到今朝！”“文革”中祠像俱毁，现已修复。

明末清初孙枝蔚的诗《岳王祠》，诗云：

将军异代丹青地，社稷曾经倚重时。
半壁江山归正朔，中原涕泪望王师。
长驱铁马心犹壮，痛饮黄龙事竟违。
战绩于今光邑乘，荒村伏腊使人悲。

岳王祠在泰州境内共有三处，除在海陵城区岳墩上的，还有在高港

① 见《吴陵野纪》卷一。

口岸镇的岳王庙和靖江的岳飞生祠。此诗写的是高港的岳王祠（庙）。

黄炎培（1878—1965）曾有《岳飞石刻像碑诗》二首，诗云：

忠邪倒置史奇闻，浩气危襟自不群。
祠宇废兴遗爱在，江城长念岳家军。

八百年来兴灭惨，几番争鼎问中华。
相携社会光明道，民族于今合一家。

此诗为作者一九五六年创作，刻于生祠堂岳飞像碑两侧。

宋金对峙是以淮河为界，在盐城市的阜宁、滨海二县横贯淮河，附近乡下多韩瓶，又称是宋代的军用水壶，或酒器，陶制品。可以看出宋代抗金是一脉相承的。“韩瓶：南门外耕者及送葬家，往往于土中得古瓦瓶。长身，两头微锐，浑沦如冬瓜，近瓶口布列四小耳……土人呼为韩瓶。古军中主将，酒瓶皆以亲军负之。宋中兴，韩、岳两家皆有背嵬军，最精勇，即此义。……今瓶多出自南郊田野中，他处亡有，其为王军中酒器无疑。当称岳瓶，不当称韩瓶。”[①]

当施耐庵亲历了元末张士诚农民起义，更是有所感悟，写作《水浒传》就有意识地将张荣、张士诚写入书中。而张荣、张士诚均是抗击入侵的英雄豪杰，前者与岳家军一脉流承，甚至本身就是浑然一体的。而后者是《水浒传》宋江起义的原型。通州、泰州、盐城一带，人民景仰、爱戴张士诚，不可明祭“张王”，只得隐晦曲折地表达，且不说施耐庵写《水浒传》时隐晦曲折，就是民间祭祀张士诚也是曲线纪念。“都

① 见《退庵笔记》卷七。

天为张吴王：周宏炽《张吴王传》云：江淮之民念王逝，则托之张睢阳，所谓金容大帝、行灾大帝皆是。又《琅峰遗稿》云：王殁后，江浙民立祠礼王，为明祖所知，民乃以金饰王容，托称金容大帝；或赭容王，称朱天帝。后更称都天，托之于唐将张巡，亦或称行灾大帝。此皆都天为张吴王之托。”[①]

《水浒传》中梁山好汉多英雄情结，少儿女情长，这与岳飞也颇有几分相像：岳飞知泰州，张贴“安民告示”，维护社会秩序，看望当地乡绅，了解地情、民情，城内的绅士们组织了一批犒劳物资，对岳飞进行了回访。在回访过程中，众绅士得知岳飞身边没有妻妾，为照顾将军的起居生活，劝他纳妾，被岳飞婉言谢绝。

施耐庵家乡的方言也进入《水浒传》，比如“省得”一词，“省”音“醒”，“省得”是“晓得”之意。“四乡语音各异：同是泰人，而四乡之语音各异，即可别其产地。赵渔亭《海陵竹枝词》云：东路人来买稿子，南路人邀过瓦家。忽逢西北乡农到，醒得连称笑语哗。[②]意即，东乡里的人称东西叫“稿子”，南路人称“我”为“瓦”，“我家”称作“瓦家”。西北乡的人称“晓得”为“醒得”。“稿子”其实是古语言“杲昃”（gǎo zè），分别语出《诗经》和《易经》[③]，日出东方为杲，日落西方为昃，“杲昃”被用来借指东西方位，再引申泛指任何物事的“东西”，生活中的通泰方言已讹音为“稿子”（gǎo zi）。

宋江是“尽忠报国”，岳飞是“精忠报国”。施耐庵在《水浒传》第五十八回中写，宋江说：“等朝廷见用，受了招安，那时尽忠报国，未为晚矣。”这“尽忠报国”一般认为是受岳飞故事的影响，《宋史·岳飞

---

① 见《春红晚白轩杂缀》。

② 见《吴陵野纪》卷三。

③ 《诗·卫风·伯兮》有“杲杲出日”之句，《易·丰》云：“日中则昃”。

传》:“桧遣使捕飞父子，证张宪事；初命何铸鞫之，飞裂裳以背示铸，有‘尽忠报国’四大字，深入肤理。”其实，此说更早地见之于《北史·颜之仪传》:“之仪厉声昉等曰:‘公等备受朝恩，当尽忠报国。’”昉即刘昉。“尽忠报国”一词在元明间影响很大，所以施耐庵写宋江也是“尽忠报国”，当是受岳飞的影响。今人所称的岳飞之“精忠报国”，那已是见之于清代乾隆朝的事。

施耐庵在《水浒传》第七十二回中写梁山好汉史进、穆弘改岳飞诗。宋江、柴进在樊楼上赏灯饮酒，听隔壁阁子有人作歌道:“浩气冲天贯斗牛，英雄事业未曾酬。手提三尺龙泉剑，不斩奸邪誓不休！”这诗是史进、穆弘按岳飞原诗改作。据宋赵与时《宾退录》记载:“绍兴癸丑，岳武穆提兵平虔、吉群盗，道出新淦，题诗青泥市萧寺壁间云:‘雄气堂堂结斗牛，誓将直节根君仇。斩除顽恶还车驾，不问登坛万户侯。’淳熙间，林令欲摹刻于石，会罢去，不果。今寺废壁亡矣。”只是岳飞写此诗是南宋初，而史进、穆弘是北宋末年小说人物，此等时间倒置之，确实是施耐庵所为。

施耐庵在《水浒传》第八十回中写高俅大海鳅船（即车船）在梁山泊被堵塞事，当源自岳飞战洞庭故事。《三朝北盟会编》记载:“飞亲往，测其浅处，则弃瓦石压之，一旦填满，长驱入其寨。”又章颖《岳飞传》记之更详:“又官舟浅小，而贼舟高大，贼矢石自上而下，官军迎而攻之，见其舟不见其人。飞伐君山大多为巨筏，塞湖中诸港，又以腐木乱草自上流浮而下，择水浅之地，遣善驾者二千人挑之，且行且詈，贼不胜愤，挥瓦石追而投之。俄而草木壅积，舟轮碍不行。”

施耐庵在《水浒传》第八十三回中写宋江等奉旨征辽，实属虚构，诚如李贽在《忠义水浒传序》中说:“施罗二公身在元，心在宋；虽生元日，实愤宋事，是故愤二帝之北狩，则称大破辽以泄其愤。”鲁迅在《中国小说史略》中也说:“然破辽故事虑亦非始作于明，宋代外敌凭陵，国政弛废，转思草泽，盖亦人情。”施耐庵写作《水浒传》特地安排宋江征辽故事，也主要是迎合当时的人们对杨家将抗辽、狄青平西、岳飞抗金等民族情结的缅怀和纪念。真是“青山有幸埋忠骨，白铁无辜铸佞臣”。

施耐庵《水浒传》第一百回本有终卷诗:

莫把行藏怨老天，韩彭赤族已堪怜。
一心征腊摧锋日，百战擒辽破敌年。
煞曜罡星今已矣，谗臣贼相尚依然!
早知鸩毒埋黄壤，学取鸱夷泛钓船。

此诗是叶绍翁悼岳飞诗《题西湖岳鄂王庙》改成的，据宋魏庆之编《诗人玉屑》记载:

岳王之死，天下冤之，坟在西湖之傍，人多题咏，独叶靖逸（绍翁）一诗甚佳。公之孙珂守武昌日，以此尝致遗焉:
万古知心只老天，英雄堪恨亦堪怜。
如公稍缓须臾死，此虏安能九十年。
漠漠凝尘空偃月，堂堂遗像在凌烟。
早知埋骨西湖路，学取鸱夷理钓船。

《武林旧事》、《南村辍耕录》所记略同，可见施耐庵在写《水浒传》时对岳飞情有独钟，匠心独运。

第七章 牢狱之灾

一、对联治病

施耐庵生平不爱钱财，更不喜分外之利。生活贫困之际的施耐庵，只得在门外挂了个招牌，行起医来。施耐庵不仅能文善诗，而且还精通医理，他曾经以对对子的方式，治愈了病人的顽疾。

现代医学有一种理论叫“心身医学”。恋爱从理论上讲是一次情感神游，是一次疾病复发，属精神行为范畴。其症状之一，情绪不稳，忽喜忽悲，东边日出西边雨，阴晴不定。其症状之二，神经过敏，夸张无度，常人眼中的西瓜，视若芝麻。其症状之三，智力下降，判断力差，寻常小事蹿火苗，内功全废。

一天，兴化城里的顾逖亲自到白驹场登门，为远房的侄子顾斐求医。施耐庵跟随顾逖来到顾家，只见顾斐面黄肌瘦，躺在床上神情恍惚，口里在喃喃自语：“五月艳阳天，五月艳阳天……”

施耐庵坐下为顾斐号脉，只觉得病人脉搏微弱，而舌相却焦红。据此病情推断，分明是心肝火旺，应以清凉祛火。他翻开前几位医生的药方一看，也都是用的祛火药，非但不见效，反而病势不断加剧。此时，施耐庵也拿不定主意了。

他沉思了好一会儿，转脸问顾逖：“不知相公何时、何故而得此病症？”

“算来已有三月之久了。至于得病缘由，真是莫名其妙，实在说不清楚。”顾逖无可奈何地说。

施耐庵听了，感到分外棘手：病人起病缘由搞不清，要治好病等于盲人走瞎马，实在难哪。这时，施耐庵注视病人神态，只见顾斐泪流满面，处于半昏迷状态。一会儿，翻了个身，口中仍是自语着“五月艳阳天”。

“三春芳草地！”施耐庵根据词的对仗要求，脱口而出。

说来奇怪，顾斐听到施耐庵的回答，顿时精神为之一振，抬起身，神志显得十分清楚，竟像常人一样，对施耐庵说：“敢问奇人，这‘丁香花百头、千头、万头’呢？”

施耐庵不假思索地说：“冷水酒一滴、两滴、三滴。”

顾斐一听，连忙从床上坐起身来，自已披上衣服，走到施耐庵面前深施一礼，然后说：“‘山石岩前此木枯，此木即柴’，一并请先生赐教。”

施耐庵稍一沉吟，用手在桌子上一边轻轻击着节拍，一边说：“白水泉中日日明，三日是晶。”

顾斐听完，病情立刻好转，竟连连高呼：“快拿酒菜来，快拿酒菜来。今晚要一醉方休！”

顾逖和在一边服侍的仆人见此情形，大为惊讶：施耐庵竟没用一味药，只是说了几句对联，就把一个垂危的病人治好了，真是奇迹！直喜得顾逖老泪纵横，吩咐家人备酒备菜，在小集镇酒店盛情款待施耐庵。

原来，顾斐有个表妹，不但人长得俊俏、端庄，针线活出众，而且满腹文章，所以被誉为昭阳才女。顾斐小时候和表妹常在一起玩耍，真是青梅竹马，两小无猜。长大之后，便生爱慕之心。于是由顾斐母亲出面请人做媒撮合，顾斐舅父也欣然同意这门亲事。

可是，这个表妹学起“苏小妹三难新郎”来了，暗中叫丫环给顾斐送来一书，大意是：要能对上三个对联，她才出嫁，否则就请表兄安心读书，话外意思是：若是对不上来，她就不愿出嫁。

别小看上面的三个对子，确实有点儿学问，且不说第三个对子由三个字组成，意思连贯，就是第二个对子“丁香花百头、千头、万头”，“丁”字是“百”字头，“香”字是“千”字头，“花”字是“万”（繁体为“萬”）字头。要能对上也就不那么容易了。

顾斐拿到这三个对子的上联，翻遍五经四书，一无所得；请教不少先生，难以绝对。心想，对子对不上来，非但不能结婚，而且要在表妹面前出丑，这如何是好。于是心中十分焦急，哪知道，越是着急越是对不上来，越是对不上来越着急，这样就急出病来了。如今，施耐庵治好了顾斐的心病，顾逖喜上眉梢非常佩服，真是“钥匙挂胸前——开心”。

施耐庵不仅会写书，还会画一手好画，特别是早年的童子功，画牡丹是十分出名的。不过他有个怪癖，画好一张，往墙上一贴，让几个好朋友看看、评评，随后就又撕下来，点火一烧，所以他没留一张画在世上。

当时确实有不少人想要他的画，特别是一些有钱的盐商，愿意出高价买，可就是买不到。

有一年冬天，有个盐商打听到施耐庵新近又画了一幅牡丹，挂在书房内还不曾烧掉，就托人说，愿出十两银子买。

施耐庵的夫人说:“这几年连年遇灾，庄稼歉收，眼前快过年了，前年借人家的钱还不曾有着落呢，你就卖一幅吧！”

施耐庵听了，叹了口气，说:“我并非不想让我的画传世啊！实在是怕为了几个钱，让牡丹落入世俗之手，把画糟蹋了。”

一次，施耐庵看到乡民王大拉着自己的孩子在卖，心里着实难受，对王大说:“你不能想想别的办法吗？”

王大说:“我因为前年死了妻子，借了人家二两银子的高利贷，连本带利三年下来，已欠下十两银子了。债主天天催要，我是走投无路呀！”说完就拉着孩子，向施耐庵磕头，求施先生把他的孩子买下来。

施耐庵说:“这孩子你不要卖了，我这里有张画，你拿去卖了还债吧。这画正好值十两银子，少一两你不要卖。”说着就叫人把画拿给了王大。

王大接过画卷，呆呆地望着施耐庵，有点儿不相信这张牡丹图能值十两银子。

施耐庵说:“你快拿去卖呀，我还骗你吗？”

王大捧着画走上街，盐商们听说是施耐庵画的牡丹，都争着要买，一手接画，一手交钱。王大未曾费事就卖了十两银子，还了债，抱着孩子回家去了。

串场河心的小岛花家垛与茅家园相望，耿直健谈的艄公花老爹，和施耐庵结成了好友。花老爹虽然是七十多岁的人了，可是精神还很好，谈起前朝旧事头头是道，论起乡风民俗无所不晓。施耐庵只要一有空，就上花家垛和花老爹摆龙门阵。要是到了阴雨天无人过渡时，花老爹也到茅家园来看施耐庵。

一个夏天的中午，老天不断地下着大雨，花老爹驾着小船来到茅家园，只见施耐庵一边观赏着门前池塘里的荷花，一边作画呢！看那画，荷叶像在迎风摇摆，叶茎挺拔，荷花红得煞是可爱。特别奇妙的是，荷叶上的水珠滚滚欲滴，宛如真的一般。花老爹不禁连连叫好。可是快要画完了，施耐庵却把画撕下来揉成一团掷掉了。这使花老爹大惑不解，惋惜地问："施先生，你把画撕掉又何苦呢？"

施耐庵叹了口气，气愤地说："白驹场这个陈大户，好歹也是从苏州阊门搬来的同乡，可他不念同乡情谊，知道我会画画，前天派人送来三十个小钱，要我为他作画。你看，这人竟敢如此蔑视我。还是不画的好，所以撕掉。"

花老爹知道了施耐庵的心境，想了想便说："是啊，姓陈的大户，为人刻薄，翻脸不认人。他到我们这儿已多年了，苏州阊门来的杨姓、李姓和他都没有交往，这人也够绝的。"花老爹停了停又说，"哎，我想起来了，四年前杨大户家请来了一个画师，给他家画了一幅山水中堂，就给十两银子。我看呀，远远不如你画的荷叶荷花那样神。要是你把画送给杨大户，他不知道会高兴成什么样儿哩！"

施耐庵听了笑笑说："我不愿用画来趋炎附势呀！"

花老爹听了，点点头，心里暗暗称赞施耐庵为人光明正大的品德。

这时，雨渐渐停了，东海上空一道彩虹横跨南北。天空湛蓝湛蓝，雨后海边空气特别新鲜。施耐庵兴致勃勃地邀请花老爹去白驹场一家酒店小酌。

两人来到街北的五孔桥，只见南桥墩下围着一簇人，正在观看一个满脸泪痕的女人和一个插着草标的小女孩。花老爹走近一看，便告诉施耐庵："她俩是丁溪场盐民张三的老婆和孩子。那张三是张士诚的族兄，先头和张士诚一块贩卖私盐，后来又跟张士诚一块造反到苏州，可是从未见一纸一文捎回家来，现在又生死不明，苦死了这娘儿俩。前天，这妇人的婆母老死，做媳妇的心肠好，无钱葬殓婆母，生活又过不下去，所以插标卖女，真是够可怜的。”

花老爹一席话，说得施耐庵流出了热泪，呆呆地看着这娘儿俩。

“要多少钱，我给！”一个阴阳怪气的人说道。施耐庵一看，是一个尖嘴猴腮的中年男子，正斜着三角眼，用手扭过孩子的下巴看着。

“能有一副棺材钱，也就是了。”那女人轻声地说完，便又低低地哭泣了起来。

“那好，五两银子是足够买一副棺材的了，钱我给。”说着，那个人来拽孩子。

“不，不能呀！”花老爹突然扑向孩子，对那女人说，“他是人贩子，你可知道他把孩子买去做什么？是去祭祀殉葬的！你忍心卖掉吗？”花老爹悲愤地呼喊着。

“老天爷呀，我，我，叫我怎么办哪……”女人的全身在颤抖着。

“嘿嘿，好你个老头！你有钱，你就把孩子买了去；没有钱，别乱嚷嚷！”尖嘴猴脸的中年男子歪了歪嘴，又对那女人说，“别听他的，还是卖了吧。”

“慢！我买了！”施耐庵看到这一切，突然喊了一声。

“哎哎哎，有你这么说话的吗？我出五两银子已经买下了。”

“我出十两银子，买这小女孩。”施耐庵轻蔑地看了他一眼。

“嘿嘿，你这糟老头儿还挺有钱哩，我就不信。咦！我出二十两银子买小孩。”

“我愿再加十两银子！”施耐庵斩钉截铁地说。

“好好好，算你老头儿有钱。我可要看着你从哪儿弄这么多钱来！”尖嘴猴脸的人看看衣着平常的施耐庵，气馁地说。

这时施耐庵吩咐花老爹带着这娘俩到就近处人家歇下脚，自己便回到家里。可是从哪儿弄这么多钱？这时，施耐庵感到十分为难，想了想，便饱蘸笔墨画了一幅泼墨荷叶和一幅人物画。施耐庵只是几笔，画面上便出现了一个远行出征的人和妻儿道别的情景。下边的题词是：“征人几时归，妻儿殷切切。”并盖上了自己的印章。

画的墨迹一干，施耐庵便小心翼翼地收拢起来，拿着画快步来找花老爹和那娘儿俩。

施耐庵对花老爹说：“花老哥，麻烦您将这两幅画送杨大户家，多多拜上，看看能否换上些银子接济这娘俩？”

花老爹被施耐庵见义勇为卖画济贫之举所感动，便欣然前往。说也巧，正待花老爹去找杨大户时，只见杨大户笑吟吟地从远处走来，对施耐庵说：“传闻施先生义买小孩，我路过这里看个究竟。”

“请勿见笑！”施耐庵指了指花老爹手中的画说，“如蒙相助，请给数两银子，让这娘俩殡葬了老人，够她们娘儿俩暂度光阴，老朽便是三生有幸！”说完，施耐庵手一拱，满意而去。

“真是奇人呀！”花老爹赞叹着施耐庵。

杨大户收下画，当场给了那娘儿俩二十两银子。

那娘儿俩向杨大户、花老爹叩头谢恩，杨大户笑着说：“你要谢，应该谢那位施先生才是哩！”

二、迁坟让水

元朝末年的一个夏天，正是稻子抽穗时节，农民迫切盼望下雨。可是一连三十余天，老天偏偏滴水不下，串场河西的一些农民只好日夜用水车车水抗旱。

一天下午，施耐庵到花家垛，看见几个老年农民在花老爹渡口的小茅棚里歇脚。大家见他来了，连忙让座，其中一个头发花白的老汉站起身来问施耐庵："先生，你看老天什么时候才能下雨呢？"

"噢，"施耐庵沉思了一会儿，"这就要看五月十三这一天了。"

"按理说五月十三是关老爷的磨刀日，该有雨哩。先生您看今年五月十三能下雨吗？"花老爹也焦急地问。

"今年五月十三能不能下雨，把握不大，说不定要等到六月六哩！"

"这可坏啦！"几个农民几乎异口同声地说。

"天不下雨，可串场河的水不至于干枯呀！只要花力气往田里车水也就是了。"

"唉，要是串场河里的水能引到我们的田里，也就不那么发愁啦。"

"怎么会引不进呢？"施耐庵不解地问。

这时，花老爹指着老农民对施耐庵说："他们是住在西面倪邵庄那一带的。可是串场河水一进倪邵庄却被仲大户的祖坟挡住了去路，再也进不了稻田，人们干瞪眼，也没办法，只有指望老天爷降雨了。"

"那就去求仲大户家把祖坟迁了，水不就进稻田了？"施耐庵说。

"唉！和尚娶媳妇，哪能有这样的好事啊！他家的祖坟肯让人动吗？"一个花白胡子的农民说。

"大家去求他行点儿好、积点儿德，我看也是可以的吧？"

"施先生有所不知，这个仲大户可绝哩！"一个农民气愤地说，"原来他家祖坟并不在那儿，还是去年新迁的，说是这儿风水好，后代兴旺。其实呀，他明明知道这儿是河道，可他偏干这缺德的事！"

原来串场河西有些河道，到了干旱季节，便成了旱道，可以当道路走人，也可以临时种些庄稼。

"姓仲的绝子绝孙，连个侄子侄女也没有，绝他家八代的！"另一个老汉愤愤地骂道。江淮方言中"宗"与"仲"发音差不多。

施耐庵听了，想了一会儿问：“这仲大户，他是姓‘宗’还是姓‘仲’？‘宗’字是二小戴个帽子，‘仲’字却曾难倒孔子呢。说孔子周游列国时来到海陵，挑水的村姑站在井边，村姑就考孔子了，扁担往井口上一搁，问孔子这是什么字，孔子说是‘中’，村姑说是‘仲’，井边还站着一个人呢！”施耐庵不忘幽默，“稻田里不是需要水吗，我自有办法。”

“办法？什么办法，先生快说！”大家惊喜地问道。

“这样吧，你们回去，告诉大家各自做好挖土、引水的准备。不过三天，我想法让串场河里的水流进你们的稻田。”

“真的吗？要真是这样，我们向你磕头了。”几个农民既感激，又是半信半疑。

范公堤旁的大丰乡谚说：白驹出人，刘庄出鬼，大团、小团出匪。像施耐庵、张士诚都是白驹人，刘庄场出鬼，是出鬼才，鬼是机灵之意。而大团、小团烧盐的团灶过去确有不少土匪出没于此，这仲大户就是大团、小团一带的。

第二天一大早，施耐庵乘坐花老爹的小船来到了西落湖。他装着闲逛，来到了仲大户家。

仲大户因为常到白驹场，也认识施耐庵，并且知道他是个极有学问的人。仲大户见施耐庵到来，倒也十分热情地迎进屋，一边让座，一边倒茶。

施耐庵一坐下就煞有介事地说：“我看了你府上的阳宅，不是我恭维，风水极好，定然后步宽宏，子孙兴旺。”

仲大户听了，苦笑了一下说：“施先生，你别拿我开玩笑了，我连半个儿子也没有，还谈什么‘子孙兴旺’啊！”

施耐庵故作惊讶地说：“这就怪了，观此阳宅风水确是很好嘛。”然后又沉思了一会儿，严肃地说，“莫不是阴宅有什么不当？敢问府上的阴宅在何处，如果不远的话，我倒是很想看一看究竟呢！”

仲大户慌忙把施耐庵领出门外，指着东面不远处的一座大坟说：“就是这座坟，不远。施先生去看看？”

“唉……”施耐庵对大坟左顾右盼了一会儿，接着说，“用不着去看了，在这里我看得很清楚。仲员外，容我直言：果然如我所料，看此阴宅位置，是挡住你府上的子路，当然就没有儿女了。”

“先生，先生，您可有办法打开这子路吗？”仲大户迫不及待地问。

施耐庵笑呵呵地说：“这点小事并不难办。只要把府上的祖坟向西南移八十丈，搬到那块较高的土地上，子路就自然通了。”

“这话当真？”仲大户喜上眉梢。

“施某从来说话算数。你想，祖茔在这低矮的曲道上，贵府怎么能发迹？”

“施先生说得有理。细想起来，几年前，我家事事顺当，就打去年依了老妻拙见，为了节约土地，把祖坟移到了旱河道上。入春以来，我家好多事情就不那么顺心了。既然先生指明道路，我一定照办。不知先生还有什么吩咐？”仲大户虔诚地说。

“我想，要是尽快把祖坟迁了，再在这儿开条河，水畅通了，事事也就顺心了。”

“这个……”仲大户心想，移坟倒也罢了，要开条河得花好多钱哩。他在田埂上来回踱了几步，自言自语地说，“迁坟要钱，叫人挖河也得花钱，这是一笔不小的数目啊！”

“老弟，这算得了什么！常言道，‘不孝有三，无后为大’啊！谁喜欢绝子孙？这钱花得值呀！”施耐庵规劝着仲大户。

“哎，先生说得是。请问先生，何日迁坟、挖河为好？”

“照理，要在年底或清明节移祖坟，但你夫人的命运八字注定，现在倒是个移坟挖河的好日子，你如不信，日后找我就是了。”施耐庵掐着指头，盘算了一阵，笑着说道，“你可马上告诉乡邻，要他们先去那儿破土，然后在几天之内移好坟，挖好河，机会不可错过呀！”施耐庵说完，便满意而去。

这下可忙坏了仲大户，果然急着叫人迁坟、挖河，没有到三天时间，串场河里的水流进了西落湖，不但老百姓的稻田里灌足了水，每个挑河的民工，还拿到了仲大户的一份工钱。人们心中暗暗感激着施耐庵。

施耐庵为了说话算数，又给仲家开了能生儿育女的处方，果然吃了药的仲大户老婆，当年也怀上了孩子，所以白驹方圆几十里的百姓，很快都知道了施耐庵是个能掐会算的能人。

三、吟诗拒聘

施耐庵与刘伯温是契友、至交。早年和平年代，他们青春年少同考进士，元末战争岁月，他们各保其主浴血奋战。如今张士诚兵败，朱元璋意气风发，想网罗天下才德之士，为大明后世效忠。刘伯温被封官，想到他的好友施耐庵当年曾做过军师，是个足智多谋的才子，因此极力向朱元璋推荐。于是，朱元璋就让刘伯温带着圣旨登门恭请。

刘伯温奉命来到白驹场，只见茅家园一片雾气腾腾，便料到此地必有能人，经过打听，果然是施耐庵为著述《水浒传》而在沙盘上摆八卦阵。刘伯温在茅家园见到施耐庵时一边施礼，一边笑着说：“师兄，我已数次奉旨前来恭请，可是你怎么不肯赏光呢？”

施耐庵也笑道："老朽之人，不中用了！"说罢，忙命人摆酒接风。刘伯温乘着酒兴，随口吟诗道：

闻说江南一老牛，诏书征下已三秋。
主人有甚相亏处，几度加鞭不转头。

施耐庵知道这是老朋友在戏谑自己，当即以诗作答：

老牛力竭已多年，项破皮穿只爱眠。
犁耙已休春雨足，主人何必再加鞭。

刘伯温又赋诗一首：

春夏秋冬匆度过，金鸿玉兔去如梭；
人生将老发先白，血气既衰面起波。

施耐庵抱定宗旨，不事二主，以诗对曰：

叠叠人间不平和，重重恶霸并贪官。
时时悟觉反狼虎，自可延年脱网罗。

吟完诗句，装着酒醉，回到书房伏在书案上就睡了。刘伯温看到施耐庵无心为官，只想专事《水浒传》创作，也就没再多说什么，打道回府了。

从笔记资料上看，施耐庵与刘基都到过梁山。刘基是元至顺四年

（1333）癸酉科的进士，施耐庵于元至顺四年到大都考试不中，以后才到郓城做训导，那么与刘基是同门师兄弟，也和民间历史传说施、刘为同学相符，且刘基也到过梁山，并有《分赃台》诗为证："突兀高台累土成，人言暴客此分赢。饮泉清节今寥落，可但梁山独擅名。"清朝乾隆年间的苏州人顾公燮，字丹午，号澹园，是吴郡诸生，他写的《消夏闲记》（手抄本），有这样一条记载："施耐庵，钱塘人，与刘青田相契。明太祖搜罗人材，刘荐耐庵，命访之。适耐庵作《水浒传》甫竣，刘阅之，遂不言荐，归报太祖曰：此人心思才力已耗尽于一部小说矣，用之何益！"清末由日本人在上海出版的《〈推背图索隐〉序》中也有类似的记载："朱元璋偕刘伯温访求可助军国大计之人，及见施耐庵，谈叙间，施出《水浒》一书，刘阅毕，即偕太祖而去，曰：'非其人也'。后访得徐达，聘至军中，因成一统。"一九三三年上海中西书局印行《古本水浒》，有梅寄鹤所写的序，其中提到清光绪年间江荫香，别号伯绥氏《梦花馆笔谈》中的内容："耐庵博古通今，才气横溢，举凡群经诸子，词章诗歌，天文地理，医卜星相，一切技术无不精……超脱潇洒如神仙。自言青田刘伯温长地为政而拙于军旅，中驷材耳。""洪武初，隐于江阴，设馆授徒，从学者甚众"，"与刘青田为同门师兄弟。"

从学术思想上看，刘基的文章才气、志向抱负，都是博大的，然而与施耐庵在思想深度、政治观点、人生态度上又有很大差别，生活际遇更是迥异。但是施耐庵写《水浒传》的忧时愤世，与刘基诗文中的忧时愤世是同样的强烈，可以说明他们所处的时代背景是一样的。出于对贪官污吏的痛恨，经由对元末社会的观察和思索，刘基得出了"官逼民反"的结论。刘基《感时述事十首》之五以官逼民反为主旨，词语剀切之至：

古人有战伐，诛暴以安民。

……

滥官舞国法，致乱有其因。

何为昧自反，一体含怒嗔。

诗的关键一句是“致乱有其因。”这个“因”在朝廷方面：滥杀生灵，掳掠百姓，横征暴敛。贪官污吏横行霸道的结果，是使民众动辄遭遇祸患。为了逃得一条性命，只好铤而走险，啸聚山林。元朝的官吏，在善良的百姓面前是狼，在造反的强梁面前是羊。平日如凶神恶煞，而一上战场，却坐失良机，致使小病酿成膏肓之疾：当成千上万的“耕桑子”（农民）被裹挟着加入起义队伍时，元朝的大势已去，局面再也不可挽回。《水浒传》开头便写高俅发迹和逼走王进的事，施耐庵的用意是什么呢，评点家金圣叹有两段精彩的分析：“乱自上作，不可长也，作者之所深惧也。一部大书七十回而开书先写高俅，有以也。”金圣叹的分析，直指导致天下大乱的“因”，他的意见是“乱自上作”。这与刘基说的“滥官舞国法，致乱有其因”可以互相印证。高俅这样的“滥官”玩弄国法，将王进这类忠良逼得走投无路，国家能不乱吗？自然，王进虽被逼也仍未造反，但逼得太甚因而奔上梁山的却大有人在，林冲即是代表。林冲是颇能逆来顺受的：高衙内调戏他的妻子，他受“不怕官，只怕管”的观念支配，自行熄灭了胸中怒火。他被陷害刺配沧州，还打算“挣扎着回来”。在前往沧州途中，两个解差对他肆意折磨，他还是低声下气。直到最后，高俅派人火烧草料场，他不逃走就会被判死刑时，才下定决心上了梁山。刘基诗中说：

人情各畏死，谁能坐捐身？

所以生念虑，啸聚依荆榛。

这仿佛是在剖析林冲的心理，林冲听了，一定也会首肯的。官逼民反，刘伯温与施耐庵得出了同样的结论。

刘伯温的《秋兴》七首显得沉郁：

一自中原万马奔，江淮今有几家存？
龙韬豹略痴儿戏，秾李夭桃猛士门。
废垒秋风销战骨，荒郊夜雨泣冤魂。
江湖愁绝无家客，伫立看天泪眼昏。

该诗颔联写朝纲之不振，尾联写一己之流浪，身在江湖，心存魏阙，追原祸始，不胜怨怒之情。此诗出现了“江湖”二字。当朱元璋打败了陈友谅之后，挥师进击张士诚，为了师出有名，先传檄声讨张士诚的罪状：“惟此姑苏张士诚，为民则私贩盐货，行劫于江湖。兵兴则首聚凶徒，负固于海岛。”刘伯温将张士诚比喻于江湖之人，作为元朝的官吏，刘伯温此时是站在朝廷的立场上看待农民起义的。特别是在他隐居了两年多，接受了江浙行省都事的任命后，他来到杭州，协助行院判石抹宜孙剿“贼”。他在《次韵和石末公春雨见寄》中写道：

小人务苟且，君子惭素餐。
高牙对多垒，肉食徒王官。
周纲虽云弛，一匡赖齐桓。
莫惊沟浍盈，雨息当自干。

“周纲虽云弛，一匡赖齐桓”二句，是说齐桓公是春秋五霸之一。

诗中的“周”是比喻元朝，“齐桓”则是比喻石抹宜孙。这一比喻是耐人寻味的。其实刘伯温以齐桓公比石抹宜孙，是鼓励他自创基业。施耐庵的诗文中也常用“江湖”二字，如《秋江送别》中就有“遍历江湖”之句，他在为江阴许恕家的族谱作序时也说：“仆与令尊翁，先后浪荡江湖，而掌教澄江，桃李遍植……”当然，《江湖豪客传》因为太露太直，所以直到后来才有了一个隐晦曲折的书名：《水浒传》。“水浒”二字出自《诗经》：“率西水浒，至于岐下。”这首诗歌颂周王朝古公亶父自迁于岐山，奠定了周王朝的基础。施耐庵是站在同情张士诚农民起义的立场上的，这里的周朝暗合张士诚的“大周”国号。据宋代洪迈著《容斋随笔》“稷有天下”一节介绍，“是时，稷始封于邰，古公方邑于梁山之下，文王才有岐周之地，未得云天下也。”这里说的古公亶父（即太王）刚刚在梁山下修筑城邑。所以说又与梁山水泊联系上了，“水浒”二字确是任何字词都无法比拟的。

四、挥泪写序

元朝末年，有江阴澄江书院山长许恕①，字心如，是一位秉性高洁、正直倔强的知识分子，人称江东才子。他不满当朝的政治腐败和民族压迫，愤而离职，回到杨舍斜桥故里沧江别墅，闭门读书，以酒浇愁。

一天，许家的几名长辈来看望他，其中一位说：“我祖殿讲公保驾康王南渡，从河南灵宝县斜草桥迁居江南，至今已有一百多年了，许族

① 《江阴市志》载：元至正年间的1349—1355年，江阴人蔡以忠创办澄江书院于江阴城内布政坊西南，许恕为首任山长，入明废。

子孙遍及澄、锡、苏、虞诸郡县。可是，虽已有十余代子孙，却没有一本江南许氏的族谱。”

许恕说：“对，应该以殿讲公为江南许氏始祖，编一册《江阴斜桥许氏宗谱》。”

“我们商酌，想请你主持编撰宗谱。”

“如果族长放心侄孙主持，心如愿意编修江南第一本许氏族谱。”

斜桥许氏在许恕主持下，开始进行撰修族谱。日以继夜，十分辛苦。三个月后，族谱基本写好，但许恕因操劳过度，一病不起。

那天，许恕将儿子许润（字泽山）叫到床前，说：“润儿，斜桥许氏宗谱即将完稿了，尚有序言一篇，还未写好，为父考虑再三，决定请海陵县白驹场施耐庵来写，耐庵兄是我一生中最为敬佩的学长。”说完，从枕下拿出早已写好的书信，给许润，说：“这里有书信一封，你带着它，早日到白驹场找施耐庵。”

许恕死后，许润带着书信，启程到海陵县白驹场。许润将父亲的信交给施耐庵，施耐庵看完，十分高兴地说：“心如兄如此抬举耐庵，耐庵一定尽力而为。泽山侄儿，令尊近来身体可好？”

许润含泪说：“家父在一个月前已经谢世了。”

施耐庵听后不禁流下泪来。几年前，当同僚鲁渊、刘亮离平江时，他们同在沧江别墅的秋屏阁里饮酒赋诗，说到“把两字儿平安，抵黄金万倍重”，想不到那次小聚竟成永别。施耐庵流着泪连夜为《许氏家谱》写了序言。略谓：

仆与令尊翁先后浪荡江湖，而渠掌教澄江，桃李遍植，虽洁志高蹈，士林传诵未已……仆偶有一枝之栖，暂免饥寒，恐为期不远，瞬息即逝，际此干戈扰攘，萑苻遍地，乔木之迁，除却蓬莱，竟无一片干净之土，衰朽之躯，将来不知埋骨何处。瞻望前途，徒增回首凄凉之感……

五、坐牢金陵

定居白驹场后，施耐庵时常往来于西落湖（今施家桥），大部分时间和精力都花在写作和修改《江湖豪客传》上，眼看全书即将完成，他又觉得书名不够含蓄，几次想改名，都没有一个满意的书名。弟子罗贯中是施耐庵门生中的佼佼者，常在写作《三国演义》之余，协助施耐庵校对鱼亥，编写《江湖豪客传》。

施耐庵对罗贯中说：“我是写水泊梁山英雄好汉的，虽然胡乱凑集了不同朝代的人，一道到这儿来造反，却正好寄托了我的思想。我喜欢梁山，喜欢这些英雄，所以想叫它《英雄传》或者《豪客传》什么的，但总觉得俗了一些，露了一些。”

罗贯中领会了施耐庵的意思，想了好久才说道：“‘林冲雪夜上梁山’一回书里，有‘豪杰蹉跎运未通，行藏随处被牢笼。不因柴进修书荐，焉得驰名水浒中’的诗句。自林冲上梁山后，一百余英雄好汉先后上山啸聚，威震四海。梁山泊是山东济州管辖下的一个水乡，方圆八百里，中间是宛子城、蓼儿洼。所以我想，大著不妨叫《水浒传》，似乎还算合适。”

饱读诗书的施耐庵觉得这个意见很好，说：“水浒就是水边，含有‘在野’的意思，还有典故：‘古公亶父，朝来走马，率西水浒，至于岐下。’而且‘水浒’与‘白驹’同出于《诗经》，《诗经》曰：‘皎皎白驹，食我场苗。……’‘水浒’与‘白驹’是不可分的，非常合适！”

说完在书的封面上写下了“水浒传”三个大字。

串场河水浩浩荡荡，可洗刷不尽施耐庵对世俗的不平。《水浒传》是一部愤世之作，强烈地表达了他对劳动人民的无限同情和对元朝统治的极端不满，这就是《水浒传》所以能长久流传的原因。

由于《水浒传》的口语化，施耐庵常常在白驹北宝寺说书场说书。一天晚上，因为施耐庵写的“宋江三打大名府”这几回书太精彩动人，大家争着要先睹为快。施耐庵说：“大家不要争啦，让我来讲给诸位听。”他便学着说书人的语言、神态，从“劫法场石秀跳楼”讲起，讲到“呼延灼月夜赚关胜，宋公明雪天擒索超”，“时迁火烧翠云楼，吴用智取大名府”。一个个人物都讲得活灵活现，一个个故事都讲得环环紧扣，大家听得入神，有个小伙子听到吴用兵分八路，杀进大名府，一时忘了神，竟大声连呼：“杀得好！杀得好！”

这时，刚巧一个官吏从外面喝得醉醺醺地路过，听到这喊声，大吃一惊，忙问：“杀得好，哪个杀得好？”

那喊叫的小伙子支支吾吾地回答：“梁山好汉杀得好！”

官吏惊回：“梁山好汉？大明朝刚刚建立，你们聚在一起讲张（谈话）了吗？”

那小伙子没奈何地说：“新编的《水浒传》。”

官吏从小伙子手中抢过书来，翻了一会儿，不觉眉头紧皱，两眼一弹，厉声喝道：“好啊，你们偷看邪书。这书里宣传‘盗贼’，诬蔑‘官府’，煽动谋反，这还了得？你们快讲，这是哪一个写的啊！”

大家见官吏要追查写书人，一声不响。官吏见大家闷声不响，不觉大怒：“好！你们不讲，统统坐牢！”

这时，施耐庵“噌”地站了出来：“这事与乡亲们不相干，书是我写的，有罪我一人承当！”官吏见是施耐庵，便吩咐左右，将他押送金陵。

金陵，施耐庵很早就在历史典籍中了解了它，早在从前的经史子集中想象过它，曾经辅佐的吴王张士诚兵败被朱元璋部羁押后死难于此，现在终于出现在他的面前了。金陵的风光和白驹场相似，也是风和日丽，树木繁茂，郁郁葱葱，所不同的是金陵山川锦绣如画，白驹水乡一马平川，气势比白驹场更加雄伟：城东莽莽钟山像一条苍龙盘卧着，城西巍巍石头城像一头猛虎雄踞在那儿，城北是云蒸霞蔚的玄武湖，城南是莺歌燕舞的秦淮河。

金陵自古是虎踞龙蟠，帝王之川，从孙吴、东晋到南朝宋齐梁陈，金陵一直作为帝都，如今又是朱明王朝京城。千百年来它被称为建业和建康，金陵却是它最早的名字。楚怀王的父亲楚威王在占有江东以后，认为这儿有王气，便埋金以镇之，并设置金陵邑。之后秦始皇出巡金陵时，随行望气者称：五百年后，金陵有都邑之气（有王气）。于是始皇号令凿方山、断长垄以泄王气。并且将楚所设置的金陵邑改为秣陵县（城址在江宁区秣陵镇）。“秣”是草料，即不该称富贵气十足的金陵，只配作他的牧马场，并在紫金山北埋金，以锁（现在的锁金村一带）住王气。虽然名称屡有改动，在唐代，它只不过是江南道润州江宁县，但后来的人们更喜欢称它金陵。

本来施耐庵想去钟山，站到苍龙的脊背上，看看它怎样威镇西吴之京；他还想去石头城，站到那猛虎的头顶上，看看它如何雄踞扬子江畔。然而这一切都将成为泡影，因为这是写《水浒传》惹的祸。

这《水浒传》抄本流传到朱元璋的皇宫中，朱元璋看到后更加生气，心想：我几次派人请施耐庵出山做官他都没有来，原来竟在写这种“倡乱之书”，随即作了批示：“此倡乱之书也，是人胸中定有逆谋，不除之贻患！”于是秘密指派专人察访白驹场，抓捕施耐庵，关进刑部大牢。

关押施耐庵之事，朱元璋一开始未让刘伯温知道，决定秘密除之。

金陵大牢正像《水浒传》里的沧州牢城营的景象：门高墙壮，地阔池深，“来往的，尽是咬钉嚼铁汉；出入的，无非沥血剖肝人。”

冒致中（1317—？），字东林，江苏如皋人，元末明初隐士。在元朝末年曾为两淮盐运司司丞。

当张士诚起兵泰州，自立为吴王，冒致中被挟至苏州，封为妥督丞相，这时候与施耐庵有过交往。后冒致中托病力辞不仕，载书遁迹如皋县东陈镇，于本镇贾公祠河南购田筑室定居。

当时避乱者从之如阵，后名其地为“东陈”（古字“阵”、“陈”二字意思相通），此为镇名之由来。东陈有万卷楼，是冒致中所建，位于贾公祠后，始聚书数千卷。冒致中有友人吴中巨族刘亮，曾事吴王张士诚。吴王失败，刘亮携其家藏书，载数巨舟，来如皋县东陈镇，投冒致中，其书藏于冒氏万卷楼。

鲁渊与刘亮均是冒致中的好友，因为与张士诚有过来往，到明代初年被人告密，说是冒致中家中窝藏朝廷钦犯，冒致中被朱洪武抓到金陵问罪，按法当斩。

这时施耐庵也在牢里，一次趁牢房放风之际，施耐庵悄悄地给冒致中耳语一番，出了一个好主意。原来朱元璋杀人喜欢玩一套鬼把戏，叫人相信慈悲为怀，在犯人面前放十个盒子，其中有九个是“死”字，只有一个是“生”字，犯人挑一盒子，打开来看到“死”字，就是命中注定该死，怨不得朱元璋；侥幸挑得一个“生”字，便可改判为其他徒刑，如发配充军，或可免除一死。有人说这叫“九死一生”，也有人说是“网开一面”。

提审那天，冒致中被押上殿，朱元璋假惺惺地说：“像你这样的弥天大罪，本当立斩不饶，你该当死罪。可我做到仁至义尽，还给你留下一条生路，但到底是生是死，命运已定，由你自己挑选，可怨不得我了。”

冒致中谢了龙恩，看到面前有十个盒子，他记住了施耐庵的话，不动手去揭盒子盖，却连忙脱下帽子，一步一步往后退，快要退到阶沿了，被朱元璋手下人一声喝住："冒致中，你往哪里去？"冒致中赶忙回答："我退身求生路。"

朱元璋听了，莫名其妙地问他："这是什么意思？"

冒致中当即吟了一首诗：

堂堂九死仅一生，身后无死却为真。
网开一面留活路，脱帽退身谢龙恩。

朱元璋一听，是啊，冒致中不想上前冒九死一生的风险，向我表示退身求生路，这样我倒不好杀掉他。于是下旨割掉冒致中帽子上的巾带，便成了"冒"。所以他的子孙世世代代都姓了"冒"①。

至明永乐年间，皇帝朱棣为编《永乐大典》，下诏广搜天下藏书。如皋冒氏藏书很多，自在应征之列。冒致中之孙冒基，字永忠，尽献其书。奉命征书的御史劝他出仕，冒基托词年老力辞，以医药济世终老，乡人私谥为潜德先生。明永乐帝赐以御书"万卷楼"匾额，此匾清初移置如皋城冒氏宗祠，至抗战期间失去。

施耐庵被关押金陵天牢后，急坏了罗贯中，他只身来到金陵，想了许多办法就是进不了大牢，见不了施耐庵的面。怎么才能营救施耐庵呢？他打听到朱元璋的军师刘伯温，常来夫子庙奇芳园喝茶听说书，便

① 冒姓受姓于元末明初，泰州蒙古贵族德新，避兵乱，其子受姓"冒"，长子冒致中，为如皋河西派始祖。次子冒启居泰州，为泰州始祖。三子冒桧从泰州到天长，经常熟至如皋东陈河东"家焉"，为如皋河东派始祖。

扮成了一个说书艺人来到奇芳园，见机行事。

一天，刘伯温带着随从刚进了奇芳园，堂官赶忙给他安排到楼上雅座，送上上等的龙井茶。罗贯中见机会来了，便上前施礼，然后在一旁坐下，绘声绘色地说上一段“武松打虎”，他一边说书，一边溜眼瞧刘伯温，见他听得入迷，这时罗贯中渐渐地声音嘶哑，流着眼泪。刘伯温觉得奇怪，问道：“你这说书人有何伤心事？为何一边说书一边流泪？”

罗贯中见问，连忙在一旁跪下，禀告说：“我说的这‘武松打虎’话本乃我老师所写，如今他还关在大牢里，叫我怎能不伤心落泪？”

“你老师是谁？”

“施耐庵。”

刘伯温听了也暗自一惊：“是写《水浒传》的那个施耐庵吗？”

“正是。”罗贯中答道。

此时刘伯温屏退左右，扶起罗贯中，问明原委，商量如何救施耐庵。并设计了两套方案，分步设施。

解铃还需系铃人。不久，刘伯温到大牢里探望施耐庵，施耐庵要刘伯温想个办法来救他出去。刘伯温是个博学多才、深谋远虑之人，他苦苦思索怎样才能既救朋友、又不得罪圣上的办法。左思右想，终于想出了一个两全其美的锦囊妙计。刘伯温面见施耐庵时说：“圣躬盛怒，其情难讲；你咋来，还咋走！”说完就走了。

施耐庵反复琢磨刘伯温的这两句话，心想：“我是因为写书坐牢的，还是要通过写书才能出去呀！”想着想着，他逐渐体悟出来：朱元璋要抓我，主要是《水浒传》写了宋江一伙人梁山水泊举义旗造反，歌颂了落草为寇的英雄，触犯了他们的忌讳。要是把宋江一伙人写成像张士诚那样，接受元王朝的招安，去镇压红巾军，不是就行了吗？主意打定之后，施耐庵便向刑部申明：“我的《水浒传》还没有写完，下面还有呢！”

得到刑部的允许，他就在大牢里以张士诚降元为背景，把《水浒传》续写下去。那真是：挥毫如行云流水，豪情若水泻泉涌；落笔风驰电掣，书成鬼哭狼嚎。

施耐庵在七十回《水浒传》的基础上，又写了宋江受招安，替宋王朝去打方腊、平辽，最后与李逵一起，服用御赐药酒自尽，至死不反叛。施耐庵用了整整一年的时间，续写了《水浒传》后三十回，凑成一百回本，并由刑部送呈朱元璋阅览。朱元璋心狠手辣，没有反应。至于《水浒传》一百二十回本的后五十回中征田虎、王庆二十回，是后来罗贯中隐居河南时插增写就。这种版本的一百二十回本，一般又称《水浒全传》，署名：施耐庵集撰，罗贯中纂修。

明代袁无涯说："传不言梁山，不言宋江，以非贼地，非贼人，故仅以'水浒'名之，浒，水涯也，虚其辞也。盖明率土王臣，江非敢据有此泊也。其居海滨之思乎？罗氏之命名微矣！"[①]明代李贽说："施、罗二公传《水浒》，而复以忠义名其传焉。夫忠义何以归于水浒也？其故可知也。"[②]

不久，刘伯温与罗贯中又想出了一个"锦囊"之计，施耐庵在狱中知道后依计行事。年逾七旬的施耐庵在狱中蓬头垢面，装疯卖傻起来，一会儿又唱又跳，一会儿拉屎拉尿，并将衣服撕成条条状，写起了"姜子牙斩将封神"来。

施耐庵装疯卖傻的场景，有点儿像元杂剧《庞涓夜走马陵道》。历史上孙膑为庞涓陷害刖去双足，令其书写鬼谷子秘传六甲天书。孙膑知他用意，在养好刖伤时，突然装疯，以图瞒过。又似《水浒传》第三十九回时牢城营里的宋江，"宋江是个失心风的人。尿屎秽污全不顾，

① 源自《忠义水浒全书发凡》。
② 源自《忠义水浒传序》。

口里胡言乱语，浑身臭不可当。”

施耐庵在牢里发疯了，又笑又哭，又唱又闹，把牢头都吓坏了，只听施耐庵在反复地大声吟唱：“吾乃天上玉皇大帝钦差下凡，来到人间察看民情风俗。现已查毕，不日就要归天复旨去了。”

起初，朱元璋不信施耐庵会发疯，便派人偷偷严密监视。一连数日，施耐庵天天如此疯癫，全然不像假疯。后来，牢卒也只是如此回报。朱元璋也就不把施耐庵放在心上，渐渐地把这事给忘了。

施耐庵写姜子牙的事，在白驹场周边还是有点儿原型的。姜子牙，姓姜名尚，字子牙，号飞熊。宋有《渭滨》诗曰：

岸草青青渭水流，子牙曾此独垂钓；
当年未入飞熊兆，几向斜阳叹白头。

首先《汉书》中就交代古海陵有麋鹿，这种动物被称为活化石，至今已有三十万年历史了，如今世界上最大的野生麋鹿保护区就在白驹场东边，即在今大丰市的沿海。这麋鹿俗称“四不像”，头似马，角似鹿，蹄似牛，尾似驴，即是姜子牙的坐骑。再说白驹场的西边有一个镇，即今兴化市钓鱼镇，原有一个纪念姜太公的庙，因姜太公在渭水河边用直钩钓鱼而得名，并有歇后语为证：姜太公钓鱼——愿者上钩。明代嘉靖年间修的《兴化县志》记载：姜太公庙，在县城东北四十五里，旧名钓鱼庙。正说的是钓鱼镇这个地方。大丰市民间至今留有古谚：“三年成水浒，七月作封神”。《封神演义》的作者，一说是许仲琳，这里说的是“姜子牙斩将封神”。

刘伯温趁朱元璋召见之机，将牢头送来施耐庵写的胡言乱语送呈朱元璋，朱元璋一看，什么姜子牙斩将封神，这个封神演义里又是神妖鬼怪，又是风雨雷电，不禁发问："此人莫非真疯了不成？"

"原来如此。"刘伯温趁机进言，"主公国运初开，皇恩浩荡，施耐庵年已古稀，又神志不清，这等人关他何用？依臣之见，这人也活不了几天了，不如放他出去，主公还能落一个宽宏仁厚之名呢。"

刘伯温几句话，说动了朱元璋的心。明朝开国后，朱元璋因为疑心重，错杀了不少有功之臣，非议日多，所以他听了刘伯温的一番话，便决定放了施耐庵。

罗贯中得知消息，预先雇人，等候圣旨一到就去接回施耐庵。

六、智改庄名

据《兴化县续志·施耐庵传》记载："耐庵恐祸至，乃举家迁淮安。明洪武初，征书数下，坚辞不赴。未几，以天年终。"

朱元璋夺得天下后，对张士诚的余党、乡民怀恨在心，为了防止张士诚的后裔和余党反抗明政权，也为了发展经济，实施了一项移民政策，将兴化县居民迁到天津良乡，只留顾、陆、时、陈四姓；又将苏州许多居民移居江淮一带，包括兴化、盐城等地，史称"洪武赶散"。不过施耐庵家过去就在这里，一度出外，元末又回到这里。但为了防止明王朝的追究，即说是明初迁来，以掩人耳目。清代陈广德《施氏族谱序》也作这样的记载："白驹场施氏耐庵先生，于明洪武初由苏迁兴化，复由兴化徙居白驹场。"

施耐庵狱中染病回到家乡，西落湖的乡亲们纷至沓来看望，向他问长问短，一直谈到夜深。乡亲们临走的时候，施耐庵对乡亲们说："诸位乡亲，我写了一部《水浒》，连累了你们。今天，朱元璋虽然把我放回家了，但他生性反常，可能还会有厄运。从明天起，西落湖改名为倪邵庄，免得大家再受累。”

乡亲们说：“好。”

施耐庵又说道：“我在《水浒传》里写的梁山泊景致，就是模仿村前的芦苇荡。从明天起，芦苇荡也改个名字。”

乡亲们你一言我一语：“为了纪念先生顺利回来，就改名叫胜来湖吧。”

施耐庵想了一想说：“好！”

这样，乡亲们散去后，他们把西落湖和芦苇荡改名的事，连夜告诉没有在场的乡亲，一门不漏，家喻户晓。

不久以后，朱元璋派两个“特务”来兴化县察访，看看施耐庵是不是真的疯了。这两个特务按朱元璋写的地址，一路问来。两个“特务”没有走到西落湖，问人说有西落湖。走到西落湖再问人，只有倪邵庄；没有走到芦苇荡，问人说有芦苇荡，走到芦苇荡再问人，只有胜来湖。这样反复了多少次，急得两个“特务”团团转，走了几天，最后仍旧没有寻找到西落湖、芦苇荡，只得回金陵禀报朱元璋去了。

朱元璋一听，远问有西落湖，近问是倪邵庄；远问有芦苇荡，近问是胜来湖，怒火万丈，把龙案拍得震天响，骂道：“你们两个猪坯，倪邵庄就是西落湖，胜来湖就是芦苇荡，你们中了施耐庵的计了。”

两个“特务”你看着我，我看着你，目瞪口呆。

“斩草不除根，来年必逢春。”后来，朱元璋仍派他俩去捉拿施耐庵，等到这两个“特务”寻到西落湖时，扑了个空，施耐庵已不知去向。

施耐庵虽远走他乡，但乡亲们还常在一起议论施耐庵在白驹场潜心著《水浒传》的故事。

《百家姓》编于宋朝，《水浒传》是一部宋元时代的“姓氏大全”。

而赵姓是宋代的第一大姓，全书只有一个赵鼎，是宋朝的名宰相，在《水浒传》中是个正面人物，别的就再也找不到姓赵的了。其实，这不是无意疏忽，而是有意为之。《水浒传》梁山好汉中姓杨的很多：杨志、杨林、杨春、杨雄等人，都是好人，这应是受《杨家将》故事的影响。

定居白驹场街市后，施耐庵家里有三间茅屋，半亩庭院，月季常开，藤萝掩映，倒也十分安静。施耐庵集中精力写《水浒传》，常常挑灯夜战，而水乡的蚊子嗡嗡作响、成群结队而来，施耐庵的一双脚被蚊子叮得累累红斑。妻子申氏十分不忍，说道："白天写了一天，晚上就歇歇吧。"

施耐庵说："你不知道吗？晚上才是真正出活的时候，越是晚上越有精神。"

申氏说："这么多的蚊子，你看你的一双脚，快'百孔千疮'了！这么一把年纪了，也该自己保重一点身体。"

施耐庵说："我这么大的个儿，小小蚊子吃一点没有什么吧。正因年纪大，就更得抓紧一切时间，赶紧在有生之年写好这本书，要不我死了也不能瞑目！"

此时申氏拎着一桶水，放在施耐庵的脚边，道："把双脚放进去，蚊子就不叮咬了，既凉快，还避蚊咬。"

施耐庵说："呵呵，这可是个妙计啊！"说完将脚放在水桶里。

施耐庵写《水浒传》像是着了魔似的，闹过不少笑话。

有一天，施耐庵书写到"时迁火烧翠云楼，吴用智取大名府"这一回时，正在构思"柴进寻找吴用，要急忙传下号令，教士兵不得杀害良民无辜，好好保护百姓的生命财产"时，忽听得"乒"的一声，嗬，原来是他的小外孙把一只花瓷碗打坏了。

"谁损坏了东西！"施耐庵厉声问。

“是我。”小外孙害怕地说。

“按军法查办！”

申氏在一旁正在做针线活儿，听了一怔，这是什么话？孙子打了一只碗，还要按军法查办。

“多大的事啊，要按军法查办！”

“胡说，军令如山，凡损坏民间财物者，一律赔偿，先拉下去打二十大板。”

“哇！”小外孙被吓哭了，躲到外祖母的怀里。

“别怕，有外婆护着你呢。什么‘金发’、‘银发’的，看你个老头子疯啦！”

施耐庵听了，更为恼火：“你目无军法，为他人辩护，一并从严惩处！”

申氏听了，心想：大不了一个碗，连个情都说不下来？于是走上一步拉住施耐庵的衣袖说：“今个倒要你说个明白，你发那么大的火是为了哪码事？小外孙才五岁，叫他哪来的钱赔你？”

施耐庵被老伴的一席话，说得醒悟了。原来自己说的都是书里的话呀！便转过身来，满脸笑容，把小外孙拉到怀里说：“嗨！我怎么糊涂到这个地步了！我当是将士打坏百姓的碗哩，原来是小外孙，那就不用赔了。”

申氏瞧着破涕为笑的小外孙和像小孩一样的施耐庵，摇摇头说：“拿你俩真没办法。”

小外孙说：“外婆，外公冤枉好人，也该打二十大板。”

说完，一家人都笑了。

白驹场还有一句俗话：“踏破靴，嚎死狗。”这也与施耐庵著《水浒传》有关。

有一段时间，施耐庵的夫人申氏回娘家去了，施耐庵住在茅家园的小阁楼上著《水浒》，碰到疑难之处写不下去就咂嘴：啧啧啧！啧啧啧！

他家养了一条狗，听见主人咂嘴的声音，以为是唤它吃食。就摇头摆尾地爬上楼去，朝主人摇尾乞怜。施耐庵一见狗爬上来打岔，就用劲儿跺楼板，把它赶下去。

狗下去了，施耐庵又坐下来写作。碰到疑难之处又咂嘴，啧啧啧！狗一听，又直蹦直跳地爬上来，施耐庵又跺楼板赶它下去。

施耐庵写书，自己常常废寝忘食，写得天昏地暗，实在饿得不行了，就到街上买两个烧饼充饥，哪里还记得喂狗之事。久而久之，楼板跺断了，靴子踏破了，等到夫人从娘家回来一看，狗也饿死在楼下。

乡亲们都说："施耐庵写《水浒》真不容易，跺断楼板饿死狗哟！"

七、文星之陨

施耐庵深知，朱元璋外有王莽之伪善，内有秦王之恶毒，为了避免祸及其身，不得不"三十六计——走为上计"。他带着家人及门人罗贯中悄悄地趁着夜色乘船，自白驹场沿海沟河向西，入大纵湖，经九龙口，抵淮安里运河，隐居到了淮安城内老朋友王肇庆家。这真应了元代诗人俞俊《楚州夜泊》诗，诗云：

漏鼓声频欲四更，野航灯火对愁明。
城头楚语惊乡梦，船尾吴歌动客情。
漠漠水云听雁度，潇潇风雨自鸡鸣。
离群远道何嗟及，未必江湖老此生。

淮安，系取“淮水安宁”之意，早在五千年前，淮安先民就在这一带繁衍生息，创造了江淮流域最早的原始文化——青莲岗文化。淮安一直是郡、州、路、府的治所，是江淮流域一个经久不衰的政治、文化中心和军事重镇，素有“壮丽东南第一州”的美誉。元末明初，淮河、大运河纵贯全境，成为“九省通衢，七省咽喉”。

淮安府城是个极其繁华热闹之城，地处运河中段，是有名的水陆码头，南来北往的船只如梭，又是当时的商业大都市，四方商贾、游人、歌妓、赌徒云集，那满城街巷，真是店铺林立，人烟凑集，车马喧阗，整日熙熙攘攘，似鼎沸般。

淮安城内王肇庆典当，是苏北地区最大的一个当铺。王肇庆老板为人不俗，喜欢结交世上名流。他家产甚富，院中有花园戏楼、亭台楼阁、荷池假山。施耐庵与王肇庆交情甚厚，患难与共。他隐居在王家书房[①]，不久买下了淮城棋盘街东头都土地祠西侧一个单门独院[②]，得以一边治病，一边修改《水浒传》。

所谓典当，一般说是指以财物为抵押品有息借贷银钱的社会经济行为；作为一种商业行业形态，通称典当业。施耐庵在王家当铺了解了宋元买妾并赡养其家的“典妻”习俗，于是，在《水浒传》第三十六回反映在“淮南盗”宋江身上：“（宋江）不合于前年秋间典赡到阎婆惜为妾，为因不良，一时恃酒争论斗殴，致被误杀身死，一向避罪在逃。”

施耐庵的终老地，也是文献记载的“耐庵书斋”发生地，此处坐北朝南，是个闹中取静的好地方。东侧百米许是淮安城市中心的镇淮楼，

① 王家书房后称小方壶斋。

② 淮城棋盘街东头都土地祠西侧一个单门独院，即耐庵书斋，今淮安市淮安区淮城镇大香渠六号。

该楼始建于宋代，原为镇江都统司酒楼，明代时曾置铜壶刻漏以报时，故名谯楼，又名鼓楼。清代后期，因水患不断，遂改名“镇淮楼”，含有“镇慑淮水”之意。西侧百米许是里运河，进是闹市，退是运河。大运河开通后，四通八达，进退自如。在都土地祠后也有深意，都土地祠是纪念张士诚的，朱元璋夺得天下，不能明祭，所以只能以祭张巡为名。宋金开战是以淮河为界，这里有着许多惊天地泣鬼神的故事。距淮安城二十五公里的施河镇，至今还有施耐庵的一支子孙在此繁衍生息。

施耐庵在明天都外臣序本《水浒传》第一百回本最后一回中写道：“原来楚州南门外，有个去处，地名唤着蓼儿洼。其山四面都是水港，中有高山一座，其山秀丽，松柏森然，甚有风水，虽然是个小去处，其内山峰环绕，龙虎踞盘，曲折峰峦，陂阶台砌，四围港汊，前后湖荡，俨然是梁山泊水浒寨一般。”

淮安人文景观与施耐庵著《水浒传》相关的地方有多处：

一是龚开其人。龚开，字圣与，号翠岩，晚号龟城叟，南宋楚州淮阴人，宋元间著名书画家。龚开青年时亲历宋金战争，目睹中原易主的情景，与盐城陆秀夫同居广陵幕府。元军南进，龚开辗转闽、浙一带。南宋灭亡后，入元不仕，隐居吴中（今江苏苏州一带），以卖画为生。他的绘画代表作有《宋江三十六人画赞》。他多方搜集民族英雄文天祥、陆秀夫等人事迹，写成文、陆二丞相传，他为宋江等三十六人画像题赞，其政治宣扬的目的和联合义军的抗元主张，隐约可见。这对后来隐居于此的施耐庵当产生过一定影响。

二是小方壶斋。“小方壶斋”是晚清学者、编辑家王锡祺的书室名，室址在淮安城内。王锡祺（1855—1913），字寿萱，别号瘦髯，原籍清河，也居淮安城内。王氏藏书达数万卷。王氏长于地理之学，终日置身书海，埋头著述，于清光绪十七年（1891）辑刊《小方壶斋舆地丛钞》

精装二十册行世。此外还著有《小方壶斋丛书》、《续山阳诗徵》、《小方壶斋诗存》二卷、《辟邪录》三卷等著作。后因产业倾覆，家人星散，藏书也随之散失。[①]

其三，宋江之墓。车过淮安南门外城南村一带，据《水浒传》中所述，宋江、李逵、吴用和花荣四将军死后就埋葬在楚州南门外蓼儿洼内。宋时楚州即淮安。蓼儿洼的东北郊，紧靠淮城巽关，那里人烟稀少，有一片贫瘠低洼的荒地，俗称“大洼子”。大洼内，原为官家的坟地。坟地中，有几座高大的坟墓，是一片“风水地”，相传那几座大的坟墓就是宋江、李逵等四个义士的冢穴。

施耐庵一生好酒，早年卖酒，见多识广；饮酒，血气方刚，但此时身体虚弱、多病，已经不能嗜酒了，但陶靖节《饮酒诗》之一，仍耳熟能详。

结庐在人境，而无车马喧。
问君何能尔？心远地自偏。
……

一三六九年十月初二，施耐庵的生日，儿孙们要为他祝寿热闹一番，以表孝敬之意。可他却再三推阻，只吃一点点面条，然后写了一副对联，挂在堂屋中央的墙上。

上联：尊祖宗一脉传流克勤克俭

下联：教子孙两派正路唯读唯耕

① 引自《续清河县志》。

“天若有情天亦老，月如无恨月长圆”。七十岁对今人来说是不稀奇，而对古人来说那真是“古来稀”啊，而七十五岁的施耐庵可说是垂垂老矣。施耐庵头脑思维是清晰的，但是身体状况已经太虚弱了，他吟完这副对子，感到有个不祥的兆头。据说，人在临死之前，会把自己一生的历史，都在眼前重现一遍。回首一生，他想到了故乡白驹场的人和事，风和月，潮与火。他想到白驹场的“两碰水”，并不亚于钱塘潮、海宁潮的，亦如赵嘏《钱塘》诗中所说：“一千里色中秋月，十万军声半夜潮。”那白驹场的水浒本事孕育了奇书，也无愧于自己的人生啊。

施耐庵的二弟彦才，特地从白驹场赶来探望，见兄长已虚弱至极，禁不住流下了眼泪。施耐庵见是二弟来了，吃力地从被窝里伸出一只手来，拉住彦才说：“我，我，一生一世都累在一部《水浒》上，我死了，子孙只种种田，男耕女织，有口饭吃就行，再，再……”说到这里，施耐庵的手垂下来了，再也讲不了话，过不多久，便不省人事了。

一个人来到世上是一个缘，从鸿蒙初开，到转眼间浓云翻腾，暴雨倾覆。他似乎听到宇宙轰鸣之声，看见日月轮回之影，感受到四季与日夜的交替。像风中的流云，浪里的泥沙，林中的竹笋。飘舞，绵延，生长。

这是明洪武三年（1370）三月初二，春寒料峭，霜霾降临于尘寰。终于一颗文星从人间陨落，一代文豪，带着一颗忧世怀民的心，一副清颜傲骨，就这样在极其凄凉悲惨的情境下离开了人世。但他将他的文学佳品和高蹈节操留在了世间，同时，也把自己的名字永远写在了中华民族的文学史上。

寂静，阒寂无声的沉静。

施耐庵的遗体临时安葬在淮安。

第八章 大师身后

一、冻草运柩

本来施耐庵遗体应该运回原籍，无奈明朝开国不久，当时朱元璋缉拿施耐庵的风声还很紧，所以不得不先葬淮安。

施耐庵是“梁山上的军师”足智多谋，连死后之事都已考虑，他生前就告知房东王老板，要用浸过水的草捆裹尸体。听王老板一说，儿孙们都才明白，浸过水的柴草冬天冻得结结实实，表明这户人家是翻船的，求得同情，赶紧让官府放行免检吧。

到明永乐十九年（1421），施耐庵的长孙文昱，在王肇庆孙子王寿轩的帮助下，就用这种冻草运柩的方式，把施耐庵的墓迁到白驹场西落湖，并请淮安王道生写了墓志铭[①]。

① 引自《兴化县续志·施耐庵墓记》记载：“施隐士墓，在县境东合塔圩内。施家桥葬元隐士施耐庵，淮安王道生撰志。”

当时墓碑还装饰着四个图案，图画着飞禽走兽，这是我国古代神话传说中的四方之神，即青龙、白虎、朱雀、玄武，分别象征着东、西、南、北四个方位。青龙是一条腾龙，白虎是一只跃虎，朱雀是一只飞鸟，玄武是一条蛇缠着乌龟。正如《礼记·曲礼上》所说："前朱雀而后玄武，左青龙而右白虎。"

西落湖的施耐庵墓地是在村东一处高墩上，墓前，面临一条宽阔的河道，水道分汊处，有一圆形的土墩高出水面，称为"分水岭"或"风水岭"。因为此岭正直对施墓，"施"、"狮"同音，故有"狮子盘绣球"之说，这是施耐庵生前就选定的"风水宝地"。施氏后裔，一直谨记先祖施耐庵的遗训，在家乐守田园，只有四世施云曙做过明朝的小官——礼部儒士，八世以后大都没有功名了。论年代，施耐庵二世至九世都在明代，而九世以后则在清代，现在活着的施氏后裔，最年长的是十八世，最年轻的是二十四世。

白驹镇有五大姓：陈、杨、李、施、卞。民谚说："陈家的田多，杨家的钱多，李家的礼（或理）多，施熊人，卞穷人。"陈家的土地最多，年产量最高；杨家农商并举，经济富裕；李家既无多田，也无多钱，但知书达理的大有其人；施家头面人物很少，但没有横行乡里的恶名，庶称软弱无能；卞家没钱没势，土地也少，故家境贫寒者较多。

施耐庵在白驹场街市有三间茅屋，到清朝时白驹镇陈、杨、李姓三家均建了宗祠，乾隆年间施氏在施耐庵故居的基础上也改建了施氏宗祠，经几次扩建，至咸丰壬子（1852）由十四世孙施埒完成最后规模。施氏宗祠穿堂三进，计十五间。头进五间，中厅三间，后进祖堂五间，内供奉施耐庵为始祖的四十二尊木主牌位。东厢两间厨房，为蒸煮祭祀供品之用，中厅两侧各有圆门，通向两侧的小花园。施氏宗祠的门联是"吴兴绵世泽，楚水封明禋"；抱柱楹联是"圣徒世系三千岁，才子家声六百年”；供奉的神主牌上框横书“苏迁施氏宗”，下框横书“百世流芳”四字，两边直书一联为“和平子孙多昌盛，耕种衣食自丰饶”。

每年的农历三月初二和十月初二，施氏家族十六岁以上的男子参加春秋两季的祭祀和会餐，白驹及周边的施姓均到白驹施氏宗祠祭祖，接着到施家桥施耐庵陵园扫墓。这正应验了《水浒传》第一百二十回中的话：“梁山泊内，祈风得风，祷雨得雨。又在楚州蓼儿洼，亦显灵验。彼处人民，重建大殿，添设两廊，奏请赐额。妆塑神像三十六员于正殿，两廊仍塑七十二将，侍从从众。楚人行此诚心，远近祈祷，无有不应。护国保民，受万万年香火。年年享祭，岁岁朝参。万民顶礼保安宁，士庶恭祈而赐福。至今古迹尚存。”

人们常说“盖棺论定”，行文至此，我们发现《水浒传》中写了两个梁山泊、蓼儿洼，一个在鲁西南地区，一个在苏北地区。《水浒传》中的好汉故事来源主要是三个方面：一是历史上的宋江事迹。《宋史》、《东都事略》、《十朝纲要》、《续资治通鉴长编本末》等正史、野史都有关于宋江的记载。淮南盗宋江“以三十六人横行齐魏，官军数万无敢抗者”。“淮南”宋江是说的宋江祖籍曾在淮河以南地区，后迁入山东地区，宋江故里是今山东郓城县水堡镇。二是南宋初年北方抗金义军的事迹。如扈家庄在被李逵杀进后逃走的扈三娘的哥哥扈成，《水浒传》中交代他后来在中兴时做了军官武将，这里说的“中兴”，当是指北宋灭亡后赵构称帝初建南宋王朝时期。《建炎以来系年要录》、《三朝北盟会编》都记载在南宋高宗时有个将军叫扈成，曾经抗击金人入侵。又如呼延灼，《水浒传》结尾说他的最终结局是“领大军破大金兀术四太子，出军杀至淮西阵亡”。于是后来的《说岳全传》，也说呼延灼以八十高龄与金兀术力战而死，但实际上，历史上并没有呼延灼这号人物。三是元末战争中朱元璋征战张士诚的事迹。《水浒传》第一百一十一回“宋江智取润州城”，润州是今天镇江，而据《明史·张士诚传》记载，朱元璋征讨张士诚时“曾遣师攻镇江”。朱元璋征张士诚时曾派大将徐达取常州,《水浒传》第一百一十二回是“宋公明大战毗陵郡”，毗陵郡是今常州也。朱元璋征张士诚在常州一带，擒获张士诚弟弟张士德，并押送至京师，而《水浒传》第一百一十三回中，宋江与方腊大战于苏州一带，有杀方腊弟弟方貌，将首级解赴京师的情节，但历史上方腊并没有个弟弟方貌。

二、祝寿建坟

河阳山麓，旧有施耐庵衣冠冢一座，墓前有石台、石鼎、甬道，气势不凡。张家港市志记载的古墓葬有“施耐庵衣冠冢”，在河阳山西南坡，相传为明御史徐恪所建，直至一九五八年才被毁。

施耐庵墓在兴化市新垛镇施家桥，这儿缘何又有施耐庵衣冠冢呢?

明洪武三年（1370）施耐庵客死淮安，噩耗传到河阳山麓，徐老太很悲伤，立遗嘱于“永遵家训”匾额后:“子孙一旦发禄，不要忘记施先生教授之恩，再造招魂墓，永受徐家香烟。”一百多年后，徐老太的曾孙徐恪中进士发迹后官明御史，在他六十岁寿诞时筑施耐庵衣冠冢。

徐恪（1441—1516)，字公肃，排行第八，旧居在今张家港凤凰镇八房巷，原有“都宪坊”，人称“徐八都堂”。明成化二年（1466）他二十五岁中了进士，授工科给事中，后任湖广左参议，河南右参政，明弘治四年（1491）做了右副都御史，巡抚河南。徐恪为官刚正不阿，在任河南巡抚期间，执法严明，受到诬告，与湖广巡抚韩文易任。离任时，吏民罢市，泣送数十里不绝。去官之日，属吏赠银三千两，他正色拒绝，并引咎自责:“我竟然如此不被人见信。”徐恪官终于南京工部右侍郎，弘治年间创建西徐市镇。正德十一年（1516）进都城考核官吏政绩，因病辞去官职，享年七十五岁，葬于河阳山南一里许。

徐恪辞官回乡后，待人非常和气，修桥补路做好事回报乡里，常熟县知县曾帮他做了一个“让亭”，歌颂徐恪的为人。到弘治壬戌年（1502），正是徐恪六十岁寿辰之年，徐恪从“永遵家训”的匾额后面看到了徐老太太的遗训，决定将做寿用的银两，在施耐庵衣冠冢的地基上重建施耐庵招魂墓，那天正是八月中秋节，石碑上刻的壬戌年桂月望日立石，未署立碑人姓名。这就是民间所说“徐八都堂六十岁做寿造坟”！

该墓还有一说是陈聚、陈基兄弟的后裔所修。施耐庵住在河阳山时，陈聚、陈基也在故乡河阳山隐居，他们经常在一起或饮酒赋诗，或游山玩水，或议论国事，或探讨阴阳，无话不谈，结为知己。

陈基，字敬初，临海人，著有《夷白斋集》传世。张士诚起义后，陈基曾参与张军府之事，至正二十二年（1362），张士诚称为王，陈基谏阻，士诚欲杀之，不果。后来，张士诚被俘，陈基随从到达南京，独得朱元璋的赦免，预修《元史》，赐金而返。洪武三年（1370），陈基死于河阳山寓所。

陈基死后，他的后裔念施耐庵是老祖宗的故交，于是在施耐庵逝世后，在河阳山修筑了施耐庵之墓。

旧时施耐庵墓旁有一棵古藤，把坟头连墓碑全罩住了。碑是青石的，碑正面刻的隶书“施耐庵之墓”五个字，在五个字上、下首，刻了王勃《滕王阁序》后面的七言四韵八句古诗，全诗如下：

滕王高阁临江渚，佩玉鸣鸾罢歌舞。
画栋朝飞南浦云，珠帘暮卷西山雨。
闲云潭影日悠悠，物换星移几度秋。
阁中帝子今何在？槛外长江空自流。

这八句诗，分刻两处，前四句在右边，后四句在左边，另起一行还有七个字，是“一帆风送滕王阁”。

施耐庵墓为何要刻滕王阁诗呢？有什么寓意呢？

滕王阁被誉为江南三大名楼之首，“江南多临观之美，而滕王阁独为第一”。一座以滕王的封号命名的古阁，本是滕王李元婴所创建，然而，为什么当时并没有什么名气，反而在建阁二十二年后的唐上元二年（675）忽然一下子名声大噪？为什么一提起滕王阁，人们怀念和津津乐道的不是那位龙子龙孙的李元婴，而是才华横溢的唐代才子王勃？

王勃（650—676），字子安，唐朝绛州龙门（今山西河津县）人，生于唐高宗永徽元年（650），卒于上元三年（676）。他与杨炯、卢照邻、骆宾王“皆以文章齐名”，号为初唐四杰。王勃十三岁时开始离乡远游，先是来到长安，然后往六合（今江苏长江北岸）省父，继而漫游东南名胜，于是便有了《滕王阁序》并诗。施耐庵亦名子安，且在作《水浒传》一书序时落款是“东都施耐庵”，这里的东都即指扬州。滕王阁曾有一个联语写道：“扬子江头万里浪，滕王阁下一帆风。”长江流经扬州一带，古称扬子江。此联气势磅礴，笔触雄浑。

有道是：一序招来八方游客，一诗引起千秋回响。

《滕王阁序》全文七百余字，提到滕王的只有“帝子”二字。而七言诗的最后两句：“阁中帝子今何在？槛外长江空自流。”从表面上看是抒发好景不长，江山未改，景色依旧，物是人非的感慨。但从深层次分析，乃是卒章点睛之句，是对滕王李元婴的嘲讽，对帝王贵胄奢侈之风的不满。这种“言在此而意在彼”的隐喻手法也是极其高明的。尤其是一个“空”字用得非常巧妙精当，令人掩卷而思，玩味无穷。一个见机知命的诗人，能够审视自己的命运，找到“命运多舛”的症结，他也能够看穿统治者的虚弱本质，揭示历史发展的大致趋势。

“不遇子安徒有阁，千秋寂寞永无名。”“自有王勃作序后，别是人间翰墨场。”宋代是一个文化鼎盛的朝代，文人忧时感世，以登临滕王阁为契机，抒愤泄怨的作品特别多。南宋偏安江南，文人痛失河山，力图恢复，有心献身报国，无路请缨赴敌，与王勃“有怀投笔”、“无路请缨”、“空怀报国之情”、“谁悲失路之人”的感情相通，引起共鸣，像辛弃疾、朱熹、曾丰的滕王阁诗词，可谓悲壮深厚，沉郁顿挫。元代由少数民族入主中原，汉族儒士总有失国之恨，在滕王阁诗词中表现出了爱国有志、报国无门、复国远望的情绪。这与生活于元末明初的施耐庵的心情是一致的。

滕王阁所在的南昌一带原是吴国楚国的属地，昔有“吴头楚尾”之说，想当年，多少兵家为争夺这块宝地而互相残杀。滕王阁的创建者李元婴是唐代开国君主李渊第二十二子，唐太宗李世民之弟，曾任职山东滕县，被封为滕王。永徽三年，李元婴迁任苏州刺史，第二年转洪州都督。

耐庵墓刻王勃诗是有其内涵的，绝不是一种随意行为，当是与吴王张士诚有关。《滕王阁序》中说“望长安于日下，目吴会于云间”。意思是：遥望长安在日下，指点苏州在云间。日之下，又暗含长安为京都意（古以“日下”为都城）。吴会：吴郡，今江苏苏州。云间：云中，又暗指出吴地的古称（吴地古名“云间”）。

施耐庵有元曲《秋江送别》，王勃也有一首《秋江送别》诗：

早是他乡值早秋，江亭明月带江流。
已觉逝川伤别念，复看津树隐离舟。
归舟归骑俨成行，江南江北互相望。
谁谓波澜才一水，已觉山川是两乡。

由此可见，王勃与施耐庵等才智之士均用武无地，报国无门，无路请缨，所以，耐庵墓刻王勃“滕王阁诗”是抒发失意之悲，是对时代的抨击，也是对社会的控诉。

三、道教天师

《水浒传》中宗教内容较多，既写了道教，也写了佛教；对与道教、佛教的有关人物、情节有褒有贬。施耐庵的宗教倾向还是较为鲜明的，那就是“扬道抑佛，左袒道教”。

《水浒传》（容与堂《忠义水浒传》为代表的繁本系统）成书过程中受到《大宋宣和遗事》的较大影响，这是尽人皆知的事实。《大宋宣和遗事》中有杨志失陷花石纲、卖刀杀人，智取生辰纲，宋江私放晁天王，宋江杀惜，九天玄女庙得天书，天罡星三十六员下凡，招安征方腊等内容。可以说，《水浒传》的情节大框架乃由《大宋宣和遗事》发展而来。

首先，施耐庵从“玄女庙得天书”说起：

> 宋江已走在屋后九天玄女庙里躲了……见官兵已退，走出庙来，拜谢玄女娘娘；则见香案上一声响亮，打一看时，有一卷文书在上。宋江才展开看了，认得是个天书；又写着三十六个姓名，又题着四句道，诗曰："破国因山木，兵刀用水工；一朝充将领，海内耸威风。"宋江读了，口中不说，心下思量："这四句分明是说了我里姓名。"又把开天书一卷，仔细观觑，见有三十六将的姓名……（《大宋宣和遗事·亨集》）

显然，"九天玄女"身处道教神祇系列，这段文字是给道教"加分"的重头戏。

再将佛、道二教的"高端"人物做一比较。《水浒传》中佛教的最高端形象应属"准"高僧智真长老，但他的本领只限于"入定"观看因果，却不能解决任何现实问题。此外在故事中便没有写任何一个具有超凡法力的佛门人物。可是看看道教的"高端"，九天玄女不仅法力无边，而且就是天意的直接代表；罗真人也是神通广大，几乎无所不能。而这个罗真人的言行还妙趣横生，显示出举重若轻而掌控一切的能力。至于《水浒传》开端所写神龙见首不见尾的张天师，更是一开篇就把道教的仙真渲染得神奇无比。相比于佛教的长老们，双方高下立判。

罗真人与九天玄女都是道教系统的神仙，又都是梁山的护佑神，似乎功能上大体重叠，施耐庵为什么做这叠床架屋的事情呢？九天玄女又是怎样成为"不可或缺"的护佑神祇？

施耐庵《水浒传》中写九天玄女正面出场两次，都是在宋江最狼狈的时候。第一次是第四十二回"还道村受三卷天书　宋公明遇九天玄女"，宋江被官差追得走投无路，躲入"玄女之庙"。在玄女的庇佑下，躲过一劫，并最终死心塌地上了梁山。玄女还对宋江前程作出"遇宿重重喜”的预言，又传授给他三卷天书，并对他提出“汝可替天行道”的要求。玄女的第二次出场是第八十八回“颜统军阵列混天象宋公明梦授玄女法”。宋江统兵征辽，与兀颜统军决战，兀颜统军摆出混天象大阵，连败宋江三次。宋江、吴用，甚至公孙胜也束手无策——这在《水浒传》中是很少有的。正当宋江“寝食俱废，梦寐不安”之时，九天玄女又及时降临了：

> 玄女娘娘与宋江曰：“吾传天书与汝，不觉又早数年矣！汝能忠义坚守，未尝少怠……可行此计，足取全胜……吾之所言，汝当秘受。保国安民，勿生退悔……”

而宋江按照玄女所授密计，一战成功。

综合两次描写，可以把九天玄女这个形象归纳为：代表上天来指点宋江走“忠义”、“替天行道”之路。利用法术、神通救助宋江，帮助他逢凶化吉取得胜利。始终关注宋江的行事，故能在困厄时迅即赶到。

这种“定向”庇佑的描写，强化了《水浒传》将梁山好汉造反行为“正当化”的努力，是“替天行道”主题的点题之笔。

九天玄女是何方神圣？施耐庵因何选她来当此重任？

据陈洪的研究，这位女仙隶属道教，《道藏》、《云笈七签》都有她的传。其《传》略云：

> 九天玄女者，黄帝之师，圣母元君弟子也。（黄帝）战蚩尤于涿鹿。帝师不胜……帝用忧愤，斋于太山之下。王母遣使……玄女降焉，乘丹凤，御景云，服九色彩翠之衣，集于帝前。帝再拜受命……玄女即授帝六甲六壬兵信之符，《灵宝五符》策

使鬼神之书……帝乘龙升天。皆由玄女之所授符策图局也。

而《云笈七签》的《西王母传》、《轩辕本纪》也记叙这一传说，细节处有所不同。

显然，《水浒传》塑造的九天玄女形象，是不折不扣地从道教典籍中脱胎而来。

“九天玄女”的事迹最早见于汉代纬书《龙鱼河图》：“黄帝仁义，不能禁止蚩尤，遂不敌，乃仰天而叹。天遣玄女下，授黄帝兵信神符，制伏蚩尤。”《旧唐书·经籍志》“兵家类”著录有《黄帝问玄女兵法》，似为南北朝到隋之间的托名之作。晚唐五代时，道士杜光庭综合前代材料，作《九天玄女传》，列入他的《墉城集仙录》。北宋真宗时，张君房编辑《云笈七签》时，一方面编入了杜光庭的《九天玄女传》，一方面又把《九天玄女传》的材料用到了《轩辕本纪》中。由于《云笈七签》的广泛传播，九天玄女的故事——特别是作为道教谱系中“善良”的女战神形象也得到更为普遍的信仰。于是，她先是被《大宋宣和遗事》“相中”，开始成为宋江的保护神；继而施耐庵将其进一步塑造成《水浒传》中天意的最高代表。

罗真人在《水浒传》中的“功能”是与九天玄女错位的，因此并无叠床架屋之虞。

罗真人在作品中的正面出场也是两次。一次是第五十二回，梁山好汉遭遇了妖人高廉，屡战屡败，只得派戴宗与李逵去请公孙胜。公孙胜的师父正是罗真人。由于他反对公孙胜出山，因而和李逵发生了一系列冲突。另一次是第八十五回，梁山好汉征辽路过蓟州，宋江便和公孙胜顺路去拜望了罗真人。这一次，除了罗真人为宋江写下八句法语作为预言之外，便只是一些惯常的客套话。

显然，这里的罗真人从凡人中修炼而成，仍然“生活在群众之中”，与民众“零距离”，而不同于九天玄女的“高高在上”。这种存在方式使得他在故事的发展中具有了特别的“功能”。

古代白话小说中有一个莽汉形象系列，如张飞、李逵、牛皋、焦赞、程咬金等。但同为一个系列，恐怕也只有李逵当得起“说不尽”三字。至少，在这个形象系列中，李逵的喜剧色彩是他人远远不及的。一出场，他就碰上了浪里白条，被淹得双眼翻白；后面与吴用同去大名府，一路扮哑巴；与燕青去东岳庙争跤，归来到寿张县坐衙审案，等等。时时处处他都有可能闹出笑话，惹出麻烦，而这些笑话与麻烦把弥漫全书的血雨腥风冲淡了不少。在围绕李逵演出的滑稽剧中，最热闹、最搞笑、最有喜剧意味的一出就是他和罗真人的对手戏。如果认真推敲起这场戏，肯定会发现很多不近情理的地方，如罗真人既然知道梁山好汉上应天星，就不应该留难公孙胜；罗真人既已得道成仙，怎么还会设圈套耍弄李逵，等等。

这出喜剧的奥秘就在于罗真人与李逵之间的“信息不对称”。李逵处处凭借着自己的小狡猾，想出一个又一个自以为是的“好主意”，不断地暗自得意。而罗真人则不动声色，一切全在他的眼底心中，实际上一切全由他在安排。罗真人看李逵，如同我们在实验室里看东跑西撞的小白鼠。由于施耐庵的叙事安排，读者便以全知全能的眼光来看这故事，而这种眼光大体是与罗真人的眼光重合的。于是，读者也就有了“俯瞰”李逵的机会。仰视出悲剧，俯视出喜剧。在全知全能的罗真人面前，李逵越表演便越可笑。

可以说，罗真人给了李逵充分展示其天真烂漫（特定意义上）的机会，而这种天真烂漫，又在一定程度上把李逵板斧上的血腥洗刷掉些许。在这个意义上讲，罗真人是为了李逵而存在的。这样一个角色，既要有神通，又要使李逵能够接近，那只有“真人”这种“平易近人”的神仙才能完成任务。

所以，九天玄女之外，《水浒传》中还要再安排一个罗真人。

以百回本、百二十回本而论，“罗天大醮”共出现了三次。第一次是全书的开端，因为瘟疫流行，所以宋仁宗派洪太尉去请出张天师，“修设三千六百分罗天大醮”。这个情节的作用全在于引出“洪太尉误走妖魔”一节，所以对于“罗天大醮”只是虚写一笔，着墨甚少。正如金圣叹所讲：“瘟疫亦楔也，醮事亦楔也，天师亦楔也，太尉亦楔也。既已楔出三十六员天罡，七十二座地煞矣，便随手收拾，不复更用也。”

施耐庵为什么要如此扬道抑佛呢？从大的方面来说，道教是本土宗教，是国教，而佛教是外来的。在元代，人们对外来的东西总有一种抵触情绪，虽然佛教传入中国后也做了中国化的改造。另外，道教的创始人是张道陵，从《水浒传》楔子一回就可看出，张天师是用了张士诚的姓，洪太尉是用了张士诚投降元朝后封的官名。

四、刻印《水浒》

施耐庵死后，罗贯中在淮安城又住了几个月，他把施耐庵留下的书稿作了一番整理，特别是后五十回。他先后联系多家书坊想把它刻印出来，以了却老师的夙愿，无奈没有一家敢承印歌颂“强盗”的书。

罗贯中为了实现自己著书劝世的宏愿，安于寂寞，花了二三十年时间，先后写出了《三国演义》、《隋唐两朝志传》、《残唐五代史演义》等书，直到临终前，他还拖着骨瘦如柴的病体，伏案疾书《三遂平妖传》，只是写到第二十回就一病不起，告别了人间。后世流传的《三遂平妖传》，是在罗贯中作前二十回的基础上，由明代冯梦龙续成的。

罗贯中写作《三国演义》，常在思路卡壳时，学习借鉴《水浒传》的创作。比如，罗贯中写张飞怒杀定州太守元峤一家老小的情景，便是模仿《水浒传》中“张都监血溅鸳鸯楼”一节。林冲身上有《三国演义》中三个人物的影子：相貌如张飞，身手如赵云，一开始忍辱求全的性格像刘备。《水浒传》第四十八回林冲出马擒捉扈三娘时有诗说：“满山都唤小张飞，豹子头林冲便是。”这是《水浒》版的张飞，与《三国演义》中张飞相貌“身长八尺，豹头环眼，燕颔虎须”完全相同，就连兵器也和张飞一样，是丈八蛇矛。

关于罗贯中，二十世纪三十年代郑振铎等人发现了浙江宁波《天一阁蓝格写本正续录鬼簿》记载了罗贯中一点信息：“罗贯中，太原人，号湖海散人。与人寡合，乐府隐语，极为清新。与余为忘年交，遭时多故，天各一方。至正甲辰复会，别来又六十余年，竟不知所终。”该记载还透露了罗贯中所作的戏曲：“风云会，赵太祖龙虎风云会；蜚虎子，三平章死哭蜚虎子；连环谏，忠正孝子连环谏。”鲁迅在《小说旧闻钞》再版序言中说：“自《续录鬼簿》出，则罗贯中之谜，为昔所聚讼者，遂亦冰解，此岂前人任心逞臆之所能至哉！”其实，仅仅这一点信息是还难以说明罗贯中的一生一世。二十世纪八十年代孟繁仁等人发现山西太原确有《罗氏家谱》，清徐县罗氏始祖是罗仲祥，原籍四川成都府人，自五代后唐（923—936）仕为青州仆射，后因战乱，落籍山西清源，繁衍子孙，至今已是二十三代。在第六代罗锦所生六子中，记为“才聚、次子外出、才增、才森、才宝、才仓”。因为罗贯中写了不入流的稗官野史《三国演义》、《水浒传》，所以在家谱中没有姓名，只道“次子外出”。这是一说。另一说，古太原包括祁县，来自山西祁县西六支乡河湾村罗巨川保存的罗氏家谱十三世“罗本”和序言中“本朝初，吾祖讳本，字贯中，流他乡，有巨著”。序由万历癸卯年新科举人罗应缩撰写。从序言记载可知：祁县罗氏与清徐罗氏的先祖居长沙，徙房州。汉时，罗氏一支迁祁土，居河湾村。罗族另一支旅四川成都，后唐时因仲祥为青州仆射，延传一支定居清徐。清徐发现《罗氏家谱》序言中也有如下类似记载：“祁邑会善村，凡我同姓，皆我同宗……但彼此丁繁户众，路途相隔，合纂之下若叙之为妙。于是两相公议，各造各谱，清邑祁邑，交赠一谱”。通过有关专家的解读，弄清了山西清徐、祁县罗氏本属一家，并且弄清了罗贯中续《水浒传》的情况。

据鲁迅的分析，罗贯中生卒约为一三三〇至一四〇〇年，据笔者的推断则约为一三一六至一四〇〇年。施耐庵首先写就的是《古本水浒传》，后来又写成招安的百回本，罗贯中在此基础上修改定稿，插增平河北田虎、平淮西王庆部分，续成一百二十回本。罗贯中在施耐庵逝世后，家是不能回了，就到大名府浚县一带隐居著述。罗贯中在编撰续写《水浒传》时，也禁不住要在书前加写一章“序言”，以使这本书与自己家族经历的历史背景，与《残唐五代史演义》和《赵太祖龙虎风云会》所述故事，多多少少联系起来。在《残唐五代史演义》的末一回和《水浒全传》引言部分，罗贯中引用了宋人邵雍所作的诗句：

纷纷五代乱离间，一旦云开复见天。
草木百年新雨露，车书万里旧江山。

这首诗叙述了赵匡胤建宋和陈抟笑见天下太平的传说故事。在《水浒全传》平田虎部分，罗贯中又以宋江攻打太原的方式，把当年宋太祖水灌晋阳城的历史再现到书中。而《三遂平妖传》所述的文彦博平定王则起义的故事，也是发生在罗氏四世祖从山野在迁返清徐县城之时的宋仁宗一朝。

罗本贯中，取名自有“木本水源之念，永世贯于心中”之意。许贯中是《水浒全传》中出现的一个隐士式人物，乃罗贯中的原型或化身。

《水浒全传》第九十回许贯中对燕青说：“俺又有几分不合时宜处，每每见奸党专权，蒙蔽朝廷，因此无志进取，游荡江湖。”这是罗贯中“与人寡合”较为详细的注脚。在《水浒全传》中，许贯中自称是“祖贯大名府人氏”，隐居在大伾山（今河南浚县城东黎阳东山）中，《尚书·禹贡》记载：“东过洛阳，至于大伾”。在《水浒全传》中也这样介绍：“原来这座山叫做大伾山，上古大禹圣人导河，曾到此处。《书经》上说道：‘至于大伾’。这便是个证见。今属大名府浚县地方。”据《明一统志·大名府》，浚县在元代改属大名路，现属河南浚县许家沟村，已划归河南鹤壁市庞村乡。罗贯中对这一地方如此强调描写，看来这里当是罗贯中晚年隐居的地方。据清代熊象阶撰《浚县志》记载：“浚州……洪武三年四月降下县。”罗贯中在此隐居，修订“田王二传”期间当在一三七〇年以后。更为重要的是《浚县志·职官表》中所列：蒋大器曾经担任过浚县“主簿”一职，蒋大器曾经化名“庸愚子”，于明代弘治七年甲寅（1494）仲春几望日作《三国志通俗演义序》。

在《水浒全传》第九十一回中，作者通过吴用之口，准确地概括山西地理特征是：“三晋山川险峻”。当下燕青取出一轴手卷，展放桌上。“宋江与吴用仔细观看，却是三晋山川关隘之图。凡何处可以屯扎，何处可以埋伏，何处可以厮杀，细细地都写在上面。吴用惊问道：‘此图何处得来？’燕青道出姓名，说是：‘姓许名贯中的所赠。’”这张《三晋山川关隘图》，实际上是为宋江征田虎绘制的一张作战地图和选择的一条最佳进军路线。

一百二十回本《水浒全传》征田虎、王庆故事是全书其他内容成书后加入的，最简单的证据是宋江带领梁山人马征田虎时，滚雪球般陆续收了一批降将，然后再让他们在战斗中陆续死去，没死净的还有好几十人，让他们在征王庆时接着死，而梁山好汉原班人马却无一阵亡，直到征方腊时才如雪崩般纷纷死掉。

所谓《水浒传》的“征四寇”，即为“山东宋江、淮西王庆、河北田虎、江南方腊”，可谓东南西北均说到。

元末明初的罗贯中为赵宝峰门人，这是根据对《门人祭宝峰先生文》中的“门人”年龄排列顺序的分析判断。《门人祭宝峰先生文》曰：“至正二十六年岁次丙午十二月戊申朔，越十二日己未，门人乌本良、郑原殷、冯文荣、罗拱、言原、向寿、李善、乌斯道、王真、顾宁、罗本、翁旭、王桓、洪璋、徐君道、方观、裘善缉、李桓、翁虻、岑仁、王慎、单惠、王权、高克柔、顾勋、王直、叶心、裘重、周士枢、郑慎、茅有生等，致祭于故宝峰先生赵公之柩曰……”以上名单是按门人之间的“序齿”排列的。排在第十一位的罗本恰处在第六位向寿（1310 年生）、第八位乌斯道（1314 年生）和第十三位王桓（1319 年生），罗本的出生当在一三一六年左右，而其老师赵宝峰一三六六年逝世时，他当五十岁上下。而写《三国演义》的罗贯中在“至正甲辰”（1364）与编写《录鬼簿续编》的贾仲明（1343—1422 年）“复会”时，年龄也正好可说是“忘年交”，贾仲明当时二十三岁，罗贯中是在五十岁左右。施耐庵和罗贯中在《水浒传》第二十七回时将东平府府尹陈文昭写成少有的清官，小说中的陈文昭在浙江确是实有其人。“陈麟，字文昭。

永嘉人……登至正甲午进士，为慈令。”[①]而在《宋元学案·静明宝峰学案》中，排在“宝峰门人”名单中的第一名，就是陈文昭。陈文昭与罗贯中同拜宝峰先生门下，有这层关系，将陈文昭写入《水浒传》中也是情理之中的事情。

斗转星移，寒暑更迭。施耐庵死后一百八十多年，到明代嘉靖年间，兴化县有个进士叫宗臣（1525—1560），字子相，号方城山人，被誉为文坛“嘉靖七子”和“中原五子”，其散文《报刘一丈书》对当时官场丑态有所揭露，被收入《古文观止》和中学课本。明朝廷派他到福建担任“提学副使”，到福州的第二年夏天，巡抚阮鹗被逮捕，倭寇又来侵扰。他负责训练壮丁，抵抗倭寇。

此时，罗贯中的后裔带着书稿到当时的全国刻书中心福建建阳去，当他打听到宗臣是兴化人，便以“乡谊”之情，去见宗臣。宗臣是一位对家乡有着深情挚爱之心的人，忙问罗贯中后人求见何事，罗贯中后人告诉他：“老祖宗罗贯中本是施耐庵门人，与施耐庵一起去过兴化，还在顾逖府上住过一段时间。只因施耐庵临终，将《水浒传》书稿托付老祖罗贯中，至今未能问世。”宗臣听了很高兴，他说：“我早就听说施、罗二公著书劝世，写了《水浒》、《三国》，只恨无缘得见，今日幸运，真太好了！”他当即要罗贯中后人把家藏的几部书稿拿来，并请示朝廷，得以将施耐庵《水浒传》、罗贯中《三国演义》等书，在坊间刻印问世。

士兵们分发到《水浒传》、《三国演义》，对鼓舞抗倭斗志，增进战争智谋很有好处。倭寇逼近福州，福州六座城门都已关闭。城外还有几万百姓呼求进城。宗臣独开西门，迎接百姓，倭寇猛攻西门，宗臣下

① 引自清代雍正八年（1730）刊《慈溪县志》。

令开炮猛轰，杀伤倭寇数百人。倭寇败退，又去侵扰福建兴化府。宗臣带领几千兵马，切断倭寇海上退路，击沉寇船几十艘，大获全胜。在水浒英雄、三国豪杰的精神鼓舞下，福建军民转战追击倭寇，倭寇闻风丧胆，不敢再犯。

想不到，刻印《水浒》、《三国》事被朝中一个奸臣知道了，向世宗皇帝奏了一本，将宗臣解京审问。宗臣面见世宗问道："微臣何罪？"那奸臣道："宗臣刻印禁书，鼓吹反叛，大逆不道，罪责难逃。"宗臣据理反驳："宋江聚义梁山，替天行道，杀贪官污吏，保境安民，奸佞之臣，人人得而诛之，何谓鼓吹反叛？后来宋江受招安征辽，平田虎、王庆，征方腊，解皇上内忧外患，尽忠王朝，直到惨遭奸臣暗算，饮御赐药酒自尽，心无怨言，此乃大忠大义之人，当尽效之，何谓鼓吹反叛？至于魏、蜀、吴三国纷争，隋唐五代相继兴起，本为鉴古而知今，纯属治世之道，更非鼓吹反叛朝廷矣。"

宗臣一席话，义正词严，像连珠炮，直驳得那奸臣哑口无言。世宗皇帝如梦方醒，便立即传旨赦宗臣无罪。因宗臣战功卓著，且有福建如何防御倭寇的"海防三策"奏本朝廷，被朝廷所倚重，不仅未被免职，反而被提升为按察副使，提督福建学政。那个奸臣见阴谋未能得逞，直吓得满头大汗，两腿发抖，跪在地上连连叩头，求皇上饶恕。事后，市民坊间人人都说："宗臣才学高，他刻印禁书，无罪反受赏呢！"

五、泽被后世

施耐庵的晚年是在颠沛流离、坎坷崎岖的境况下度过的。创造水浒英雄人物文学形象的大作家在寂寞中走完了一生的旅途。

然而他的身后并不寂寞。见于载籍的最初以盗贼面目出现的宋江一伙人的事迹，到元末明初，由盗贼变为英雄，受到人民的广泛支持。“水浒故事”在酒肆茶楼的讲说，也备受听众的喜爱。

《水浒传》稿本繁多，如果《水浒传》早期、中期、晚期的诸种稿本都能留存于世，那么足可以构成一个稿本库了。

《水浒传》历来有繁、简两个系统。明世宗嘉靖朝郭勋收藏的一百回《忠义水浒传》系现有的最早繁本，神宗万历朝的二十五卷本《忠义水浒志传评林》是现存颇早的简本。两种本子均已残缺，唯繁本之残留五回则获《天都外臣序本水浒传》之依样翻刻而仍能保持其基本面目。繁本有梁山英雄接受招安，征辽、征方腊，功成遇害事；简本有梁山英雄出征田虎、王庆事。万历末，杨定见出版增修讨伐田、王内容，全一百回繁本为一百二十回本。明末清初的金人瑞（圣叹）得古本《水浒》，以卢俊义一梦殿尾收束，称七十回本，加上楔子，实为七十一回。

《水浒传》的题材主要是写农民战争，书中英雄若林冲、武松、李逵、鲁智深等莫不刻画得栩栩如生，活灵活现，几乎是呼之欲出。曲折的斗争故事、鲜明的人物性格、生动形象的语言，大大体现了《水浒传》高超的艺术技巧。数百年来，它在民间广为传播，水浒英豪已是家喻户晓，妇孺皆知。

《水浒传》英雄走出围城，走向东西方各邦，用东西方语言来展示自己的英雄特质，展示古老的中华文明。杰克逊说得好：“《水浒传》又一次证明人类灵魂的不可征服的向上的不朽精神，这种精神贯穿着世界各国的人类历史。”

世界各国文字翻译《水浒传》，以日文为最早，而在西方则以法文的翻译为最早。随后东方的朝鲜、越南、泰国相继出现了各自的译述，西方的英国、美国、德国、意大利，以及前苏联、捷克、波兰、匈牙利也陆续出现了各自的译章，此中有片断，也有全本，各以其语言容量，尽可能将它翻译得至善至美。

日本灵元天皇延宝年间（1673—1681），上段为《水浒传》、下段为《三国演义》的合刊本《二刻英雄谱》便传到日本了。水浒豪士们锄强扶弱的义行在江户（东京）时代（1603—1867）的町人（商民、手工业者和城市居民）中引起了热烈的回响。从十七世纪七十年代《水浒传》传入日本起的二百年间，江户文学界模仿《水浒传》的小说极多，如后桃园天皇安永二年（1773）建部绫足（1719—1774）的《本朝水浒传》、光格天皇天明三年（1783）伊丹椿园的《女水浒传》四卷等，留给世人的印象很深。将《水浒传》翻译为《梁山泊的强盗》一书的德国专家库恩说："《金瓶梅》、《红楼梦》主要讲屋子里家庭内的生活，《水浒传》却不同了，它是讲屋外的、大地上的事情。从《水浒传》可以看到'我们理想当中的英雄人物'。《水浒传》是民间的诗篇。《水浒传》与《金瓶梅》的关系像是母与女的关系。没有必要对《水浒传》的价值多费唇舌，作品本身就说明了它的价值。《水浒传》对于研究中国的历史学家、汉学家、军事家和政治家来说，都是非常宝贵的财富；而从文艺角度来说，一个文学家如果有谁不知道《水浒传》这部作品，那将会成为笑柄。"

《水浒传》是第一部对我国长篇小说的创作乃至整个文学事业产生深远影响的伟大文学名著。它不仅哺育了明清两代的作家，而且也熏陶了现当代作家。冰心说，她是在《水浒传》、《聊斋志异》这些作品的诱惑下开始写小说的。瞿秋白说，"中国的《水浒传》是一部名贵的文学典籍"，他希望作家们努力"去做施耐庵"。周而复说："给我影响较大的是《水浒》、《三国演义》和《红楼梦》。"我们从《红旗谱》、《林海雪原》、《吕梁英雄传》等长篇小说中可以看到《水浒传》的影子。鲁迅、茅盾、老舍、周立波、艾芜等，都曾从不同角度评述了《水浒传》的伟大成就，谈到过《水浒传》对自己的思想和创作所产生的影响。《水浒传》永远是文学创作的最好典范。

数百年来，《水浒传》的电视、曲艺、戏曲、美术，记载着与《水浒传》及其作者有关事迹、资料的笔记杂著，近代以来考证、研究、评论《水浒传》及其作者的专著、论文……更是难以计数。

总之，《水浒传》本身以及围绕这部作品的一切图书文籍，完全可以建立一座洋洋大观的“水浒博物馆”“水浒学图书馆”了。

谁在世上作出了贡献，谁就受到人民的拥戴。施耐庵写就了个性化、典型性的长篇小说《水浒传》，是中国小说创作的第一座高峰和里程碑，其卷帙之浩长，内容之丰富，结构之庞大，形象之生动，思想之宏博，立意之深沉，描绘之逼真，构思之巧妙，情节之新奇，故事之曲折，语言之精辟，读者之广泛，影响之深远，都是空前的，是举世公认的。

施耐庵创造的理想王国的艺术典型是永恒的。在梁山泊，不管你来自东南西北，长着怎样相貌，操着哪种语言，不管你“曾是帝子神孙，富豪将吏，并三教九流，乃至猎户渔人，屠儿刽手，都一般儿哥弟称呼，不分贵贱；且又同胞手足，捉对夫妻，与叔侄郎舅，以及跟随主仆，争斗冤仇，皆一样的酒筵欢乐，无问亲疏”。四海之内皆兄弟也，具有普世价值。

《水浒传》不但是中国文学的，而且是世界文学的一大奇书；施耐庵——横空出世的文学巨匠，他不但是中国文学的，而且是世界文学的一大奇人；他是当之无愧的长篇小说的鼻祖。

《水浒传》是中国古代小说中第一部有着复杂曲折遭遇的书，从元明清查禁销毁到“文革”的批《水浒》，它一直是多灾多难的。中国的奇书形成规律是：奇人以其坎坷的经历而成奇书，而奇书的经历又复如此坎坷，造成文学史上的奇中有奇，奇上加奇。

元末明初的中国和世界为什么会出现这样的奇书，这样的奇人，在某种意义上说还是一个待解之谜。人们盼望着研究者们，特别是寄希望于年轻的朋友们，参与破译这待解之谜，并向世界解说。

2012 年 12 月 12 日写于盐城智城书巢

2013 年 5 月 1 日二稿于苏州石湖之畔

附录一

施耐庵年表

元成宗元贞二年丙申　1296 年　一岁

十月初二，生于泰州白驹场街市（现属江苏省大丰市白驹镇），取名彦端，字子安。属相：猴。父亲施元德，字长卿，据《古盐卞氏宗谱》，1280 年施元德由苏州迁盐城东溟（今便仓镇）；母亲卞淑贞，与苏州枫桥迁盐城便仓卞氏为同一支。原籍苏州阊门外施家巷，是孔子七十二弟子之一施之常的后裔。清代乾隆《吴县志》载："施子祠在阊门外，久废。雍正十三年，贤裔施濬文等，清改建于元和县利一图，祀临濮侯施之常。"

杨维桢也于同年出生。

大德二年戊戌　1298 年　三岁

能背诵唐诗宋词。

大德三年己亥　1299年　四岁

习画鸡、鸭、牛、羊等家禽动物。

大德四年庚子　1300年　五岁

已认识数百汉字。

大德七年癸卯　1303年　八岁

入白驹场北宝寺私塾读书。

大德十一年丁未　1307年　十二岁

在白驹场为邻居家写祭文，传为佳话。

元武宗至大元年戊申　1308年　十三岁

随父迁居苏州城外的浒墅关，在季氏家塾就读。

至大二年己酉　1309年　十四岁

在季氏家塾就读。

至大四年辛亥　1311年　十六岁

继续在季氏家塾就读。

刘基出生于浙江省青田县南田山武阳村（现属文成县）。

元仁宗皇庆元年壬子　1312年　十七岁

居苏州读书。

皇庆二年癸丑　1313年　十八岁

居苏州读书。

十月，仁宗命中书省集议实行科举。

十一月，颁《行科举诏》，定于翌年八月乡试，又后年二月会试京师，中选者亲试于廷，赐及第、出身有差。自后率三岁一开科，蒙古、色目人愿试汉人、南人科目，中选者一等清授。由于刚恢复科举，规模很小，取仕的名额也很有限。

延祐元年甲寅　1314年　十九岁

实行科举，史称“延祐科举”，同年，经理江南田粮，史称“延祐经理”。

相传，施耐庵这一年考中秀才。

延祐二年乙卯　1315　二十岁

三月，廷试进士，赐五十六人及第、出身。分进士为两榜，蒙古、色目人为右，汉人、南人为左。第一名从六品，第二名以下及第二甲皆七品，第三甲正八品。

延祐三年丙辰　1316年　二十一岁

与季丹红结婚。罗贯中约生于此年。

延祐七年庚申　1320年　二十五岁

被苏州官吏于诸色户内特别推荐有孝行信义。据《元史·选举志》:“年及二十五以上，乡党称其孝悌，朋友服其信义，经明行修之士，结罪保举，以礼敦遣，贡诸路府。”

乡里推荐杨维祯参加乡试，其父杨宏恐其准备不足，不同意他参试，要他在“万卷楼”中继续苦学。

元泰定帝泰定元年甲子　1324 年　二十九岁

相传施耐庵这一年赴杭州参加江浙行省乡试，考中举人。

泰定四年丁卯　1327 年　三十二岁

二月，杨维祯、萨都剌进京参加殿试，顺利通过考试，荣登当科进士，在崇庆门传胪赐进士。

萨都剌任京口录事司达鲁花赤。这一年科考，虞集、欧阳玄同为考官。

元文宗天历元年戊辰　1328 年　三十三岁

表弟卞元亨出生于盐城东溟（今便仓）。

杨维祯授职天台县尹，正七品。

至顺元年庚午　1330 年　三十五岁

赴大都（北京）会试途中，考察梁山泊。

至顺二年辛未　1331 年　三十六岁

赐进士[①]。经国子监司业刘本善推荐，任郓城县训导。

---

① 明洪武年间山东郓城县周庄举人周铎，字文振，做过江西袁州知府，在他的笔记中有一条记载：“施耐庵者，江南才子也。元至顺间，赴大都应试不第，乃师国子监司业刘本善，荐任郓城训导。力倡农桑。与教谕不洽，辞之。游梁山水泊。次年复至大都，中进士。官钱塘二载。后归隐，不知所终。”元至顺年间（1330—1333）施耐庵到过梁山，因为据《元史·选举志》记载，至顺进士考试有两次，时间是至顺元年（1330）和至顺四年（1333），如果说施耐庵第一年应试不第，次年“中进士”，是乡贡进士或是赐进士，这与施耐庵家谱所说“元朝至顺辛未进士”相吻合。而《浙江通志》记载刘基是至顺辛未进士的记载，也应是乡贡进士或赐进士。施耐庵原籍苏州，刘

至顺三年壬申　1332 年　三十七岁

继续在郓城县训导任上，力倡农桑，搜集水浒英雄轶事。

八月，刘基、陶宗仪赴江浙行省乡试，陶未中第，刘中第十四名举人。

至顺四年　元惠宗元统元年癸酉　1333 年　三十八岁

再赴大都（北京）会试，应试不第。刘基作《龙虎台赋》，中三甲第二十名进士，因同为江浙行省人，同应会试，故有同窗之称。

元统三年至元元年乙亥　1335 年　四十岁

约此年在钱塘县任县尹。

搜集整理水浒戏。

至元二年丙子　1336 年　四十一岁

继续在钱塘县尹任上。

刘基任江西瑞州路高安县丞，作《官箴》以勉。因为政勤廉，“小民自以为得慈父，而豪右数欲害之”。

基是浙江青田人，他们同属于江浙行省，他们有可能不仅是朋友，而且是一起参加乡试、会试的“同学”。据史载刘基是至顺四年癸酉科的进士，假定施耐庵于此年到大都会试不中，以后才到郓城做训导，那么与刘基是同门师兄弟，也与民间传说施、刘为同学相符，且刘基也到过梁山，并有《分赃台》诗为证：“突兀高台累土成，人言暴客此分赢。饮泉清节今寥落，可但梁山独擅名。”至顺辛未（1331）举行过乡试，《杨隐居挽诗·序》云：“君讳亮，字明升，上饶人。其子观，登至顺二年进士第……”这里的“进士”为当乡贡进士。事实上大家把“乡贡进士”称为“进士”，那么把施耐庵称为“元朝辛未科进士”，并无可怪之处。

至元三年丁丑　1337年　四十二岁

“官钱塘二载”之后辞官归苏州故里——阊门外怀胥桥北施家巷。在苏州设塾教书、或为古杭书会才人，并漫游四方。收太原人罗贯中为门徒，罗贯中约二十一岁，是“有志图王者”。

至元六年庚辰　1340年　四十五岁

秋天，应欧阳修后裔、丹徒太守之邀，与刘基相会，此时刘基辞官江西行省职官掾史，在丹徒任教。

至正元年辛巳　1341年　四十六岁

应刘基之邀，赴温州（鹿城）同游江心屿，赴处州青田县南田山武阳村（现属文成县）访刘基故里。

刘基隐居三年，“至是而道益明”，《百战奇略》《多能鄙事》约作于此时。

至正二年壬午　1342年　四十七岁

约此年定居杭州，在古杭书会编写剧目，以施惠笔名发表《幽闺记》。

编撰《宋江》剧本特为流行。

至正五年乙酉　1345年　五十岁

刘基游江东，并小驻丹徒。

钟嗣成补写《录鬼簿》。

至正七年丁亥　1347年　五十二岁

在苏州设馆。

刘基离江东返家。

至正八年戊子　1348 年　五十三岁

在苏州。

至正九年己丑　1349 年　五十四岁

业余著书《江湖豪客传》，即《水浒传》。

刘基辞职，闲居杭州。

至正十年庚寅　1350 年　五十五岁

杨维祯过苏州，为施仁杰氏撰堂记。“施仁杰尝招致余于所居堂，顾其题曰‘修养’，吴兴赵魏公之所书也。”(《东维子文集》卷十四《修齐堂记》。当是阊门外施氏祠堂，与施耐庵祖籍有关。)

至正十一年辛卯　1351 年　五十六岁

往来于苏州与泰州白驹场之间。

刘基闲居杭州，至年底，徐寿辉兵锋指向饶州、信州，时局有变，刘基带病辞杭归里。

至正十二年壬辰　1352 年　五十七岁

在白驹场著述《江湖豪客传》，即《水浒传》。

刘基复回杭州，省檄为浙东元帅府都事，复自杭赴浙东，在台州、温州一带参与戎事，并议筑庆元诸城拒敌。

至正十三年癸巳　1353 年　五十八岁

正月，张士诚等十八人在白驹场起义。

张士诚造访施耐庵，《江湖豪客传》(《水浒传》) 正写到第四十五回。胡適在《水浒传考证》中提出《水浒传》最精彩的地方在前四十五回，从大闹江州，杨雄、石秀杀巧云以后便没有什么精彩的地方。看来这与施耐庵生活变故有一定关系。事实上，后来施耐庵还是参加了张士诚幕。

五月，张士诚攻陷高邮。

萨都剌避乱杭州，后赴绍兴。杨维桢避兵富春山。刘基因建议招捕方国珍，受免去行省都督羁管绍兴的处分，十月至年底，在青田家乡。

至正十四年甲午　1354 年　五十九岁

杨维桢有文赠其中进士第的学生关室官临安县令，谓红巾之乱实为时势所逼。其时又有文，谓官吏不仁，为盗者仁且义也。与施耐庵作《水浒传》说“逼上梁山”如出一辙。

刘基被羁管于绍兴，放浪山水，以诗文自娱。

正月，张士诚自称王，国号大周，建元天祐。

十一月，元丞相大败张士诚于高邮，分兵围六合，朱元璋率兵赴援。

至正十五年乙未　1355 年　六十岁

在张士诚军中任军师。

至正十六年丙申　1356 年　六十一岁

随张士诚起义军至苏州。

二月，张士诚自高邮徙居平江，改隆平府，改称周王。

三月，朱元璋克金陵。

至正十七年丁酉　1357年　六十二岁

张士诚降元。

至正十九年己亥　1359年　六十四岁

朱元璋部将破张士诚兵于余杭。

刘基隐居家乡青田，著《郁离子》，“以待王者之兴”。

至正二十年庚子　1360年　六十五岁

刘基、宋濂等投靠朱元璋。

至正二十三年癸卯　1363年　六十八岁

九月，张士诚称吴王，即平江治宫室，置官属。鲁渊、刘亮、陈思均谏阻称王，辞官走，施耐庵作《秋江送别》，即赠鲁渊、刘亮好友。

至正二十四年甲辰　1364年　六十九岁

隐居至常塾河阳山（现张家港市凤凰山）永庆寺著《水浒传》。

《录鬼簿续编》作者贾仲明与罗贯中复会。贾仲明后来成为明成祖宠幸的宫廷侍臣。

朱元璋称吴王。

至正二十五年乙巳　1365年　七十岁

约在此年流寓江阴，在祝塘大宅里徐麒家教书，地点在东林庵，此时被称“耐庵先生”。

罗贯中在浙江慈溪以“门人”身份参加了祭奠赵偕（宝峰）的活动。

施耐庵偕妻申氏及门人罗贯中、二弟彦才迁居泰州白驹场一带。

至正二十七年丁未　1367年　七十二岁

在泰州白驹场街市、茅家园一带创作长篇小说《水浒传》。

朱元璋本用龙凤年号，至是改为吴元年。

朱元璋大将徐达攻破苏州，张士诚被俘死难，大周政权灭亡。

至正二十八年　明太祖洪武元年戊申　1368年　七十三岁

因《水浒传》手抄本《江湖豪客传》流传惹祸，被关进金陵刑部大牢。

二弟彦才后裔族迁兴化施家庄、盐都区大冈镇一带居住。

正月，朱元璋在应天府即皇帝位，国号明，年号洪武。

明洪武二年己酉　1369年　七十四岁

施耐庵染病出狱流徙隐居泰州白驹场西落湖（今兴化市新垛镇施家桥），旋隐居至淮安王肇庆当铺的小方壶斋。

明洪武三年庚戌　1370年　七十五岁

三月初二施耐庵在淮安大香渠巷六号逝世，直到其孙辈文昱时才将灵柩复迁兴化市施家桥一高地“狮子地”安葬，淮安王道生撰写墓志铭。

附录二 主要参考文献

1.《水浒全传校注》，施耐庵集撰，罗贯中纂修，王利器校注，河北教育出版社。

2.《水浒传补证本》，施耐庵著，盛巽昌补证，上海人民出版社。

3.《寨名水浒》，佘大平著，广西师范大学出版社。

4.《中国古典小说史论》，杨义著，中国社会科学出版社。

5.《书里书外话水浒》，唐冰著，江苏文艺出版社。

6.《施耐庵新证》，曹晋杰、朱步楼著，学林出版社。

7.《施耐庵的传说》，张袁祥、胡永霖搜集整理。

8.《昭阳二杰》，徐敬高编著，江苏文艺出版社。

9.《绝代奇才》，孙昌宇著，长江文艺出版社。

10.《〈水浒〉施耐庵面面观》，徐放、王同书、刘人庆著，辽海出版社。

11.《江阴市志》，程以正主编，上海人民出版社。

12.《梧溪子附补遗》，王逢著，中华书局。

13.《澄江夜话》，徐华根著，江苏古籍出版社。

14.《水浒寻根》，浦玉生著，江苏文艺出版社。

15.《耐庵学刊》，刘兆清主编，第 1—22 辑，1985—2012 年。

16.《水浒杂志》，浦玉生主编，第 1—4 辑，2006—2012 年。

17.《白驹镇志》，大丰县白驹镇编志委员会编，1989 年 12 月内部发行。

18.《〈水浒传〉的成书过程与作者之谜》，欧阳健和讯博客 2010 年。

19.《水浒与道教四题》，作者陈洪，《文学与文化》2011 年 3 期。

20.《大漠来风》，张毅著，中华书局。

21.《刘伯温全传》，郝兆矩、刘文峰著，大连出版社。

22.《罗贯中新探》，姚仲杰、孟繁仁、武俊、郭维忠主编，中州古籍出版社。

23.《杨维祯年谱》，孙小力著，复旦大学出版社。

24.《元朝》，邱树森著，中国青年出版社。

25.《元史》，刘迎胜著，上海古籍出版社。

后记

我公开出版过数十本书，但当我将此部书稿杀青之时，脑际飘过一丝惶恐。

关于施耐庵，大学者胡適称是“亡是公”，鲁迅说“疑施乃演为繁本者之托名”，而我却将施彦端字耐庵的一生及其著《水浒传》的事迹用文学传记形式全面记录下来。在红学研究领域，“红外线”不是物理学的那个红外线，而是指《红楼梦》研究的一种路数：研究《红楼梦》本身思想内容、艺术特色，这是红内线；研究考证《红楼梦》版本演变、作者曹雪芹的生平家世，这是红外线。在水学（水浒学）研究中，我行走在文本与作者、版本与本事之间，力图将作者、时代、版本、本事考证同文本诠释有机地结合起来，亦即“水内水外”的结合，我的所言能成为“水准线”吗？我在大学里学的是商业企业管理，在职研究生研究方向是区域发展战略。研究施耐庵、撰写施耐庵传记是因为他是我的“乡党”，是一种朴素的情感，也是一份责任和担当，为此我耗费了前半生的努力。

这是一次文化的呼唤。文化是一种积累和涵养，是石生玉，木化石，需要足够的生成时间和寂寞工夫的，没有一部传世佳作是向壁虚构、从“客里空”而来。文化讲源流，所谓其源高深，其流浩荡，有益于疑惑的冰释和视野的开阔。本书的创作有着传承文化和填补空白的多重意味，所以其意义显得特别重大。

文字寿于金石，声音随风飘逝，打捞和重构已经消失在历史深处的“施耐庵”，是一件很有意义又是十分艰难的事。法国文学史家郎松认为，文学史家和历史学家有不同之处，“历史学家处理的对象是过去——今天只能靠一些残存的迹象或碎片来再现的过去。我们的对象也是过去，但这是今日仍然存在的过去；文学这个东西既是过去也是现在。”（《郎松文论选·文学史方法》）关于施耐庵，由于正史记载十分有限，我们所以要引入三重证据法，将纸上材料、民间口碑、地下文物联系起来加以系统思考、综合分析和全息思维。

传记文学的写作是传统学科中最具综合性的一门学问，需要广博而深厚的知识积累，一字之考，博及万卷，“上自穹古之历史，下至昨今之新闻”，都置于史料范围之内。对待历史材料应谨守科学的法则，善于汲取前人的考据成果，同时又有自己的鉴别能力，勇于创新。深厚的学术功力，严谨的治学精神，严密而科学的考证方法，锐敏而通达的历史知识，都是一个传记文学作者的基本功和必修课。这些我虽未企及，但“勤能补拙”，我力图说明我所破译的那部分内容。

一、对笔记资料的“竭泽而渔”

施耐庵因为写了一本“倡乱之书”，所以正史几乎没有记载他的生平事迹。加之《水浒传》是一部农耕社会百科全书式的文学作品，涉及宋元明三代的知识，撰写《施耐庵传》，不仅要知道元末明初，还要知道清末民初，才能成为一个合格的传记文学作者。施耐庵生活于传统农业文明时代，而今天人类文明已经越过近、现代工业文明时代，正步入当代“大科学”与“高技术”的信息文明时代，所以撰写《施耐庵传》

需要超越，需要以当代人的视角发掘湮没在历史尘埃中的史料。

为了锐意穷搜各种文献，我力求对相关资料“竭泽而渔”。我藏书五万册，其中《水浒传》与施耐庵研究方面的有五千册，不乏古籍善本、海内孤本。举凡通史、政书、档案、地方史志、文集、谱牒、传记、笔记、非物质文化遗产等史料无不包含。正在主编的是《施耐庵全集》，已经编制《施耐庵年谱》简本和繁本，对《辞海》及《中国文学史》、教科书关于“施耐庵”的词条是一个修正和补充。时下此类书籍说到施耐庵，不是说错了，就是语焉不详。多年来，关于施耐庵的文学再现，有孙昌宇历史小说《绝代奇才》，丁正华、徐华耕、张袁祥、李青葆、包文灿、焦保生等“施耐庵的传说”，这些给我以启发。我于一九九九年就写成《千秋才人——施耐庵小传》，沉淀五年后才正式出版，那是一次投石问路，而此时的《施耐庵传》是我国第一部全景式反映施耐庵生平事迹的长篇人物传记。

关于施耐庵的生平，《文艺报》一九五二年曾刊载了刘冬、黄清江《施耐庵与〈水浒传〉》一文，发现了在大丰市白驹镇施氏宗祠内施姓始祖的施耐庵木主牌记录，淮安王道生所作《施耐庵墓志》，民国版《兴化县志》所载施耐庵资料，《吴王张士诚载记》引袁吉人编的《耐庵小史》，施氏族谱世系（至第十二世），施耐庵之子施让的《故处士施公墓志》（杨新作），《施氏族谱序》（陈广德作），《建祠记述》（施埁作），《施耐庵世籍考》（胡瑞亭作），《施耐庵墓碑说明》（陈同生、蔡公杰题），施耐庵第十八世孙施熙所作《祭文》及《施耐庵传说》调查记录等数十件文物、文献资料。此书附录了国家二级文物《施氏家簿谱》的延伸版，国贻堂《施氏家簿谱》即“施氏长门谱”，是施彦端字耐庵为一世祖的十八世孙满家字书城一九一八年抄于丁溪丈室，当时仅至十八世，现续修订至二十二世。

这批材料，已经证明了施耐庵确有其人，并揭示了施耐庵的具体生卒年代与生平概略。

有鉴于此，拟为教科书、《辞海》撰写“施耐庵”词条：

施耐庵（1296—1370），元末明初小说家，泰州海陵县白驹场（今大丰市白驹镇）人，名彦端，又名肇瑞，字子安，又字耐庵（或为别号）。父亲施元德字长卿，母亲卞淑贞，与苏州枫桥迁盐城东溟（便仓）卞氏为同一支。妻季氏、申氏，生子让，字以谦。据《施让墓志铭》记载：“鼻祖世居扬之兴化，后徙海陵白驹”。相传为舟人之子，十三岁入浒墅关私塾读书，十九岁中秀才，二十九岁或三十岁中举，为元至顺辛未赐进士出身，曾经国子监司业刘本善推荐，任山东郓城县训导，得以遍搜梁山英雄轶事。后官钱塘二载，因不合当道权贵辞官。1353年泰州白驹场张士诚起义反元，次年在高邮建国号曰周，1356年在苏州定都称吴王，施耐庵与表弟卞元亨一起入士诚幕，为张士诚盐民起义谋划，张因之势炽。不久张士诚囿于时事，诈降元朝；贪于逸乐，偏安一隅。施与好友鲁渊、刘亮、陈基等辞去，施作套曲《秋江送别》赠鲁渊、刘亮。张兵败前，施即流寓江阴祝塘大宅里徐麒家等，为塾师，旋迁兴化与顾逖有赠答诗，还白驹场，隐居不出，“感时政陵夷”，著《江湖豪客传》即《水浒传》遣怀，“每成一稿，必与门人核对，以正亥鱼。其所得力于弟子罗贯中者为尤多。”为避朱元璋之征，蛰居淮安，病殁于此，就地蒿葬。数十年后，其孙文昱（字述元）“家道炽盛逾旧”，始迁祖遗骨葬于白驹场西落湖（今兴化市新垛镇施家桥村），并请淮安王道生撰写《施耐庵墓志》，至今施氏子孙在苏北串场河两岸兴化、大丰等地繁衍至二十四代。据出土的施廷佐墓志铭记载“(曾)祖彦端会元季兵起播浙”，与早先传世的明清笔记记载“钱塘施耐庵”、“元人武林施某”所述的时间、地望相吻合。《兴化县续志》载有施耐庵墓、小传、墓志等，为1952年、1982年、2012年参与施耐庵文物调查的大多数专家认可。

二、对文化遗址的“一网打尽”

作者喜研乡邦文献，研究施耐庵问题已历三十余年，与一般专家教授不一样的是，作者走遍了传说中施耐庵的流徙地，作部落行脚、田野调查、遗址勘察；每到一地必查地方史志，必访地方耆老，再广研博采，梳理成施耐庵生平、身世的线索；四十次赴施耐庵故里江苏大丰市白驹镇，十次赴施耐庵的祖籍地江苏兴化市，四次登上山东梁山之巅（包括济宁之梁山、菏泽之郓城、聊城之阳谷、泰安之东平），《水浒传》所涉及的地方几乎都走过一遍以上。由于官方的文献几乎不曾记述施耐庵，而从被列入江苏省非物质文化遗产的施耐庵与《水浒传》传说入手（施耐庵的传说很多可以看作口耳相传的施氏家史），当然对这部分内容需要去伪存真。从研究施耐庵的交游入手，发现有几十位与施耐庵有关的人，如刘伯温（访浙江青田、文成）、罗贯中（访山西太原、山东东平）、张士诚（同乡）、卞元亨（表弟）、朱升（同样隐居盐城周边的朱元璋谋士）。“施耐庵”三个字是用金子铸成的，在我国文学史上放射着强烈的光芒，他是我们的骄傲，然而我国历代的名人传记丛书都没有“施耐庵传”。我从小就想为这位乡贤立传，所以耗费半个世纪的努力，寻踪访迹，历尽艰险。我们这些人有一份工作，总是夜晚行路、白天看点，不免行船走马三分险：凌晨三时从京九铁路山东梁山站下车被几个“面目可憎”者挟持；独闯江西龙虎山寻访伏魔殿时被两个痞子跟踪；在江苏兴化率队作《施耐庵寻踪》专题片拍摄，险被砸坏摄像机；在刘伯温故里浙江文成连绵的群山中连夜突出重围……

接到“中国百位历史文化名人传”丛书创作任务之后，对我们这些在机关工作的公务员来说，工作要出色，创作要出彩。业余创作，意味着比常人更多的付出，意味着挤占全部的闲暇时间。为了节省时间，双休日我又回到了三十年前在北海舰队当水兵的日子，一天两顿饭，困了和衣而卧。我喜欢在江河湖海里冬泳，至今在游泳池内一下水二十五分钟三十个来回一点五公里，遨游于水泊之中，俨然也成了“浪里白条”。

有关施耐庵的文物保护单位，在江苏境内有三个：兴化市新垛镇施家桥村施耐庵墓是江苏省级文物保护单位；大丰市白驹镇施耐庵纪念馆是盐城市文物保护单位，内有国家二级文物《施氏家簿谱》；淮安市淮安区淮城镇大香渠六号“施耐庵著书处”（耐庵书斋）是全国第三次文物普查的新发现，为淮安市文物保护单位。

我们的专家学者，多的是整理、校点、收藏、注释，少的是实地考察、荒原历险、大胆探索。“魂在路上”。任何一个了不起的行走者，都是对自己家乡的告别，这种告别带有哲学意义，不是地理意义。告别，我走出我的空间。很多人是观光、旅游，在我，更多的是研究、发掘。独自远行，是想保持头脑的疏朗、空阔，同时又能见多识广，让笔记、遗址、传说三者在联系中“激活”。

我们的知识是由“知之”和“不知”共同构成。“不知”远比“知之”多。当我们有不知时，就有猜和蒙的成分，理性一点是据此分析、判断，提供预测、预见。

关于民间传说是历史的折光反映，有时透过“折射角”，就可以看到它所反映的某段历史的本来轮廓。施耐庵与《水浒传》传说之所以重要，不仅在于写就“倡乱之书”的施耐庵为正史所不载，众多的野史资料补正史之不足，更在于它交代了施耐庵出生、成长、入士诚幕、著《水浒传》的重要历史背景。

作为中国水浒学会副会长，我是研究施耐庵的学者，是在施耐庵研究的学术论战中走出来的文史学者。作为“侦探”的文史学者，凭证和证据在文史之学中历来非常重要。考据问题就好像是侦探破案、法官断案，现在法官断案有两个原则，一是谁主张谁举证，二是疑罪从无。历史研究强调“无征不信”，强调真凭实据。此外还要重视史识、推理的能力和敏锐的批判性眼光，即所谓的史眼如炬，这两点使得史学与侦探学接榫起来。中国史学有着强调对史料进行认真鉴别的传统，这种钩沉索隐、爬罗剔抉的工作，可以看到历史学家与侦探或侦探小说家之间的类似近亲关系。只要史料一摆，不费半点儿唇舌而观点与结论便自动显现，不由你不想起福尔摩斯叼着烟斗，一副气定神闲、举重若轻而又胸有成竹的模样来。也正像运筹帷幄的将帅，闲调丝竹之间而城寨已拔，凯歌毕奏；或像那位游刃有余解牛的庖丁，动刀甚微而霍然已解。

其实，这作为历史学家是对的，但作为人物传记作家又是远远不够的。

三、对传记文学的“丝丝入扣”

二十世纪有四大传记：梁启超之《李鸿章传》、朱东润之《张居正大传》、林语堂之《苏东坡传》、吴晗之《朱元璋传》，其写作方法均可学习借鉴，我一边写着施耐庵传记，一边读了一百本左右的人物传记。本书的特点力图坚持史料性与文学性的结合，思辨性与故事性的融合。但在实践中又遇到诸多瓶颈和掣肘，引发了关于文学与史学、现实与历史、虚构与想象关系的思考。

为什么需要传记文学？文学的功能最重要的是德文的精确说法：macht sichtbar，意思是“使看不见的东西被看见”。湖边有一排树，这是实体的世界，这就是我们平常理性的现实世界，但事实上有另外一个世界，我们不称它为“实”，甚至不注意到它的存在。水边的树，不可能没有倒影：风吹起的时候，或者今天有雨，或者月光浮动，或者水波如镜，而使得树的倒影永远以不同的形状，不同的深浅，不同的质感出现，它是破碎的，它是回旋的，它是若有若无的。在生活里，我们通常只活在一个现实里头，就是岸上的一棵树那个层面，而往往忽略了水里头那个“空”的，那个随时千变万化的，那个与我们的心灵直接观照的倒影的层面。传记文学，只不过就是提醒我们：除了岸上的树外，还有另外一个世界可能更真实存在，就是湖水里头那树的倒影。施耐庵与施耐庵的传说就是这样两个层面的世界。

历史太长、涉及太广、记载太乱，首先我们要找到其中的大框架、主巷道，否则就会迷失在历史的原始森林中。传记文学需要以“大历史观”从长时间、远距离、宽视界地审察和批判历史，其核心地带是艺术真实，它不容虚构、戏说和颠覆，但可以想象，历史学家也要设定情节、传记作家追求本质真实与艺术真实的统一。原本的历史真相是“历史一”，历史文献是“历史二”，而传记文学中想象的历史是“历史三”，艺术真实应是“历史三”。可以说，此书与其他人物传记的不同之处是，施耐庵的资料确实太少，“历史三”约占十分之三。

我国的历史在世界上很发达，很少有哪个国家的历史系统有我们那么长、那么完整。二十四史有纪、传、表、志四个部分：纪，是一个划年代的表；志，是专门史；表，是用表格一目了然的方式来讲一些事；传，是根据历史人物的事迹来反映一个时代的事情。其中，最重要的是传，人物传记在中国史学中占有很重要的位置。但是我们却缺少活生生的“传”，看到的人是个脸谱，就像小时候看古装戏，京剧里的脸谱，忠奸分明，关公是红脸，曹操是白脸，蒋干是小花脸，诸如此类。

什么是中国史学里的传记？王充《论衡·对作》篇云：“圣人作经，贤者传记。”“传”本是“经”的附庸。早在《春秋》和《左传》中就可看到。它们在叙事中插入人物描写，尤其《左传》里的人物，写得活灵活现，有些是呼之欲出。《左传》的姐妹篇《国语》，其作者好像就在床底下听话似的，人家半夜里的谈话他都知道。但中国古代并没有因此形成一个独立的传记体裁。

整个二十四史，我们只有在《史记》和一部分《三国志》里，能看见生动活泼的人，原因是什么？因为事后修史。司马迁修的是当时史，将当时的所见所闻，直接的印象和听闻写下来，这和隔一个朝代、几个皇帝才修史，引用官书资料或收集民间资料拼凑起来是不一样的。《史记》的人物描述极好，如写项羽在垓下之围，眼睛一瞪，大吼一声“人马俱惊，辟易数里”。这明明是夸张叙事，人可以倒退几里路，但马绝对不行，非摔跤不可，可是经司马迁这么一写，活灵活现。

文学和传记合并起来，叫“文学传记”或“传记文学”，在那里才可看到接近“活人”的传。西方史学更注重私密材料，这些传记文学家、史学家，多多少少有个重要的条件，就是大量引用私密文件：日记、书信、谈话、访问、邻居及亲戚朋友的记载，其中最重要的私密文件是书信。

一部成功的《施耐庵传》，不仅要有史实性、真实性，还需要有故事性、文学性、知识性和趣味性。“有气则有势，有识则有度，有情则有韵，有趣才有味”。穿越历史时空，与文学大师施耐庵对话，领略其逸飞的豪情、横溢的才华、博大的胸怀、独具的人格，感悟正气、大气、浩气、朝气和锐气，于我是艰辛的，也是幸福的。

老一辈学人常说，文史相通、文史不分家，其实这是一方面；另一方面文史有别，治学传统因学科日趋细分而难以为继。连史料文献还分古典文献学与历史文献学，前者隶属文学，后者隶属史学。学者要作家化，借助史家的视角对文学性史料作出新解读，最大限度地拓展自家后院的史料库存，以便在写作中拥有长袖善舞、多金善贾的更大空间。历史所记录的是事实，文学所描述的是想象。前者复写客观的现实，后者倾吐主观的感情，一为基础，一为派生，正像形体之于影像，不能分割也不是一个东西。

赵子昂夫人在《我侬词》中说：“你侬我侬。忒煞多情，情多处，热似火，把块泥，捻一个你，塑一个我，将我两个，一条打破，用水调和，再捻一个你，再塑一个我，你泥中有我，我泥中有你……”文学与历史的关系也应该像这样。

甲骨文是中国历史终于有了大量文字可以印证的起点，清末金石家王懿荣发现了“龙骨”，这激活了一种重大的文化记忆，足以挽救整体生命。连孔子、司马迁也由于没有见到过甲骨文而对商代不太了解，而这居然被临近灾难的现代中国人感知了。

本书对学界前辈与时贤的研究成果多有借鉴，行文中尽可能予以彰显。作为力图成为施学（施耐庵学）研究的集大成者，本书尽可能地将全部资料汇聚一体；但本书追求的不是折花入瓶，而是采花成蜜，不是杂粮共煮，而是五粮成液。酿五粮而成玉液，汇百川而成大海。大海里是分不出东江西河的，正如一部机器不可能在每个零部件上标明零部件的生产厂家，这也是需要学界前辈与时贤能理解的。或有个别疏漏未提及者，在此一并致谢。

寻踪、破译、发现施耐庵已成为我生命中重要的一部分。这部传记文学的写作不像科学是跨越性的，而是累积式的，是一个个证据、遗址、口碑的链条连接，作者力图在用一根五彩的线，将一个个散落的珍珠串起，整理和输出，创造和转化，这耗尽了我前半生的生命。我想，我还会静听读者的回馈，欢迎批评与建议，并望在此书修订时努力臻于完善，达于完美。

作者

2013 年 5 月 1 日

第一批已出版书目

1 ———《逍遥游——庄子传》 王充闾著

2 ———《书圣之道——王羲之传》 王兆军著

3 ———《千秋词主——李煜传》 郭启宏著

4 ———《草泽英雄梦——施耐庵传》 浦玉生著

5 ———《戏看人间——李渔传》 杜书瀛著

6 ———《心同山河——顾炎武传》 陈益著

7 ———《孤独的绝唱——八大山人传》 陈世旭著

8 ———《泣血红楼——曹雪芹传》 周汝昌著

9 ———《旷代大儒——纪晓岚传》 何香久著

10———《烂漫饮冰子——梁启超传》 徐刚著

图书在版编目（CIP）数据

草泽英雄梦：施耐庵传 / 浦玉生 著. -- 北京 ：作家出版社，2014. 1
（中国历史文化名人传）
ISBN 978-7-5063-7155-1

Ⅰ. ①草… Ⅱ. ①浦… Ⅲ. ①施耐庵（约1296~约1370）- 传记 Ⅳ. ①K825.6

中国版本图书馆CIP数据核字（2013）第247057号

草泽英雄梦——施耐庵传

作　　者：浦玉生
责任编辑：林金荣
书籍设计：韩湛宁
责任印制：李卫东　李大庆
出版发行：作家出版社
社　　址：北京农展馆南里10号　　**邮　　编**：100125
电话传真：86-10-65930756（出版发行部）
86-10-65004079（总编室）
86-10-65015116（邮购部）
E-mail:zuojia@zuojia.net.cn
http://www.haozuojia.com（作家在线）
印　　刷：北京汇林印务有限公司
成品尺寸：152 × 230
字　　数：238千
印　　张：19.5
版　　次：2014年1月第1版
印　　次：2014年1月第1次印刷
ISBN 978-7-5063-7155-1
定　　价：35.00元